pbp

Du même auteur, à la même librairie :

La névrose de base (PBP n° 282)

dr ed. bergler

les parents ne sont pas responsables des névroses de leurs enfants

337

petite bibliothèque payot
106, boulevard saint-germain, 75006 paris

Cet ouvrage, traduit de l'américain par Georgette Rintzler-Neuburger, reproduit le texte de la première édition française parue en 1973 dans la « Bibliothèque Scientifique » des Éditions Payot.

TABLE DES MATIÈRES

PRÉFACE

Les parents ont peur de leurs enfants. La peur est le complément de l'équipement de toute nursery moderne. Il s'agit malheureusement d'une peur complexe et plus difficile à nier que les craintes toutes simples qu'éprouvaient nos grands-parents. Ceux-ci se tourmentaient surtout pour la santé physique de l'enfant.

Aujourd'hui, l'appareil psychique de l'enfant est un sujet d'angoisse. Une « erreur » du père ou de la mère pourrait provoquer un préjudice irréparable. Réprimer un seul effort de l'enfant pour « s'exprimer » pourrait être catastrophique. Les parents abordent l'éducation de l'enfant avec appréhension et panique.

L'hypothèse inexacte veut qu'il existe un lien direct entre les actes, les mots et les attitudes des parents et le comportement de l'enfant et son développement ultérieur. Ce n'est pas le cas. Si les enfants reflétaient réellement la bienveillance ou la cruauté de la conduite parentale, le résultat final du processus éducatif pourrait être aisément prévu. Des parents compréhensifs, bons, aimants, auraient toujours des enfants normaux, bien équilibrés. Des parents durs, méchants, sans tendresse, auraient en conséquence des enfants névrosés qui deviendraient des adultes névrosés.

Si l'erreur populaire est très répandue, aucune preuve clinique ne vient étayer cette croyance. Les enfants névrosés sont fréquemment issus de milieux relativement normaux ; des enfants mentalement sains naissent fréquemment de familles névrosées.

La logique culinaire veut que l'emploi d'ingrédients appropriés produise de bons résultats. Mais en matière de comportement humain, le seul élément qui ne puisse être mesuré est la personnalité spécifique et unique de chaque individu. Nous commençons ici avec un élément impondérable et inconnu.

Les parents inquiets se demandent : « L'expérience infantile ne provoque-t-elle pas des résultats décisifs dont l'influence persiste pendant toute la jeunesse jusqu'à l'âge adulte ? » Oui, l'expérience laisse son empreinte sur la psyché de l'enfant. Mais c'est l'expérience *telle que l'enfant la voit* ; et ce qu'il perçoit et retient n'est pas nécessairement le fait de la réalité. Ce qui souvent est remémoré n'est pas l'image fidèle des événements et de l'environnement.

Se basant sur les conclusions des recherches fondamentales de Freud, la psychiatrie moderne soutient que ce sont les *élaborations internes* que l'enfant a de ses expériences, les fantasmes qu'il choisit de créer du monde qui l'entoure, qui ont un effet tellement tenace.

C'est ce qui explique pourquoi les résultats de l'influence extérieure sont limités, même contradictoires, et pourquoi *parents et éducateurs contrôlent moins l'avenir de l'enfant qu'on ne le suppose généralement.*

L'influence parentale n'est qu'une des trois forces qui contribuent à former le destin de l'enfant. Les parents représentent l'*environnement* ; ils ne jouent aucun rôle volontaire dans le *patrimoine biologique* de l'enfant qui détermine la rapidité et l'orientation de son développement. Ils ne jouent aucun rôle dans son élaboration inconsciente de ces influences. Les parents sont vraiment impuissants devant la force décisive : l'*élaboration inconsciente* des fantasmes de l'enfant.

Puisque des trois, seul l'environnement peut être extérieurement manœuvré, les gens qui souhaitent le progrès ont énergiquement appelé de tels changements. Dans la campagne frénétique lancée pour modifier les attitudes parentales, ils ont ignoré le fait qu'une seule des influences affectant l'enfant était affrontée. Améliorer l'environnement était insuffisant.

La théorie pédagogique moderne — exigence agissante des parents et des professeurs, obéissance passive de l'enfant — a été d'un certain avantage superficiel pour l'enfant. La technique éducative brutale unilatérale a disparu, même si l'enfant paye chèrement ce progrès en étant soumis à plusieurs changements moins heureux.

En échange d'un slogan officiel de confiance, les parents ont dû acquérir une patience angélique surhumaine et accepter la peur comme compagne de chaque effort éducatif, tout comme ils pèsent la quantité d' « erreurs » qui peut s'être infiltrée dans chaque « attitude atavique possible ». Cette crainte constante est hors de proportion face au préjudice que les « erreurs » parentales peuvent infliger à l'enfant.

Quelque douloureux que puissent être les faits réels pour les défenseurs de la théorie contemporaine, la vérité est que la réalité présentée à l'enfant est simplement le matériel brut. *Ce que l'enfant fait de ce matériel brut dépend entièrement de ses propres décisions inconscientes.*

Dans une situation familiale défavorable un enfant peut se développer jusqu'à l'âge adulte en corrigeant les influences frustrantes. Un autre enfant, né dans une situation familiale idéale, peut transformer de petits incidents en « injustices » et ultérieurement, devenu un adulte névrosé, persister dans le sentiment d'avoir été lésé.

Deux frères élevés ensemble par une mère désagréable et dominatrice résolurent le même problème différemment. Un des garçons corrigea son expérience infantile en épousant une jeune fille douce et aimante. L'autre frère *perpétua* sa déception infantile en épousant une femme déplaisante et froide qui lui fit mener une existence misérable.

Un artiste âgé de vingt-huit ans vint me consulter. Très excité, il tenta de m'expliquer pourquoi il était homosexuel. Il se mit à faire le diagnostic de son cas. Sa mère avait été responsable de son dégoût des femmes. D'après lui, elle était un être cruel qui « avait mis son père en bouillie ». Il décrivit l'attitude de sa mère à l'égard de son père comme celle d'un chat jouant avec une souris avant de la dévorer. L'atmosphère familiale avait été d'une froideur monotone, également pénible pour le patient et pour son frère jumeau.

Les deux garçons commencèrent leurs pratiques homosexuelles à onze ans. Ils continuèrent jusque vers dix-huit ans, lorsqu'ils se séparèrent pour aller dans des universités différentes A partir de ce moment-là les deux frères ne communiquèrent guère. Peu de temps avant de venir me voir, le patient avait fait un long voyage pour revenir à sa ville natale assister au mariage de son frère.

« Alors votre frère n'est pas un homosexuel ? », demandais-je.

« Non. Il a épousé une fille assez gentille ».

« Alors, qu'advient-il de votre théorie selon laquelle votre mère est responsable de votre homosexualité ? Votre frère n'a-t-il pas subi la même influence et pendant la même période ? »

Le jeune homme eut l'air surpris. Il reconnut avec une certaine répugnance qu'il avait assisté au mariage de son frère pour contrôler et vérifier si la jeune fille était « vraiment gentille ». Une « recherche » approfondie ne lui offrit aucune « pièce à conviction ». Toutes ces preuves à l'encontre de sa théorie ne l'empêchèrent pas, immédiatement après, de poursuivre ses accusations contre la mère « cruelle ».

Une question logique est la suivante : « Pourquoi attendre que l'enfant corrige les influences défavorables ? Pourquoi ne pas empêcher le besoin de naître en rendant l'influence parentale favorable ? » Deux obstacles surgissent. Primo, *la personnalité des parents* ; secundo, *l'incapacité de l'enfant à voir la réalité telle qu'elle est.* Allons plus avant :

Les parents sont des gens moyens ; comme tout le monde, ils ont de nettes tendances névrotiques à combattre. Aucun endoctrinement par les principes de la pédagogie moderne ne leur apprendra autre chose qu'une compréhension très superficielle ; et on ne peut analyser tous les parents. L'enfant est beaucoup moins affecté par des mots de tolérance que par sa propre intuition. Un geste, une inflexion de voix, un regard passant de l'exaspération à la fureur — tout cela est pris très au sérieux par l'enfant et annule l'assurance des mots amicaux qui peuvent accompagner une telle communication muette.

Même si le caractère névrosé des parents n'intervient pas, l'éducation tolérante impose des charges tellement intolérables à des parents naturellement bons que des explosions d'impatience et de colère sont inévitables. Cette tension excessive est devenue tellement évidente que la doctrine primitive de tolérance a été modifiée. La dernière règle pédagogique semble être : « Ne réprimez pas votre désapprobation devant les actes ' impossibles ' de l'enfant. Expliquez-lui que vous l'aimez *en général*, même si vous désapprouvez son acte inadmissible. » Même les défenseurs de ce précepte ne peuvent expliquer de façon satisfaisante comment l'enfant peut être empêché de négliger l'amour sous-jacent et de se concentrer unilatéralement sur la désapprobation.

L'idée ingénieuse à l'origine de l'éducation tolérante est basée sur les concepts *adultes* de réciprocité : sois gentil avec moi et je serai gentil avec toi. Très raisonnable mais totalement inapplicable aux enfants. L'hypothèse est que les enfants sont capables de voir la réalité. Il n'en est rien. Tous les enfants imprègnent leur vie de fantasmes, de malentendus et de fausses interprétations, les déplaçant sur le monde qui les entoure, que celui-ci soit favorable ou défavorable. L'enfant voit la réalité à travers ses conflits intérieurs. *Sa* réalité, ses *modèles* ne sont pas ceux des adultes, tout comme ses conflits ne sont pas ceux des adultes.

L'enfant qui grandit doit affronter une multiplicité de problèmes intérieurs dont deux échappent à l'influence parentale. Ce sont le *masochisme psychique* et la *projection*. Ces termes seront discutés en détail dans le corps de ce livre ; mais voici un aperçu de leur application pratique.

Sur la base de la « mégalomanie infantile », chaque enfant commence par vivre l'illusion qu'il commande à son univers. Rendu furieux par la nécessité de se soumettre aux adultes « insensés », incapable d'exprimer sa colère extérieurement en raison de l'imperfection de son corps et en raison de la personnalité des « gens à auréoles » (parents et éducateurs) qui l'entourent, il devient la cible de sa propre fureur — phénomène rendu inévitable par le fait que la colère une fois éveillée doit trouver un objet. (Comme l'a affirmé Freud, une pulsion est plus « intéressée » par sa libération que par l'objet contre lequel elle est dirigée.) Victime de sa fureur (agressivité) et en même temps à la recherche de plaisir, l'enfant doit trouver un moyen de sortir de sa situation inconfortable. Il le fait en recouvrant son auto-agressivité d'une patine de plaisir. De cette façon, inconsciemment, il s'adapte à un modèle de « plaisir-déplaisir », un modèle scientifiquement appelé *masochisme psychique*. Il en résulte qu'il développe une tendance inacceptable pour sa conscience inconsciente (surmoi). Lorsque le modèle est solidement établi, l'enfant ne peut y renoncer ; il crée donc une fiction ingénieuse pour le rendre acceptable ; il maintient, inconsciemment, qu'il n'aime pas le déplaisir, mais qu'il est une victime de la malveillance extérieure. Cela rend compte des provocations fantastiques de certains enfants, provocations que les punitions parentales ne peuvent empêcher.

J'ai demandé à un adepte de la théorie non punitive : que feriez-vous si votre fils de trois ans établissait son programme comme suit : heures préférées de sommeil de huit heures à dix-huit heures ; manière préférée de manger : dissection manuelle de la viande crue ; sport favori : mettre le feu à la maison avec des allumettes exclusivement fournies par sa mère ; manière favorite d'aborder son petit frère : lui mettre une fourchette dans les yeux ? L'arsenal de bonté, de compréhension et de persuasion s'étant avéré inefficace, et après avoir assuré à votre enfant que vous l'aimiez tout en désapprouvant un de ces actes particuliers, ne croyez-vous pas que *vous*-même devriez en venir à une sorte de punition ? Et rien au monde ne peut empêcher l'enfant d'interpréter votre comportement comme une terrible injustice. Et rien ne peut l'empêcher de rester insensible à la punition et de répéter la même routine par provocation.

En d'autres termes, la conduite de l'enfant représente les résultats de la solution qu'il a donnée à ses conflits intérieurs et non pas les résultats des attitudes parentales. Si l'enfant est adonné à un masochisme psychique considérable, il tirera une punition des éducateurs les plus bienveillants.

D'autre part, comme nous l'avons déjà dit, sans souvent s'en rendre compte, les parents fournissent ce qui est conçu comme une punition par des expressions du visage, des intonations, des regards exaspérés qui sont évoqués comme de la « méchanceté » prolongée. L'enfant tient compte des manifestations voilées ou manifestes de l'attitude parentale. Par conséquent, un grand nombre de parents qui « ne punissent jamais » un enfant doivent malgré tout affronter ce que l'enfant construit comme une punition.

Les méthodes éducatives punitives du passé permettaient aisément à l'enfant d'être puni. Aujourd'hui, l'enfant disposé à tirer un plaisir inconscient d'un déplaisir conscient éprouve des difficultés. En dépit de lettres nostalgiques adressées aux auteurs, la différence ne justifie pas et n'autorise pas l'ancien système. Il s'agit malgré tout d'une différence comportant une implication mi-figue mi-raisin.

Les manœuvres inconscientes que comporte la « solution » masochique sont étroitement liées au phénomène de *projection.* C'est un processus par lequel un individu attribue ses sentiments inacceptables à un autre individu. Comme l'a montré l'école anglaise de psychanalyse, l'enfant use largement de la projection pour disposer d'une partie de son agressivité. Si, pour des raisons intérieures, il le fait en attribuant ses propres tendances agressives à ses parents, il percevra son père et sa mère comme des êtres minables, méchants et cruels, même s'ils sont objectivement bons, dévoués et indulgents. Parce qu'il construit des éléments de sa conscience intérieure en les identifiant à ses parents *tels qu'il les perçoit*, la projection lui apporte des difficultés supplémentaires dans sa déformation des faits réels.

J'ai été récemment le témoin du spectacle donné par une femme qui renonçait à sa profession pour se dévouer entièrement à son petit garçon. Elle tenait à satisfaire elle-même tous ses besoins et pensait éviter ainsi « toute frustration ». Après quelques semaines de ce régime de soins constants elle se trouva avec un enfant inconsolable dès qu'elle le quittait un instant. La pauvre femme était victime de son manque de compréhension du sens réel du terme « frustration » ; elle ne comprenait pas que trop d'indulgence pouvait décevoir un enfant aussi douloureusement que trop peu d'indulgence. Trop d'indulgence rend l'enfant insatiable ; lorsque le mieux s'avère insuffisant il n'y a d'issue ni pour l'enfant ni pour le parent. On ne peut malheureusement épargner toute déception à l'enfant. *Certaines frustrations sont inhérentes à son adaptation à la réalité — en particulier les offenses inévitables faites à son fantasme de mégalomanie.*

La façon dont il accepte ces frustrations inévitables paraît être décisive. L'enfant qui ressent comme un affront majeur le fait d'attendre son lait pendant quelques minutes (comme ce sera le cas s'il commence sa vie avec un sens aigu de sa mégalomanie) donnera un individu sur lequel toute privation aura des effets marqués.

Il est assez curieux de constater qu'une des complications nées des récents principes éducatifs ait été une acceptation trop littérale de la part des parents. Après tout, les découvertes scientifiques ne sont pas des formules dont le succès soit garanti. Mais on les a considérées ainsi pendant deux ou trois décennies. Au cours de ces décennies, on a découvert que les formules, quelle que soit la fidélité avec laquelle elles ont été suivies, aboutissaient toujours au quota habituel d'enfants névrosés. Il n'est pas étonnant que cette découverte ait été suivie d'une réaction brutale. Il est maintenant vraisemblable que l'attitude générale sera de condamner les principes plutôt que de réajuster leur application.

C'est l'optimisme exagéré, partagé par les parents et les éducateurs, qui est le piège réel, puisqu'il garantit la déception. Il y a de multiples façons de gâcher sa vie, mais aucune n'est plus sûre que l'attente névrotique. Une partie de cette attente injustifiée peut être éliminée en admettant que les parents n'ont qu'un rôle très relatif dans le développement psychique de l'enfant. *Les enfants peuvent être des sources de joie pour les parents* ; *ils sont trop souvent des fauteurs de malheur*. Il y a des raisons biologiques au désir d'avoir des enfants, mais l'état de parent présente une structure inconsciente complexe dont les parents sont inconscients. Ils les considèrent comme des investissements de gratitude alors qu'ils devraient les considérer comme des investissements d'identification possible. A moins que leur attente soit modeste et limitée, les parents peuvent finalement découvrir que le fait d'élever une famille a été un investissement d'injustice.

La polémique concernant l'influence dominante ou limitée des parents n'est pas un fait nouveau en matière de psychanalyse. Du point de vue scientifique, le cœur du problème a été la question de savoir à quel degré de précision ou de déformation l'influence parentale a été emmagasinée dans la conscience inconsciente (surmoi) de l'enfant. En 1932, Freud a dit à ce sujet :

> Le surmoi semble avoir fait un choix unilatéral, n'avoir choisi que la dureté et la sévérité des parents, leur fonction préventive et punitive, ne pas tenir compte de leur tendresse. Lorsque les parents sont en réalité des tyrans sévères, nous pensons qu'il est facilement compréhensible qu'un surmoi sévère se développe chez l'enfant. Mais l'expérience montre, contre toute attente, que le surmoi peut acquérir un caractère identique de dureté impitoyable même lorsque l'éducation était peu sévère et bonne, que les menaces et les punitions étaient évitées autant que possible (*Gesammelte Schriften*, XII, p. 216).

L'école anglaise de psychanalyse a constamment signalé le caractère projectif des « observations » de l'enfant. Freud a partiellement accepté cette thèse. Il écrivait dans *Malaise dans la civilisation* :

> L'expérience prouve que la sévérité du surmoi développée par l'enfant ne reflète en aucune manière la sévérité du traitement dont il a fait réellement l'expérience, comme l'ont affirmé justement Mélanie Klein et d'autres auteurs anglais [la dernière partie de cette phrase est une note en bas de page]. Cette sévérité de la conscience semble en être indépendante ; mais lorsque l'éducation a été peu sévère, l'enfant peut développer une conscience très sévère.

Ce qui manque dans ces discussions, c'est le rôle essentiel que joue la solution psycho-masochique dans laquelle le moi inconscient accepte la torture infligée par le surmoi et la transforme en « plaisir masochique ». J'ai insisté sur ce processus dans des publications antérieures. Il est indépendant de tous les moyens éducatifs.

Pour en revenir à la question fondamentale de savoir si les parents sont responsables des névroses de leurs enfants — mon opinion franche est qu'*ils ne le sont pas. Le pire que même des parents névrosés puissent faire est de contraindre l'enfant à créer des défenses inconscientes spécifiques, temporaires, alors qu'au mieux des parents normaux ne peuvent empêcher des malentendus infantiles spécifiques.* Le fait que l'enfant perpétue ces malentendus ou les défenses improvisées, ou qu'il y renonce dépend de *son élaboration inconsciente personnelle.* C'est là, en fait, la question cruciale, la tendance inconsciente qui, plus que toute autre, différencie l'enfant peu névrosé de l'enfant névrosé. Une défense névrotique créée pour faire face à une situation spécifique peut être abandonnée lorsque la situation change ; ou bien elle peut être maintenue comme une partie permanente de la structure psychique, même après que la situation qui l'a provoquée soit devenue le passé. La solution masochique est utilisée dans les deux cas — mais à des degrés différents. Et ce n'est que dans le second cas, où l'enfant est si profondément adonné au modèle masochique, que tous ses actes en sont imprégnés.

Pendant plus de trente ans d'exercice de la psychanalyse sur deux continents, j'ai été témoin de la transition entre la forme éducative punitive et la forme éducative tolérante et j'ai vu les produits des deux systèmes sur le divan analytique. Dans la mesure où intervient le fléau fondamental du masochisme psychique, les résultats ont été identiques.

Ce livre se propose de réévaluer les problèmes des parents et d'éclaircir les malentendus qui les accablent aujourd'hui, avec des sentiments de culpabilité injustifiés et préjudiciables. Tout ce qu'on peut raisonnablement attendre des parents est qu'ils fassent de leur mieux pour leurs enfants. Le reste ne dépend que d'eux.

Ed. Bergler.

New York, janvier 1962.

CHAPITRE PREMIER

LES MULTIPLES FOMENTATEURS DE TROUBLES INTÉRIEURS DU NOURRISSON ET LE CHASSEUR DE TROUBLES SOLITAIRE

Le grief dominant « trop peu, trop tard » est une tragédie mineure comparée à son contraire, le « trop, trop tôt » qui caractérise pratiquement chaque aspect du monde qu'habitent le nourrisson, le bébé et le petit enfant. L'enfant vient au monde doté de pulsions puissantes qui exigent de s'exprimer, mais à cette époque de sa vie sa constitution physique est incapable de répondre aux exigences de ces pulsions. Si le résultat n'était qu'un « pat », ce serait déjà assez mauvais. Mais les pulsions du nourrisson exigent une issue, une cible. Puisqu'elles ne peuvent s'exprimer à l'extérieur, elles se retournent intérieurement, contre l'enfant lui-même.

C'est la succession, aussi inexorable que la marée, qui commande chaque nouvelle étape du déroulement de la vie de l'enfant. Les adultes tiennent pour acquis, comme ils doivent le faire, les faits biologiques de la croissance, la longue durée de la maturation de l'être humain et la dépendance prolongée de l'enfant. L'impuissance extrême du nourrisson ne fait qu'ajouter à son attrait, à la fierté et au plaisir de l'état de parent. Mais le fait que le bébé humain, unique parmi les mammifères, doive vivre dans une matrice artificielle pendant la presque totalité de sa première année après être sorti de la matrice réelle, constitue le plus grand de ses fomentateurs de troubles.

Cela ne veut pas dire que si le jeune enfant, comme le jeune poulain, pouvait se dresser d'une façon mal assurée sur ses pieds peu après sa naissance et donner libre cours à sa stupeur en cognant rageusement sa tête contre le ventre de sa mère, le cours de son développement psychologique serait automatiquement et totalement aplani. Psychologiquement parlant, l'enfant naît avec d'autres difficultés, ou il les acquiert rapidement. Mais la contradiction essentielle entre ses pulsions naissantes et sa constitution physique colore et oriente la façon dont il aborde le nouveau monde dans lequel il se trouve.

En lui-même, ce monde nouveau est un problème que l'enfant nouveau-né doit résoudre. Dans un sens très réel, l'être humain commence à se défendre à l'instant même de sa naissance. Si sa constitution physique est prête pour la vie, il n'est psychologiquement pas préparé pour les nécessités les plus simples de la vie — respirer, manger et s'adapter. Nous savons qu'à l'intérieur de l'utérus, tous ses besoins sont automatiquement satisfaits : oxygène et nourriture sont directement envoyés dans les vaisseaux sanguins du fœtus qui est nourri et protégé au maximum. Il serait romanesque de spéculer sur une possibilité d'activité mentale, mais on peut déduire de ses actes post-natals qu'il reconnaît — très amèrement — un « avant » et un « après » et qu'il conserve de l'Eden dont il a été expulsé un souvenir qui s'impose avec insistance.

Ce que l'enfant veut et ce qu'il obtient — dans la mesure où les parents peuvent le faire — c'est une répétition de la situation prénatale. Certains miracles se sont évanouis définitivement ; l'enfant doit respirer par lui-même, téter un sein ou un biberon, éliminer tout seul. Mais chaleur, obscurité et calme sont maintenus par les parents et d'autres besoins sont satisfaits aussi rapidement que possible. Le processus de pensée rudimentaire de l'enfant classe tous ces phénomènes ; le fait qu'il puisse construire une fable où tous les événements mystérieux de sa nouvelle vie se plient à une explication compréhensive, sinon fantastique, est une mesure de l'intelligence humaine.

L'enfant nouveau-né voit sa nouvelle réalité comme un monde peuplé d'abord par lui seul ; il se voit comme un sorcier tout-puissant. Puis vient le premier compromis — le premier de multiples compromis. Il admet à demi le monde extérieur. Il discerne maintenant deux forces : lui et l'Autre, qui n'est pas un individu mais l'environnement dans son ensemble. Cet autre est à certains moments son esclave, à d'autres son ennemi maléfique. L'enfant croit que l'Autre le sert parce qu'il a lui-même des dons magiques. Par conséquent, du point de vue primitif de l'enfant, nourriture, chaleur et confort lui sont tous dus et lui-même gouverne un monde inconnu mais contrôlable. Cette *illusion de toute-puissance* — le premier exercice de l'être humain dans l'illogisme — domine le stade initial de la croissance de l'enfant et persiste sous une forme plus ou moins rudimentaire, pendant toute la vie, même après que des amendements répétés aient été rendus nécessaires par les réalités de l'existence.

Le premier de ces amendements est dicté par le fait que l'enfant reconnaît que la magie n'opère pas toujours. Ses désirs sont parfois « refusés » ; il fait connaître sa volonté et rien ne se passe ou aucun mal ne se produit. La crise est double puisque son désir reste insatisfait et qu'un nouveau problème surgit : qu'est-il advenu de sa toute-puissance ? Puisque le nouveau-né est pourvu d'une réserve d'agressivité, le résultat est la fureur.

Une fois encore, ce facteur représente une « erreur » biologique. L'intensité de l'agressivité d'un bébé de huit livres mesure le potentiel d'agressivité qu'il possédera à l'âge adulte. Exprimons cela autrement : si Samson avait été un bébé doux et philosophe, il n'aurait pas grandi pour obéir à la fureur qui le rendit capable de tuer un millier de Philistins avec une mâchoire d'âne. La tragédie, c'est que ce Samson et tous les moindres Samson bébés doivent étouffer leur fureur parce qu'ils ne sont pas capables de l'étendre sur le monde extérieur. Le bébé peut hurler, il peut vomir, faire des mouvements désordonnés avec ses bras et ses jambes ; son accès de colère passé, il conserve une quantité substantielle de sa fureur primitive. Une partie de cette agressivité non libérée s'accumule dans son inconscient. Elle est finalement utilisée mais la voie extérieure a été temporairement bloquée de sorte qu'elle ne peut être utilisée que contre l'enfant lui-même.

La colère du jeune enfant naît d'une succession précise d'événements. Il veut quelque chose ; le désir n'est pas *instantanément* satisfait. Il se sent frustré — où est son lait ? — et il se sent humilié — a-t-il perdu ses pouvoirs magiques ? Il a subi une défaite sur tous les fronts et son seul recours est la fureur.

La partie lamentable de cette séquence tout entière est le fait que la « frustration » que le bébé a subie n'est une frustration que du point de vue de sa connaissance et de sa compréhension limitées. Le bébé n'a aucune notion du temps et aucune notion des tâches de routine nécessaires à la satisfaction de ses désirs. Ce qui n'est qu'un instant pour l'adulte peut être une éternité pour l'enfant. Et si après avoir hurlé pendant deux ou trois minutes il voit enfin apparaître son biberon, l'humiliation de l'échec subjectivement perçu n'est pas balayée par le succès final. L'objet désiré est maintenant en sa possession, c'est vrai ; mais il ne peut oublier qu'en tant que sorcier il a perdu.

C'est là la première situation où le parent, qu'il le veuille ou non, doit manquer à l'enfant « pour son bien ». Le fait que le fantasme de toute-puissance est le bien le plus précieux de l'enfant n'est d'aucun secours. La réalité, personnifiée par les parents ou par les éducateurs, doit affaiblir cette illusion, y substituer ses propres vérités et contraindre l'enfant à les reconnaître. Aucun système éducatif ne peut longtemps trouver des excuses au refus de l'enfant à reconnaître sa dépendance sur le monde extérieur et à se soumettre aux restrictions rendues nécessaires par des faits objectifs.

C'est bien entendu ce qui se passe finalement. La théorie de l'autarcie ou de la toute-puissance de l'enfant — son illusion soigneusement entretenue de son indépendance, de ne pas avoir besoin d'aide extérieure — cède peu à peu sous les attaques de l'expérience. On peut dire qu'une certaine quantité d'usure fait avancer le processus à mesure que l'enfant grandit et devient plus sage et que de lui-même il apporte quelques amendements prudents à sa théorie primitive. L'amendement le plus important sépare les phénomènes extérieurs en « bons » et « mauvais ». Il proclame encore que les situations « bonnes » sont de son fait et reconnaît que les situations « mauvaises » ne le sont pas. Cela doit signifier qu'un magicien rival existe dans son univers. Il trouve progressivement un nom à ce prétendu magicien rival ; il admet progressivement que son rival peut répartir du bon en plus du mauvais. Finalement il s'installe dans le compromis type de la nursery entre la vie telle qu'il la voudrait et la vie telle qu'elle persiste d'être ; il fait les concessions indispensables aux géantes de la nursery, mère ou nourrice, qui ont maintes fois prouvé qu'elles avaient le pouvoir de donner ou de refuser, de punir ou de récompenser, d'admirer ou de rejeter. Il sait maintenant que sa prétendue magie ne lui apportera ni paix ni récompense. Pour rester du bon côté des géants il doit accepter le fait de sa dépendance et subir leurs règles de conduite. Il doit inhiber son agressivité, ce qui signifie renoncer à sa « méchanceté » et à son entêtement et devenir « un bon garçon ». Et puisqu'il est le plus faible, il cède.

Qu'advient-il de son illusion de toute-puissance ? Elle n'est plus au centre de la scène mais elle n'en disparaît pas. Dans une plus ou moins large mesure elle imprègne même ultérieurement les attitudes inconscientes de l'adulte. Et pendant toute l'enfance elle tend à réapparaître brusquement et spontanément, quoique ce ne soit jamais au premier plan des événements.

Un fomentateur de troubles moins important que l'agressivité ou la mégalomanie infantile innées est un fomentateur de troubles qui est populairement supposé provoquer plus de difficultés que les deux autres. Je veux parler de la très mal comprise *libido*.

Le terme de *libido* signifie l'énergie sexuelle dans son sens le plus large. L'erreur type est de ne considérer que son sens le plus étroit, présumant qu'il ne s'applique qu'à son point culminant final, chez l'adulte, l'union génitale dans le coït. Mais la libido englobe tous les *précurseurs* de la sexualité. Le terme était primitivement employé pour signifier « l'excitation agréable des muqueuses », dans la succession habituelle : zone orale, régions urétrale et anale, et organes sexuels. Des excitations analogues sont transmises par les yeux, les oreilles, la peau, les muscles, etc.

L'enfant découvre ces sources de plaisir dans une succession au cours de laquelle il apprend l'usage de ses divers organes. Pendant un certain temps, toute son énergie de plaisir est concentrée sur une source qu'il vient de découvrir ; puis le foyer se déplace, laissant derrière lui un petit dépôt de libido. Normalement, la concentration sur chaque phase est transitoire ; lorsque le déplacement ne se fait pas en temps voulu ou lorsque la séquence d'excitation s'inverse, revenant à des positions antérieurement abandonnées, il y a régression névrotique. Le vrai traquenard ici, c'est que même le plus petit dépôt de libido ainsi renforcé est proscrit comme infantile et qu'il est refoulé. Un certain plaisir subsiste, mais c'est maintenant un plaisir inconscient et coupable.

Le quatrième fauteur de troubles de l'enfant est un mécanisme totalement inconscient qui a des conséquences décisives : « la compulsion inconsciente de répétition ». « *Une répétition inverse* » serait une expression meilleure. Il est assez curieux de noter que ce mécanisme est largement méconnu ou qu'il a été négligé, même dans les cercles d'orientation psychologique. La répétition inverse est la tendance à répéter *activement* ce qui a été expérimenté passivement. L'inverse est réalisé en réaction à une pulsion inconsciente ; c'est l'opposition purement automatique à une expérience humiliante.

Le but du procédé est de cicatriser la blessure infligée à l'amour-propre (signifiant l'illusion infantile de toute-puissance) par une expérience douloureuse. Ici, l'élément important est la passivité forcée ; aucun gouvernant d'un univers quelconque ne peut accepter le rôle d'esclave ou de marionnette avec sérénité. Si l'expérience est physiquement désagréable autant qu'humiliante, la colère et le ressentiment sont naturellement augmentés, mais cette considération passe au second plan par rapport au sujet tellement important de l'autorité sur son environnement et sur son soi. Selon les schémas de l'inconscient, un seul moyen de restitution est possible. La situation doit être inversement répétée, la victime antérieurement passive jouant le rôle actif. Fait assez curieux, l'autre personne impliquée dans l'expérience primitive n'a pas besoin d'être la victime dans la répétition ; son rôle peut être tenu par n'importe qui.

Même lorsque la situation passive n'est pas objectivement désagréable, il y a nécessité impérative de restaurer l'amour-propre. Le plaisir n'est pas le but, mais il n'est pas non plus accepté comme un pot-de-vin. Rien ne peut compenser un coup porté à la toute-puissance, sauf la preuve que ce coup a été déraciné — une preuve parttculière faite sur mesure pour la situation.

Freud a été le premier à décrire la compulsion inconsciente de répétition, quoiqu'il n'ait jamais utilisé cliniquement ce mécanisme dans ses recherches ultérieures. Sa première observation se rapporte à une petite fille conduite chez le dentiste où elle fut contrainte, contre sa volonté, d'ouvrir la bouche pour être soignée. Revenue à la maison, elle joua au dentiste avec un enfant plus jeune qu'elle. Cette fois, elle était le dentiste ; l'autre enfant était le patient, contraint d'ouvrir la bouche malgré lui. Freud comprit le mécanisme de ce jeu apparemment simple ; la petite fille effaçait sa propre passivité en contraignant activement l'enfant plus jeune à se soumettre passivement à la reproduction de la « torture » infligée par le dentiste.

Historiquement parlant, ces quatre fomentateurs de troubles sont presqu'aussi vieux que l'enfant lui-même. Ils paraissent peu soucieux de la méthode éducative. Le capital de mégalomanie, d'agressivité, de libido et la tendance à jouer des répétitions inverses semblent être biologiquement déterminés. Les quantités sont elles aussi biologiquement établies. Les quatre fomentateurs de troubles sont tous quatre domiciliés dans la partie de l'inconscient appelée le « ça », le domaine des désirs refoulés.

Le cinquième fomentateur de troubles de l'univers de l'enfant appartient à une catégorie différente. Si son arrivée est inévitable, c'est un tard venu et, dans un certain sens, il est artificiellement acquis. C'est une structure que l'enfant fabrique inconsciemment dans un effort pour résoudre ses problèmes — une création qui domine finalement son créateur. Ce mécanisme intérieur auto-fabriqué, c'est le *conscient inconscient* — en termes scientifiques, le « surmoi ». Pour comprendre sa fonction et sa prédominance dans l'inconscient, il faut tout d'abord tracer la voie du développement psychologique du jeune enfant.

De la simplicité magique de sa conception primitive de l'environnement, l'enfant avance pas à pas vers le monde extérieur réel. Il nie tout d'abord qu'un monde extérieur existe. Puis il concède à contrecœur qu'il n'est pas seul dans son univers. Reconnaître cela représente un compromis où tout ce qui est « bon » vient de lui et tout ce qui est « mauvais » — c'est-à-dire chaque refus — vient de cette autre puissance mystérieuse, la géante de la nursery. La séparation entre bon et mauvais est accrue par le besoin toujours insistant de disposer de sa grande réserve d'agressivité indicible. Un des moyens dont il dispose pour le fait est la *projection*. Il déplace de grandes quantités de son agressivité et de sa fureur sur la géante, faisant d'elle une personnification de la cruauté. Il ne perçoit aucun de ses torts supposés comme simplement fortuit. Tel qu'il le voit, l'ennemi inconnu est toujours malveillant et féroce.

Cet état de choses domine dans ce qu'on appelle en termes analytiques le stade *pré*-œdipien du développement de l'enfant. Dans ces deux premières années, l'idée qu'il a de sa mère est entièrement commandée par les idées fausses décrites ci-dessus. Le rôle réel de la mère s'imprime très lentement dans l'esprit de l'enfant, si lentement en fait, que pendant les longs mois précédant sa reconnaissance totale, il construit des fantasmes, « un septuor de terreurs infantiles » dans lequel la mère est une sorcière cruelle et vindicative et le bébé une victime impuissante. Dans une succession de drames internes, succession changeante et soumise à révision à mesure que l'enfant grandit et apprend à composer avec quelques faits inéluctables, l'enfant se voit comme la victime innocente d'une ogresse capable d'abord de l'affamer, puis de le dévorer, de l'empoisonner, de l'étouffer, de le couper en morceaux, de l'épuiser et finalement de le châtrer.

Des preuves cliniques vérifient pleinement cette affirmation. On trouve dans le folklore des preuves d'une autre sorte. Le monde qui se reflète dans l'esprit immature du jeune enfant est plus proche du monde d'*Alice au Pays des Merveilles* ou des *Contes* de Grimm que de la connaissance qu'a l'adulte des choses telles qu'elles sont. Tenant compte des déformations et des embellissements, un grand nombre de mythes et de contes de fées sont des représentations de fantasmes infantiles refoulés. C'est ce qui les rend éternels. Par exemple, l'attrait éternel de « Hansel et Gretel » c'est qu'il exprime les terreurs fantasmatiques du bébé, terreurs qui sont universelles dans l'inconscient. Une belle-mère persuade un mari réticent et terrorisé par la misère que la seule issue à ce dilemme est d'abandonner ses deux enfants dans un forêt déserte où ils mourront de faim ou seront dévorés par des bêtes sauvages ; une sorcière attire les enfants affamés dans sa maison faite de mets tentants et les nourrit si généreusement qu'ils deviennent assez dodus pour lui fournir un délicieux repas de cannibale.

Ces terreurs infantiles sont sans lien ou ont peu de liens avec les facteurs de réalité, les actes ou les attitudes de la mère. Le point de départ de tous ces fantasmes se trouve dans le combat désespéré du nourrisson pour maintenir l'image de lui-même comme sorcier autarcique face aux réalités qui la révèlent constamment fausse. Par exemple, la nécessité d'allaiter l'enfant est une source de conflit. La créature qui n'a connu que le confort facile de la matrice et dont la perception limitée n'englobe aucune reconnaissance du monde extérieur à lui-même doit trouver que la présentation du biberon ou d'un sein est une intrusion déroutante et menaçante. Heureusement pour les êtres humains, le plaisir de téter et d'allaiter

— « plaisir oral libidinal » — réconcilie le bébé avec quelques aspects au moins de l'ordre nouveau.

La plus primitive des terreurs du bébé est la *terreur d'être affamé*. Sans la complication du fantasme infantile de toute-puissance, il n'y aurait naturellement aucun fondement à cette terreur : les mères ne laissent pas leurs enfants mourir de faim. Mais pour l'enfant, le fait de le faire attendre ne serait-ce que quelques secondes souligne sa dépendance et réduit sa prétendue magie à l'absurde. Ce fait est donc considéré comme un acte d'extrême malveillance : en d'autres termes, l' « affamement ».

La fureur infantile contre la mère a tendance à réapparaître ultérieurement sous une forme modifiée. Elle revêt la forme d'une accusation : l'enfant (ou l'adulte névrosé) s'est vu refuser amour, bonté, dons ou soins. Chez certains névrosés, le jeu d'exiger le refus devient un thème inconscient majeur.

Après la peur de la famine vient la *peur d'être dévoré* ; elle peut en fait représenter un déplacement des intentions agressives de l'enfant sur le sein ou le biberon (comme le démontre l'école psychanalytique anglaise, mais sans considérer l'élaboration psychomasochique). La formule s'exprime ainsi : « Je ne veux pas mordre ; Maman veut me dévorer. » Des contes de fées et des rêves, des fantasmes inconscients et des phobies animales sont édifiés sur ce malentendu infantile particulier.

Tôt ou tard, lorsque la réalité contraint l'enfant à reconnaître qu'il est nourri et non affamé, il modifie sa terreur d'être affamé pour l'adapter à sa nouvelle compréhension. Il accuse maintenant sa mère de l'*empoisonner* : « Oui, ma mère me nourrit, mais la nourriture est nocive. » Des vestiges de la *peur de l'empoisonnement* réapparaissent dans la vie adulte sous forme de troubles intestinaux névrotiques, de griefs hypocondriaques centrés sur la nourriture et d'autres difficultés semblables.

La peur d'être étouffé persiste également sous une forme cachée. Les névrosés terrifiés par des lieux confinés, qu'ils souffrent d'une véritable claustrophobie ou qu'ils aient une peur névrotique des ascenseurs, des souterrains et des trains, sont encore dominés inconsciemment par le fantasme infantile d'être *étouffés*, ou suffoqués, par le sein ou le corps de la mère. Une fois encore, cela ne débute pas comme une peur de la réalité ; le problème ne surgit pas parce que le corps de la mère semble énorme à l'enfant ou parce que la mère ou la nourrice ont été maladroites ou trop énergiques en le nourrissant.

Cette phobie peut prendre des formes étranges. Après avoir vu un film d'horreur, un de mes patients avait développé la terreur d'être étouffé dans son sommeil. Dans le film, un homme s'était endormi dans un moulin à farine. Pendant la nuit, les vannes maintenant la farine s'étaient ouvertes, la farine était descendue sur lui et l'avait suffoqué. Craignant que des parcelles de plâtre du mur de sa chambre ne l'étouffent dans son sommeil, le patient se protégeait contre cette éventualité en portant au lit un masque à gaz. C'est cette « sottise » qui l'avait convaincu finalement de la nécessité d'une psychanalyse.

La terreur infantile d'être coupé en morceaux naît de la toilette à laquelle la mère soumet l'enfant. Cela lui paraît dangereux, donc malfaisant. Une fois encore, sa méprise ne vient pas de la maladresse de sa mère. L'intention malfaisante est projetée par l'enfant.

La terreur d'être épuisé est peut-être, pour un adulte, la plus surprenante de ces terreurs. Elle surgit de l'impuissance de l'enfant lorsqu'il sent le besoin d'éliminer l'urine ou les fèces. Ce qu'il voit, ce sont « des forces propulsives » qui l'épuisent contre sa volonté. Un peu plus tard, il combat cette terreur en adoptant des attitudes à la fois possessives et agressives à l'égard des produits d'élimination. Chez les névrosés adultes cette peur, maintenant refoulée et tout à fait inconsciente, remonte à la surface sous forme d'avarice en matière d'argent, de sexualité et même de mots.

La peur de castration, la dernière des sept, marque le point culminant des terreurs infantiles. Elle apparaît au cours de la « phase œdipienne », lorsque l'enfant a trois ou quatre ans et qu'il réajuste sa conception du monde pour admettre l'importance d'habitants autres que sa mère et lui-même. Ici encore, il est clair que son fantasme terrifiant ne dépend pas d'une menace ou d'un avertissement réels. La littérature analytique actuelle est unanime à reconnaître que cette peur universelle de castration est liée à une série de précurseurs. L'Eden protégé de l'existence prénatale disparaît ; le sein ou le biberon sont retirés, les selles sont « épuisées », les dents de lait tombent. Réunissant les preuves aussi bien qu'il peut le faire, l'enfant conclut amèrement que « le plaisir conduit à la perte de l'organe dispensateur du plaisir » (F. Alexander). En outre, la terreur et le doute que l'enfant éprouve pour sa mère, terreur revue de temps à autre et transformée en nouvelles accusations à mesure qu'il apprend à voir les lacunes de ses premiers fantasmes, reste très vivante en dépit de ses concessions répétées. Une grande partie de ce que l'on appelle la peur de castration consiste en fait fondamentalement en une peur non digérée, identique à la peur donnant naissance aux autres catégories de terreurs infantiles.

La période des terreurs infantiles (*pré*-œdipienne) est aussi celle où l'enfant apprend à tirer du plaisir du déplaisir et de la peur (voir la préface). Ainsi le foyer du masochisme existe à un âge étonnamment précoce.

Le fait que ces terreurs très réelles n'empêchent pas l'enfant d'apprendre que sa mère l'aime tendrement, permet de mesurer la richesse et la complexité de l'esprit humain. Quoique par nécessité son rôle reste essentiellement celui de la grande refusante, le bien-être de l'enfant exigeant qu'elle défende et commande au moins aussi souvent qu'elle est généreuse et tolérante, l'enfant peut arriver à admettre que sa mère « donne aussi ». Mais il est curieux de noter que cette reconnaissance augmente le conflit au lieu de l'atténuer. D'abord faite de haine et de méfiance, son attitude devient ambivalente. En même temps qu'il la craint et s'en irrite, il l'aime et l'apprécie. La rencontre de ces deux extrêmes ne peut qu'apporter une perturbation intérieure. Malgré l'amitié, l'affection et la confiance grandissantes que l'enfant éprouve, il ne peut rejeter tout à fait ses vieux fantasmes.

Ce double portrait contradictoire de la mère « bonne » et « méchante » peut encore être perçu dans l'attitude d'un grand nombre d'adultes névrosés. Il a joué un rôle important dans un curieux drame mineur joué il y a quelques années par un de mes patients.

Accompagné d'un ami, cet homme avait été voir un film décrivant une crise dans la vie d'une femme du monde et de son enfant. La femme était victime d'un chantage ; si elle ne payait pas, son enfant serait kidnappé. Après un suspense long et douloureux le maître-chanteur était arrêté et la crise connaissait un heureux dénouement. Au cours de la projection du film, l'ami de mon patient remarqua qu'il avait vu un autre film où la même actrice jouait le rôle d'une sirène agressive et séduisante. Le patient affirmait que son ami était dans l'erreur et que le rôle de la sirène n'avait pas pu être tenu par la même actrice, refusant d'admettre qu'une femme de talent puisse jouer aussi bien deux rôles diamétralement différents. Son refus n'était pas seulement véhément, il était également émotionnel et avec tact son ami changea de sujet.

Mais pour le patient, cela ne mit pas fin à l'incident. Le lendemain, toujours indigné par « l'erreur manifeste » de son ami, il se donna une peine énorme pour trouver l'endroit où se jouait l'autre film. Il fit en auto un trajet pénible d'une heure jusqu'à une salle de cinéma peu connue de Brooklyn, incapable de s'expliquer pourquoi il perdait tant de temps pour voir un film ennuyeux pour la seconde fois. Il partit après en avoir vu quelques scènes. Son ami avait naturellement raison. C'était la même actrice.

A ce point, il comprit que ses actes avaient été trop étranges pour qu'il les néglige. Il me demanda une explication au cours de la séance suivante.

Il était marié à une femme bonne et aimante, dévouée. Leurs conflits n'avaient jamais été que des conflits mineurs et n'avaient rien à voir avec son besoin d'analyse. Il était venu en traitement pour des dépressions récurrentes, déterminées par de petites déceptions banales. Il abusait masochiquement de ses déceptions, tirant un plaisir inconscient de son malheur conscient et, pour augmenter son gain masochique, transformait des revers mineurs en défaites décisives. Son histoire infantile partiellement remémorée et partiellement reconstruite en analyse révélait un conflit non résolu avec une mère tyrannique, remontant à sa toute première enfance.

Lorsque le patient me demanda pourquoi il avait affirmé avec une telle insistance que la même actrice ne pouvait pas avoir été « gentille » dans un film et « cruelle » dans un autre, je lui répondis en me rapportant à son passé infantile :

« Vous vous êtes attaché masochiquement à l'image de la femme " cruelle " et vous avez essayé d'échapper à ce danger en créant le fantasme de la femme " gentille ". Vous avez épousé une femme gentille — comme défense. Votre ami vous a présenté l'actrice comme un seul personnage combinant l'image " cruelle " et l'image " gentille ". Pour protéger votre défense, vous avez refusé de croire que les deux pouvaient être une seule. »

« Je ne puis accepter votre explication. Ma femme et ma mère sont totalement différentes ».

« D'accord. Mais vous n'avez échappé au danger que sur un front. Sauf en ce qui concerne votre mariage, vous êtes encore dans chaque situation la proie du fantasme de malveillance et il agit contre vous dans un mouvement perpétuel. N'avons-nous pas discuté à maintes reprises de votre façon d'abuser d'incidents bénins, de les transformer en " terribles injustices " que vous exploitez masochiquement ? »

« C'est ce que vous affirmez ».

« C'est ce que révèlent mes notes. Récapitulons. Je vous ai dit que les masochistes adultes suivent un certain schéma immuable. Ce schéma se compose de trois parties. Tout d'abord, par leur comportement, ou par l'abus d'une situation extérieure, ils provoquent inconsciemment la déception et le refus, identifiant le monde extérieur à la mère supposée refusante de leur toute première enfance. Puis, ne réalisant pas qu'ils ont eux-mêmes provoqué leur déception, ils se montrent actifs et agressifs, apparemment pleins d'une indignation vertueuse et de défense personnelle. Finalement, ils s'apitoient consciemment sur eux-mêmes tout en jouissant inconsciemment du masochisme psychique. Le thème de cette dernière scène est le suivant : « Cela ne peut arriver qu'au pauvre moi. »

Le patient m'interrompit avec impatience. « Oui, je connais cette histoire. Mais qu'est-ce que cela a à voir avec le fait que je n'admette pas que la même actrice ait joué les deux rôles ? »

« L'impatience ne résoud aucun problème. Le lien — ce que vous croyez être le lien " manquant " — consiste dans le fait que les deux parties de l'image prises ensemble, combinant l'image de la bonne mère et de la mère cruelle, défont le travail que vous avez fait inconsciemment. Vous avez pris, inconsciemment, votre attitude ambivalente à l'égard de votre mère et vous l'avez divisée en deux attitudes apparemment sans lien. Et ce clivage est la base de votre "perspective" de la vie — la technique masochique que vous défendez si désespérément. En passant, je ne crois pas que vous ne ressentiez jamais, " mais jamais " d'ambivalence à l'égard de votre femme que vous reconnaissez être aimante ».

Il devint taciturne. Après une pause, il me parla « d'une certaine confusion de mots » qui lui venait soudain à l'esprit. Quelques années auparavant, il avait été impliqué au bureau dans un conflit insignifiant provoqué par une des innombrables querelles qu'il cherchait à tout le monde. Rentré chez lui, il raconta toute l'histoire à sa femme. Son exagération était tellement évidente dans son récit lui-même, que sa femme pourtant toujours bienveillante souleva une légère objection. Rendu furieux, il hurla : « Ne joue pas avec moi le rôle de ta mesquine de mère ! » Ce qui rendit sa femme furieuse à son tour : sa mère était morte à sa naissance et cet événement tragique l'avait marquée d'un sentiment de culpabilité. « Tu dois perdre la tête », lui répondit-elle. « Tu confonds maintenant ta mère avec la mienne ! » Le patient dut longuement s'excuser. Longtemps oublié, l'incident refaisait maintenant surface.

Puis, le patient demanda : « En quoi l'ambivalence est-elle tragique ? »

J'expliquai : « Ces sentiments contradictoires sont dramatiques pour l'enfant et très désagérables pour l'adulte. Freud a traité de ce problème ; à son avis, le fait de voir dans la personne de la mère un être donnant *et* refusant, aimant *et* haïssant, aimé *et* haï, conduit à une situation intolérable. Si l'enfant est un garçon, il trouve une issue en concentrant sa haine sur son père ; ce déplacement sépare les sentiments contradictoires primitivement éveillés par la mère. Si l'enfant est une fille, le même clivage se produit, mais c'est la mère qui est haïe et le père qui est aimé. Aux stades les plus primitifs, la seule relation significative pour l'enfant est la dualité de sa mère et de lui-même. Après le clivage la dualité devient un triangle : père, mère et enfant. Comme vous le savez, la situation triangulaire marque la phase œdipienne. »

« Voulez-vous dire que l'actrice de cinéma sous ses deux formes, la cruelle et la bonne, me rappelait ce conflit primitif ? »

« Précisément ».

Si nous devions chercher un dénominateur commun pour tous les conflits et expériences de l'enfant au cours des deux premières années de sa vie, nous trouverions le mot « passivité ». Le petit enfant dépend entièrement de sa mère. Comme nous l'avons déjà dit, il sent qu'il est une victime passive, même au cours de l'allaitement, cette obligation qui lui avait été épargnée dans la matrice (ce qui est neutralisé de manière typique par le plaisir libidinal de téter qu'il vient de découvrir). Il dépend en outre de quelqu'un pour obtenir son lait ; il peut être soumis à un horaire précis pour ses tétées ; il est finalement contraint de traverser le drame du sevrage. Les listes des outrages obligatoires ne se termine pas avec les injustices alimentaires. Les fonctions que l'adulte trouve naturelles et inévitables — la miction, la défécation et même le sommeil — apparaissent tout à fait autrement à l'enfant immature. Une puissance inconnue « draine » de temps à autre certaines parties de son corps (la libido une fois encore fournit une neutralisation ; avec le temps, l'enfant découvre le plaisir libidinal d'éliminer). A d'autres moments, une autre puissance inexorable le « contraint » à dormir. Le jeune enfant ne dispose que d'un cadre étroit de référence où faire entrer ses expériences. Il ne peut que les rattacher à une seule réalité : son illusion de toute-puissance. Avec ce seul critère, il n'est pas étonnant qu'il considère les événements, même les plus banals, de son existence avec méfiance. On peut en voir le résultat dans le septuor des terreurs infantiles.

Lorsque l'enfant a deux ans sa peur et son ambivalence s'unissent pour rendre intolérable son attitude tout entière envers la vie. Cette fois il transforme radicalement son point de vue ; il apprend à se voir comme un membre du triangle œdipien au lieu de la dualité mère-enfant.

L'enfant prend maintenant conscience de son père et comprend qu'il affronte avec ce personnage un rival puissant dans l'amour de sa mère. En tant que rival, c'est un ennemi redoutable et intimidant, mais le fait même de sa force permet au garçon de réaliser un extraordinaire tour de force. Se souvenant qu'il a été maintes fois la « victime » de cette « sorcière » menaçante, source de terreurs, sa mère, le garçon puise la force chez son père ; il fait descendre sa mère de sa position de puissance ; il en fait la caricature et l'image de son propre soi terrifié et sans défense. Cet abaissement est une variation intéressante de la « répétition inverse » inconsciente ; le garçon réalise un renversement des rôles en s'identifiant au père qui, croit-il, conquiert cruellement sa victime prétendue passive, la mère, dans le coït.

Dans son interprétation populaire, la phase œdipienne est largement considérée comme une période au cours de laquelle le garçon désire sexuellement sa mère. Cette interprétation étroite simplifie à l'excès un processus complexe. La vraie solution à l'identification du garçon avec la cruauté sexuelle supposée de son père est son besoin de renverser les rôles qui ont été joués jusque-là par sa mère et par lui-même et d'effacer sa passivité en transformant sa mère en victime.

La période œdipienne est donc importante du fait qu'elle délivre des périls intérieurs ; son but est de sauver l'enfant des terreurs infantiles intolérables rattachées à la géante.

A peu près à ce moment-là, l'enfant découvre un autre facteur de réalité dont il fait la preuve de la faiblesse de sa mère. Il apprend que la femme n'a pas les mêmes organes sexuels que lui. Ce savoir souligne la nouvelle image qu'il a de sa mère comme un être impuissant et passif. Il possède maintenant l'organe « magique » qu'elle n'a pas.

L'illusion réconfortante qu'a l'enfant qu'une justice poétique a été réalisée et que sa passivité a été chassée ne dure que quelques années. A cinq ans il a compris que le fait d'éliminer une autorité inspirant la terreur n'a fait qu'ouvrir la voie à une autre. Le père est maintenant le pouvoir qu'il doit affronter. Non seulement le père inspire la terreur mais il menace de punitions. Suivant le principe « œil pour œil, dent pour dent », le garçon craint que les représailles de son père ne visent « l'organe criminel », son organe sexuel. L'enfant doit maintenant décider de ce qui est le plus important pour lui : la sécurité de son organe ou ses désirs œdipiens pour sa mère. Le choix lui est facilité ; il abandonne ses désirs que de toute façon sa mère n'a pas pris au sérieux et qui, au pire, ont été reçus avec irritation et colère. Mais le résultat final est un retour à la passivité. Normalement, la compétitivité intense de la période œdipienne disparaît et la situation émotionnelle s'adapte à un niveau plus calme. La haine de l'enfant pour son père (le soi-disant rival de la période œdipienne hérite d'une grande quantité de la colère amassée pendant la période *pré*-œdipienne) est remplacée par l'amitié ; son sentiment intense pour sa mère se transforme en un sentiment non sexuel et simplement affectueux.

A ce point, l'enfant a épuisé ses derniers expédients ; il n'a plus aucun moyen de se délivrer de ses terreurs infantiles. Tout le problème est mis en réserve pour quelques années. Pendant la période de latence, qui va de cinq ans jusqu'au début de la puberté, le problème ne réapparaît que de façon brumeuse et temporaire.

Mais avec la puberté, les vieux conflits revivent inconsciemment. L'enfant lutte de nouveau pour résoudre les problèmes rencontrés dans sa première enfance et cette fois les résultats finaux sont enregistrés de façon indélébile. La manière dont ces conflits primitifs seront ou non minimisés avec succès et seront triomphalement absorbés déterminera l'indice névrotique de l'adulte : trop névrotique, ce qui provoquera des troubles infinis ; ou peu névrotique, auquel cas il sera charitablement classé comme émotionnellement « normal ». Ce n'est pas que le destin de l'individu soit « décidé » au cours de la réapparition de ses conflits primitifs. Son orientation était présagée dans sa première enfance ; l'adolescence ne fait généralement que confirmer ou modifier la détermination antérieure. Le tribunal intérieur qui juge son cas en premier lieu pèse lourdement et, comme dans la vie réelle, un petit nombre seulement de ses décisions sont bouleversées par une cour suprême.

Mais bien avant le moment de cette décision finale, le cinquième grand fomentateur de troubles intérieurs est entré dans la vie de l'enfant. Ce fomentateur de troubles est fait d'une série d'exigences présentée par la *conscience inconsciente.*

Il ne faut pas confondre la conscience *inconsciente* avec la conscience ordinaire, c'est-à-dire le jeu de préceptes conventionnels, pleinement conscients, du bien et du mal que l'enfant apprend de ses parents et de son environnement. C'est le tyran intérieur que l'enfant a construit lui-même dans l'espoir fallacieux qu'il sera un allié.

Le développement de la conscience inconsciente (ou pour être plus précis, du surmoi) est un sujet très controversé. Primitivement, Freud la rattachait à l'institution bienveillante qui n'insistait que sur la renonciation aux désirs œdipiens. Puis Freud modifia ultérieurement son point de vue, comme on peut le voir d'après les citations contenues dans la préface. Le développement de la vie psychique de l'enfant et, en particulier, le développement du surmoi tel qu'il est présenté dans les pages précédentes, correspond à mes opinions personnelles développées dans mes ouvrages antérieurs.

Le résumé du développement primitif donné ici montre clairement que la vie intérieure de l'enfant va d'un expédient à l'autre ; chaque étape étant imposée soit par un facteur biologique immuable, soit par les étapes antérieures. Cela est vrai aussi de la construction de la conscience intérieure. Ici, le facteur déclenchant est le capital primitif d'agressivité de l'enfant. Comme nous l'avons déjà dit, le nouveau-né possède une réserve d'agressivité qu'il ne peut utiliser du fait de son impuissance physique. L'agressivité non dépensée s'accumule dans son inconscient, exigeant d'être utilisée. C'est une partie de cette énergie inemployée et méchante qui donne pleins pouvoirs à la conscience inconsciente (une petite partie est projetée, la troisième partie, la plus petite, est retenue par le surmoi). Puisque son carburant est la méchanceté, sa fonction doit nécessairement être une fonction de cruauté.

Ce n'est pas une conclusion aisément acceptable ; on peut admettre, indubitablement, que le processus tout entier est fantasmatique. Mais des années d'observations m'ont convaincu que « la cruauté de l'homme envers l'homme » n'a d'égale que la cruauté de l'homme envers lui-même et que la cruauté de l'homme envers lui-même est construite et amorcée par sa conscience intérieure.

Nous avons vu comment les réalités de la vie s'amenuisent devant l'illusion entretenue par l'enfant de sa toute-puissance et de son pouvoir magique. Où qu'il se tourne, il se trouve constamment en conflit avec un environnement plus fort qu'il ne l'est lui-même, d'où le fait que sa vie devient une suite ininterrompue de défaites humiliantes. Le maître-esprit politique (inconnu) qui a émit la règle : « si tu ne peux les dévorer, joins-toi à eux », a dû inconsciemment se souvenir de ce qu'il a fait lorsqu'il avait deux ans. Car à deux ans environ chaque enfant imagine ce moyen simple pour sauver la face et préserver de nouvelles défaites ce qui reste de son illusion d'autarcie. Il s'identifie inconsciemment aux préceptes posés par ses dirigeants adultes — préceptes qui lui sont apparus jusque-là comme des ordres absolus, même sous forme de cajoleries, de « raisonnements » ou de simples informations. De cette manière il remplace une voix intérieure d'avertissement par une voix extérieure d'autorité. Ce qu'il entend, c'est le « non ! » identique du passé ; ce qu'il exclut, c'est l'élément d'abdication. Il a réorganisé tout l'apparat de l'obéissance de sorte que lui-même ordonne prétendûment ses actes, sauve la face et évite les punitions. Ayant triomphalement restauré un petit coin de son édifice autarcique en ruines, l'enfant est heureux ; ayant apparemment marqué un grand coup éducatif, les parents et les éducateurs sont heureux ; la vie de la nursery devient calme et satisfaisante — pour un temps.

La création du *département intérieur des non* est la première étape du développement de la conscience intérieure. Le stade qui en découle — et qui, en fait, naît avec elle — est marqué par le développement d'un agent intérieur ayant accès à la réserve de cruauté et d'agressivité qui se sont accumulées chez l'enfant depuis sa naissance. Le second agent, le *département de la torture*, fait sa première apparition bien avant que l'enfant adopte ses propres préceptes intérieurs. Il est possible qu'une pré-étape se constitue lorsque les enfants tournent leur damnée agressivité contre eux-mêmes en se frappant eux-mêmes par frustration, comme on peut souvent l'observer. Même de très jeunes enfants le font ; un grand nombre de bébés se frappent la tête.

Le « bourreau » trouve bientôt une cible, à la fois vulnérable et tentante. Du fait qu'il est instauré pour préserver l'amour-propre, le « compartiment des non » incorpore nécessairement le portrait que l'enfant a de lui-même, qu'il a construit pour convenir à la vaste perspective de son illusion de pouvoir et de perfection absolus. Une partie de cette conception de lui-même englobe l'avenir, personnifiant ses ambitions et ses espoirs grandioses et assurés, exprimés par des superlatifs. L'enfant ne deviendra pas un simple matelot, mais le capitaine du plus grand paquebot qui soit lancé ; il ne se voit pas comme un simple pilote de jet mais comme le premier homme à se poser sur Mars. Il serait donc plus exact d'appeler ce secteur intérieur le *département des non et des grands espoirs* (correspondant à « l'idéal du moi » de Freud). Ce secteur et le département des tortures constituent le surmoi.

C'est la combinaison d'un code intérieur de conduite imposé par lui-même et un standard de réalisation édifié par lui-même (et impossible) qui invite le département des tortures à attaquer. Par la suite, et à maintes reprises, le bourreau intérieur demande : « As-tu réalisé tes grands espoirs ? As-tu vécu selon le code que tu t'es imposé à toi-même ? » L'enfant s'est libéré d'un dilemme pour en affronter directement un autre — dont il ne sortira jamais, même à l'âge adulte. Le bourreau intérieur peut à tout moment montrer qu'il existe une antinomie entre les règles et les promesses énumérées dans le département des non et des grands espoirs, et les actes extérieurs ou réalisations qu'il peut punir. Ce châtiment prend la forme consciente de mécontentement, de culpabilité et de dépression.

C'est un piège rendu inéluctable par le fait que l'individu ne peut modifier ultérieurement ni le code qu'il s'est imposé ni les promesse naïves qu'il s'est faites à lui-même. L'adulte, impuissant, est lié par la note au porteur qu'il a signée lorsqu'il était un enfant ignorant — pieds et poings liés parce que la structure tout entière est pleinement inconsciente. Il ne peut modifier son modèle précoce parce qu'il n'en connaît pas le contenu.

Pour ajouter à l'ironie de la situation, la définition intérieure du succès n'a rien à voir avec le succès tel qu'il est admis dans le monde extérieur. Si le compartiment des grands espoirs contient le serment de devenir président, ce n'est pas une excuse intérieure acceptable de pouvoir expliquer : « Mais je suis premier président ! » Tout ce qui n'est pas littéralement réalisé se classe comme antinomie et est puni comme tel par le bourreau intérieur malveillant.

Le département de la torture est donc une puissante cinquième colonne à l'intérieur de la personnalité, distribuant les punitions chaque fois qu'une excuse peut être fournie. D'où le fait que la culpabilité — la manifestation du pouvoir du bourreau intérieur — devient la compagne de l'enfant et le suit comme une ombre jusqu'à sa maturité. Inconsciemment, tout individu tente désespérément de résoudre son problème spécifique de culpabilité intérieure. Il y a littéralement des centaines de techniques et de contre-mesures (« mécanisme de défense ») qu'il peut utiliser et qu'il utilise. *La plus importante de celles-ci est le masochisme psychique.*

Le masochisme psychique consiste en une prédilection inconsciemment acquise pour le rejet, le refus, l'humiliation et la défaite. C'est une technique qui annule la torture du tyran intérieur en en tirant du plaisir. Le but de la torture est d'imposer la douleur et d'empêcher le renouvellement d'une offense ; mais pour un amoureux du châtiment, une souffrance est en fait séduisante. Cette technique ingénieuse est très fructueuse, très dangereuse et très préjudiciable.

Le masochiste psychique confirmé (un individu incontestablement névrosé) consacre sa vie à provoquer les « injustices ». Les « injustices » lui apportent *une douleur consciente et un plaisir inconscient.* Elles sont toutes attribuées à des personnages qu'il identifie inconsciemment à l'image infantile de la mère prétendue cruelle.

Il doit, bien entendu, payer pour ses plaisirs particuliers. Exclusivement cruel, le tyran intérieur décrète que le plaisir masochique est tabou et le pire des crimes possibles. Il se prépare alors à imposer une pénalité. Dans une tentative pour échapper à cette pénalité supplémentaire, le masochiste psychique se défend en construisant un alibi. Celui-ci consiste en un schéma de comportement ; il est visible dans chaque acte de « collection d'injustices » et ne change jamais.

Voici le drame intérieur secondaire que joue le masochiste psychique :

Acte 1 : Soit par son comportement, soit par l'abus d'une situation extérieure, il provoque inconsciemment la déception et le refus, identifiant le monde extérieur à la prétendue image de la mère refusante de sa première enfance.

Acte 2 : Inconscient du fait qu'il a lui-même provoqué sa déception, il devient agressif, jouant l'indignation vertueuse et paraissant agir en état de légitime défense. (Cette fureur est une fausse agression, ou pseudo-agression.)

Acte 3 : Après une défaite inévitable parce qu'il accumule toujours les faits contre lui-même, il se laisse aller à une pitié de soi consciente et ignorante, tout en jouissant inconsciemment de son humiliation. Il pense : « Cela ne pouvait arriver qu'à pauvre moi ! »

Une des caractéristiques les plus étonnantes de l'adhésion inconsciente au schéma qui consiste à tirer du plaisir inconscient d'un malheur conscient est le besoin d'aller jusqu'à la défaite une fois qu'une issue possible a été entrevue et que l'attente a été éveillée. Il semble que l'individu *doive* dépenser l'énergie psychique masochique qui a été mobilisée par une circonstance spécifique telle que l'espoir d'un danger. Parfois le masochisme inutilisé apparaît dans la conscience comme un sentiment « insensé » de dépression, parfois comme un acte pseudo-anormal chez les individus loin d'être anormaux. Cela explique aussi pourquoi certains individus ne peuvent « accepter le succès », y réagissant par la dépression au lieu de la joie de vivre.

Deux autres situations illustrent cette tendance. L'une est la réaction banale des « larmes de joie » ; l'autre, les dépressions prévisibles des masochistes psychiques qui ont espéré une crise désagréable mais qui y ont échappé.

On admet que les individus puissent pleurer et pleurent lorsqu'ils sont malheureux. Paradoxalement, on admet sans étonnement le contraire : « Je pleure parce que je suis heureux. »

En ce qui concerne les larmes de joie, elles n'apparaissent que si l'événement heureux a été *précédé* par une longue période de soucis, d'incertitude, de désespoir, d'échecs ou d'absence de succès. A moins que la scène ait été montée de cette façon, la réaction à l'événement heureux est la satisfaction et non le bonheur.

Les soucis, le désespoir, le manque de succès mobilisent inconsciemment une grande quantité de masochisme psychique chez l'individu affecté. Une fois le schéma plaisir-déplaisir activé, il ne peut être mobilisé avant que la réserve d'énergie accumulée ait été libérée. Si les tristes espoirs de l'individu culminent dans l'échec, la décharge masochique est absorbée par la dépression subséquente. Mais qu'arrive-t-il si les espoirs aboutissent de manière perverse au succès ? Il cherche alors un nouveau point où déposer son masochisme. Il le trouve invariablement, décompte l'événement heureux et se comporte extérieurement de façon à convenir à la misère qui a précédé le succès.

D'où, dans la réalité intérieure, les pleurs de joie représentent trois éléments inconscients :

a) Décharge inconsciente de masochisme psychique préparée dans l'espoir d'une issue négative.

b) Plaisir inconscient émanant d'une pitié de soi teintée de masochisme, répétant dans une révision intérieure la souffrance précédant l'issue favorable.

c) La rationalisation consciente du paradoxe : puisque l'individu n'est pas conscient des mécanismes (*a*) et (*b*), il doit construire une explication qui satisfasse la pensée logique. Le fait que la logique soit également erronée est gratuitement ignoré.

Pourquoi le triste prélude aux pleurs de joie doit-il servir à mobiliser un étalage substantiel de masochisme psychique ? La perspective d'un échec imminent est un avertissement pour l'inconscient : « Nous y voilà de nouveau ! Une fois encore le tyran intérieur va démontrer qu'il y a une antinomie entre ce que tu as réalisé et les promesses faites lorsque tu étais enfant ! » Dans une mesure préventive, la punition inévitable est transformée en plaisir-dans-le-déplaisir ; cela fait, l'énergie masochique ainsi produite doit trouver un point extérieur où se déposer. Elle ne peut être éconduite comme un serviteur dont on n'a plus besoin. Lorsque le masochiste psychique célèbre « sa joie » par des larmes, il complète la transaction inconsciente préparée lorsqu'il escomptait le désastre.

Voici l'exemple d'un phénomène plus complexe — la dépression comme séquelle d'occasions masochiques manquées.

Une femme de trente-cinq ans était venue en psychanalyse pour « insatisfaction générale et impuissance devant les décisions à prendre » (c'était son propre diagnostic). Elle ruminait constamment les prétendues injustices que lui avait infligées sa mère, qui avait été son principal éducateur. Son père était mort alors qu'elle était encore très jeune. Elle décrivait sa mère comme une femme « égocentrique, toujours exigeante, toujours indignée ». Son mari confirmait cette description ; la patiente ne falsifiait pas les faits, mais simplement en abusait pour seconder ses desseins.

La patiente téléphonait longuement à sa mère tous les jours. C'était une routine inexorable ; elle résistait au fait qu'aucune des deux femmes n'avait quelque chose à dire. L'intonation de la mère au cours de ces conversations, l'inflexion donnée à un mot, ce qu'elle disait ou ne disait pas fournissait à la fille sa « ration quotidienne de masochisme ». Elle était tellement assidue à collecter les injustices de ce type qu'elle avait confié ses jumelles à une nurse énergique qui l'intimidait au point qu'elle n'osait pas « se mêler » des questions de la nursery.

Les communications quotidiennes qu'elle avait avec sa mère représentaient la « réassurance » ; c'est ainsi qu'elle raisonnait. Toute sa vie elle avait eu peur que « quelque chose » arrive à sa mère ; c'était une peur que sa mère avait implantée dans son enfance. La menace de punition intervenait chaque fois que ses actes pouvaient « énerver » l'aînée des femmes. Puisque tout ce qu'elle faisait aboutissait à ce résultat néfaste, elle était blâmée pour les maux de sa mère lorsque la gravité de ceux-ci ne dépassait pas le rhume de cerveau ou la céphalée légère. Elle ne comprenait pas pourquoi, après vingt-cinq ou trente ans, elle s'accrochait encore aux non infantiles ou se cramponnait si obstinément à ses sentiments de culpabilité concernant sa mère — sentiments qui apparemment émanaient de pensées agressives.

Comme il fallait s'y attendre, cette couche de pseudo-agressivité contre la femme plus âgée recouvrait un attachement masochique fantasmatique profondément refoulé.

L' « indécision » de la patiente était en fait un sarcasme intérieur dirigé contre sa mère. Enfant et jeune fille, elle avait été contrainte à se soumettre en tout aux désirs de sa mère, même en ce qui concernait le choix des vêtements ; elle s'était donc réduite ultérieurement à un néant masochique. Elle était incapable de choisir ses vêtements ; elle était incapable de meubler la luxueuse maison de campagne que son mari lui avait fait construire ; elle ne pouvait jouir de son amour.

Après quelques mois d'analyse, après que certaines « injustices » dont elle se plaignait amèrement aient été analytiquement expliquées et élaborées et son passé infantile (y compris les fantasmes œdipiens) rattaché à ses répétitions dans sa vie présente, la patiente montra une certaine amélioration. Elle acheta des vêtements et du mobilier — ce qui révélait un grand progrès.

Sa résistance au traitement était très prononcée, tout en suivant le schéma standard. Comme à l'accoutumée dans des cas comme le sien, elle accepta l'interprétation de son agressivité refoulée contre sa mère, mais n'arrivait pas à en « comprendre » le substrat, son attachement masochique pour le même fournisseur d'injustices. Elle parvenait difficilement à saisir le fait que son énorme poids de culpabilité appartenait à cette perpétuation masochique inconsciemment choisie et n'était que secondairement déplacé sur le crime de pseudo-agressivité ; un crime moins odieux que le masochisme psychique selon le code intérieur et de ce fait invariablement utilisé comme alibi inconscient par les masochistes psychiques subissant l'attaque du bourreau intérieur.

L'idée qu'elle pouvait être une fervente de l'auto-torture agréablement ressentie répugnait à la patiente. C'était assez pathétique d'observer à quel point cette incarnation du masochisme psychique souhaitait anxieusement être considérée comme un être « agressif ». Une période assez longue fut nécessaire pour qu'elle paraisse comprendre le but poursuivi dans son cas par l'analyse.

Mes vacances d'été interrompirent assez longuement le traitement. Elle me téléphona au milieu du mois d'août et me dit qu'elle avait été « bien » jusqu'à la quinzaine précédente, « lorsqu'un changement survint en moi, mais sans raison extérieure, soyez-en certain ». Je répondis par une question : « Qu'y a-t-il avec votre mère ? »

Je posais cette question parce que je savais que sa mère passait généralement les mois d'été avec une autre fille, une fille qui était « froide et indifférente aux particularités de maman », mais que cette année-là le programme avait dû être changé. Le mari de la sœur « froide et indifférente » était moins tolérant que sa femme et avait posé un ultimatum au sujet de la visite de sa belle-mère : elle devait avoir quitté leur maison de campagne avant le début de ses vacances en août. Sa menace était : « elle ou moi ». Sous la pression de cet ultimatum, la sœur dut céder et bombarda ma patiente d'avertissements : elle devait être responsable de leur mère en août. Ma patiente était folle. Elle consulta son mari et ils se mirent d'accord sur un point : la mère ne devait en aucun cas habiter chez eux. Ils se proposaient de lui louer une chambre dans une villégiature toute proche. Le mari de la patiente acceptait d'endosser le blâme pour ne pas l'inviter chez eux (la mère était financièrement indépendante). Telle avait été la situation — non résolue mais projetée — avant le début de mes vacances.

La patiente répondit à ma question (« Qu'y-a-t-il avec votre mère ») par une question étonnée : « Que demandez-vous là ? Ma mère est en villégiature près de chez ma sœur. »

« N'êtes-vous en rien liée à cette décision ? »

« Eh bien, pour conserver les apparences, je l'ai invitée. Elle a refusé ».

« Le début de votre dépression — il y a deux semaines — ne coïncide-t-il pas avec le jour où votre mère a déménagé de chez votre sœur ? »

« Oui, mais... »

« Voilà votre réponse. Vous étiez prête pour une grande fiesta masochique — la visite de votre mère. Elle ne s'est pas matérialisée. Vous pleurez maintenant une occasion perdue ».

Des courbes masochiques descendantes telles que celle-ci sont invariablement prévisibles. Chez les individus très névrosés, comme cette patiente, c'est insuffisant pour empêcher les actes masochiques ; ils doivent aussi être familiarisés avec les dépressions qui naissent après qu'ils aient éludé ces actes mêmes.

L'écrivain satirique Saki disait d'un personnage présentant tous les stigmates du masochiste psychique : « Il avait tout simplement l'instinct du malheur très développé. » Bien entendu, Saki manquait de précision ; il ne pouvait savoir que le masochisme psychique n'est pas un « instinct » mais une défense intérieure complexe contre les menées punitives du département intérieur de la torture. Le prix de cette défense inconsciente est le malheur conscient et même lorsqu'un événement heureux paraît rendre cette défense superflue, un paiement en nature (un prix de consolation !) est exigé pour la période préparatoire.

La vie intérieure du masochiste psychique est gouvernée par un certain nombre de marchés étranges et de conventions non moins étranges ou illogiques. On peut décrire son inconscient comme la scène d'une bataille éternelle entre deux protagonistes inégaux. Le plus puissant, de loin, est son bourreau intérieur, la force malveillante à l'intérieur de sa conscience inconsciente. *Les armes de cet antagoniste sont une éternelle méchanceté, une absence totale de scrupules et le pouvoir d'infliger le châtiment.* Toutes ces armes sont terriblement efficaces ; on peut les classer comme les missiles balistiques intercontinentaux du conflit psychique. L'individu peut retenir contre eux un petit éventail d'anti-missiles d'un caractère plus défensif qu'offensif, dont l'efficacité n'est généralement que temporaire. L'aspect le plus tragique de ce combat psychique est le fait que l'agresseur — le bourreau — peut être temporairement stoppé mais jamais lésé ou désarmé, alors que le défenseur doit payer un lourd tribut pour chaque défaite.

Mais l'individu doit apprendre à conserver une certaine apparence de vie courante dans un perpétuel état de siège. Il découvre, par exemple, quelles actions le rendent vulnérable devant l'attaque et celles qui le laissent plus ou moins serein. Le bourreau intérieur ne sera pas mis en éveil par un peu de plaisir inconscient ; seul un plaisir intérieur substantiel éveille le bourreau intérieur pour une attaque de fond.

Beaucoup de pourparlers ont lieu au cours de cette bataille de l'individu entre le département des désirs intérieurs et celui de la torture intérieure. L'intermédiaire est *le moi inconscient*, celui qui joue le rôle d'avocat intérieur. Ces trois départements constituent « l'inconscient » au sens clinique du terme.

Voici ce qui se produit lorsque le tyran intérieur accuse l'individu d'avoir commis « un crime » et l'avertit de cette manière qu'il est en passe d'infliger un châtiment : l'avocat intérieur intervient avec une défense. Sachant qu'une simple accusation équivaut à une certitude, il ne fait aucune tentative pour laver son « client » de toute culpabilité. La défense, utilisant la technique légale pour affronter un procès, concède qu'un crime a été commis mais fournit un alibi prouvant que la culpabilité naît d'un crime tout à fait différent de celui porté dans l'accusation. Le crime admis est naturellement moins grave que l'offense alléguée. (Ici, les standards sont intérieurs et non extérieurs ; le masochisme psychique n'est pas un crime selon le code extérieur, mais selon le code inconscient c'est le crime des crimes, simplement parce qu'il neutralise la torture du bourreau.) Le but de l'avocat intérieur — et le mieux qu'il puisse faire pour son client — est d'adapter le châtiment au crime choisi par la défense, au lieu d'adapter le crime détecté par le bourreau intérieur. En termes de tribunaux extérieurs, il oblige son client à plaider coupable pour un écart de conduite de telle sorte qu'il échappera à la condamnation pour crime.

Un certain formalisme existe au sujet du crime de substitution choisi pour servir d'alibi défensif. L'alibi est invariablement le contraire de l'accusation. On peut voir le formalisme opérer dans le programme inconscient du masochiste psychique. Après avoir commis le crime majeur de provoquer la défaite consciente dans le but de récolter un profit masochique inconscient, l'individu ne perd pas de temps à monter une représentation d'agressivité — ce qui est exactement le contraire du plaisir-dans-le-déplaisir passif — en démontrant sa fureur et son indignation extérieures. Cette fureur n'est pas superficielle ; son but réel est un profit intérieur — un alibi.

Cette explication ne doit pas faire croire que la liste des crimes du tyran intérieur ne comprend que des actes extérieurs interdits. Un crime peut aussi être une intention interdite. Ici aussi, la réplique standard appelle la preuve que le département des désirs abrite l'intention opposée. Cette technique rend compte de la difficulté qui accompagne toute tentative pour évaluer les actes et les réactions de l'homme. Les désirs inconscients n'entrent jamais directement dans l'arène de l'action ; ils apparaissent dans la conscience masqués par une double défense. Prendre une défense inconsciente pour son opposé, un désir inconscient, signifierait une confusion totale.

Un jeune homme déprimé et accablé consulta un médecin après s'être trouvé brusquement impuissant avec sa femme. Il expliqua que cela s'était produit après avoir vu un film tiré du livre de Zola, *La Bête Humaine*. Dans ce film, le protagoniste se refuse à avoir des rapports sexuels avec une fille par peur de l'étrangler dans sa frénésie sexuelle. (Zola attribuait à faux cette attitude à « l'alcoolisme héréditaire ».) Le patient ne pouvait chasser cette partie du film de son esprit. Il appliquait cette situation à sa propre personne. Le médecin consulté s'intéressait à la psychanalyse ; il me l'adressa. Il m'expliqua au téléphone le cas tel qu'il le voyait : « Cet homme s'identifie au meurtrier ; sa culpabilité le rend impuissant. » Je contestai immédiatement cette hypothèse. Si tel avait été le vrai conflit du patient, il n'en serait jamais devenu conscient. Je soupçonnais qu'une profonde passivité masochique se cachait derrière la façade d'extrême agressivité ; l'analyse du patient confirma ce soupçon. Son impuissance disparut après une certaine période de traitement conduit conformément à mon interprétation de sa profonde passivité intérieure. Il est évident qu'il n'y aurait jamais eu de changement en lui si sa fausse agressivité avait été prise pour vraie. Un tel traitement aurait renforcé sa défense névrotique et ne l'aurait pas détruite.

(Cet exemple montre à quel point le désaccord peut être grand entre le code intérieur et le code extérieur. Ici le désir de meurtre avait disparu avec succès comme étant un crime *intérieur* moindre que la passivité.)

La liste des défenses dont dispose l'avocat intérieur englobe quelques défenses qui réussissent à éliminer tout châtiment, tout au moins temporairement. Le « Ce n'est pas un crime ; tout le monde le fait » exonère totalement, mais seulement pour un moment ; il est rare, en effet, que le tyran intérieur ne trouve pas une faille dans cette défense, une déviation du schéma précis. Jusqu'à un certain point, l'approbation sociale confère l'immunité. Mais il y a une défense qui peut laisser l'individu sans culpabilité et sans châtiment pour un temps appréciable. C'est la défense de l'*amour tendre et romanesque*. La clé du succès se trouve dans le fait que l'amour tendre s'attaque à une des accusations les plus sûres du tyran intérieur : l'individu n'a pas réussi à vivre à la hauteur des réalisations promises lorsqu'il a institué le département des non et des grands espoirs. L'opposition entre l'espoir et la réalisation — entre la croyance certaine qu'il pouvait être le premier homme sur Mars et la terne réalité de son métier de pilote de ligne qui transporte les passagers de Buffalo à Poughkeepsie — a toujours été la base et la justification du châtiment imposé et a toujours été évidente en soi. Mais quand l'amour tendre entre en scène, il est possible pour la première fois de dire qu'il n'y a pas d'antinomie, et la base du châtiment disparaît.

L'argument qui démolit l'antinomie évidente est fourni par l'autre membre du duo romantique. La jeune fille amoureuse voit dans son amant l'incarnation de toutes les vertus. A ses yeux, la promesse est devenue réalisation. L'illusion de la réalisation opère selon le principe : « Il le fera — dans l'avenir. » La confiance que la jeune fille a en lui, son ardeur à lui accorder le succès au vu de la promesse, peuvent être utilisées comme un témoin intérieur pour la défense. « Il n'y a pas d'échec », déclare le témoin intérieur. Et aussi longtemps que l'amour dure, le tyran ne peut utiliser le département des grands espoirs comme prétexte pour imposer le châtiment. Mais malheureusement pour eux, les névrosés sont incapables d'employer l'amour normal comme antidote. Leur vie émotionnelle s'épuise dans la répétition des conflits infantiles projetés sur des spectateurs innocents.

Si dans ce compte rendu des agissements de l'esprit intérieur on cherche l'ombre d'une intention ou de logique venant du département de la torture, on ne la trouvera pas. Il y a un but constant — le « aussi peu de plaisir que possible » pour l'individu — mais ce but ne fait pas partie d'une structure plus vaste qui, prise comme unité, peut être considérée comme favorisant la croissance ou le développement de l'être humain. L'absence de remords du tyran intérieur semble être la *cruauté pour elle-même.* Il peut déployer une méchanceté extrême, inutile et gratuite. Et cela complète l'ironie : si le tyran intérieur ne peut empêcher le succès de la victime, il le dévalue par un méprisant « Et alors ? »

Il n'accepte aucune excuse et condamne même la victime pour des situations qui sont hors de son contrôle. En voici un exemple :

Un patient français de quarante-cinq ans, traité en analyse pour des conflits masochiques de la personnalité, devait subir l'ablation d'une tumeur dangereuse. La tumeur englobait le nerf facial et ce nerf devait être enlevé. La moitié de son visage était partiellement paralysée. C'était pour lui un choc grave, en particulier parce qu'il n'avait pas su, en se faisant opérer, que la paralysie pouvait en être le résultat. Encore à l'hôpital, il avait fait le rêve suivant :

Je suis dans une banlieue mal famée. J'entre dans un bar ; un intellectuel parle avec un gangster ; il y a entre eux une sorte de désaccord. Le gangster menace l'autre homme de son couteau et commence à découper la cuisse de l'intellectuel. L'intellectuel est incrédule ; il incite le gangster en disant ironiquement : « Et alors ? Tu coupes mon pantalon ». Le gangster répond : « Tu en veux davantage ? » et enfonce si profondément son couteau dans la cuisse de l'intellectuel qu'il atteint la région génitale. J'étais horrifié et je me suis réveillé terrifié.

Le patient reprit son traitement analytique après sa sortie de l'hôpital. Sa dépression était tellement profonde qu'il était incapable de considérer son opération dans son ensemble et d'admettre qu'elle avait eu un bon résultat : une tumeur maligne avait été enlevée. Il ne pouvait penser à rien d'autre qu'à l'effet désastreux de son apparence. Comme il le disait, il était entré à l'hôpital entier — et « regardez ce qu'ils m'ont fait ».

Son rêve était encore vivace et il me le raconta en détail. Ses associations montraient directement une identification du gangster avec son chirurgien. De l'avis du patient, tous les chirurgiens étaient des bouchers. L'intellectuel du rêve était lui-même, à peine déguisé ; il s'enorgueillissait de sa culture et de son intelligence ; il possédait en fait une grande réserve de connaissances assez confuses.

Le trait saillant de son rêve était la phrase : « banlieue mal famée. » Il était évident que son tyran intérieur lui reprochait d'être entré dans cette zone dangereuse et douteuse : s'il avait évité tout contact avec des « gangsters », tout aurait été bien. Le même reproche ressort de la rencontre avec le gangster, car c'est l'intellectuel qui ouvre la discussion. La clause finale de l'accusation du tyran intérieur offre le même reproche, réexprimé encore plus efficacement : « Par ton masochisme tu as appelé cette blessure ; tu as même défié le gangster de se livrer au pire. »

Ce rêve est cruauté pure, sauf pour un petit secteur où l'on peut apercevoir l'avocat intérieur au travail, présentant un alibi pitoyablement inefficace. La scène du rêve se situe dans un bar, signifiant par là que l'homme ne peut être uniquement un masochiste psychique puisqu'il veut obtenir et non être refusé.

Peut-il y avoir une chose plus cruelle qu'un rêve dans lequel la victime d'une maladie dangereuse est accusée d'avoir provoqué stupidement sa propre mutilation ? Dans ce rêve, le bourreau néglige totalement la réalité et déclare que la victime est le créateur de sa propre tragédie.

Il est certain que les structures intérieures de la personnalité ne sont pas entièrement indépendantes de la réalité, puisqu'elles sont dans une grande mesure édifiées sous la pression de ce que l'enfant perçoit comme situations de la réalité. Mais la participation du parent est ici nécessairement fortuite. Tout d'abord, la situation de la réalité est déformée par l'ignorance et la peur de l'enfant. L'image qu'il a de son environnement est une projection de fragments de preuve, comme une carte primitive des continents américains. Mais ce qui est plus important encore, c'est le fait que les fragments de preuve qui s'impriment chez l'enfant ne représentent pas les actes parentaux mais des facteurs immuables qui sont à la fois larges et généraux. Des exemples sont donnés par toute la routine implacable qui consiste à ressentir ce besoin terrifiant, la faim, de le satisfaire d'une nouvelle façon hésitante, d'expérimenter ses suites mystérieuses, l'élimination. Ces problèmes, que l'enfant doit affronter au cours des premiers mois de sa vie, sont suivis par d'autres problèmes sur lesquels les parents sont également incapables d'agir.

Il n'y a aucun moyen d'éviter cette conclusion : la majorité des fomentateurs de troubles intérieurs de l'enfant sont hors d'atteinte de l'influence extérieure, qu'elle soit bonne ou mauvaise. (Et l'influence extérieure est son sixième fomentateur de troubles.) Les parents peuvent faire de leur mieux pour minimiser les problèmes de l'enfant, mais ils ne peuvent éliminer tous les facteurs qui le poussent à construire ses « solutions » intérieures dangereuses. Une fois celles-ci mises en mouvement, l'émergence du tyran intérieur devient le facteur majeur de sa vie inconsciente. Il doit donc s'appuyer sur son défenseur intérieur, son avocat inconscient (le moi inconscient), pour prendre en main son combat continuel avec son bourreau retranché et son département des désirs. C'est ce que fait « l'avocat » en préparant des compromis des défenses et des contre-défenses intérieures éternelles. Tout cela influence et souvent domine les actes extérieurs de l'enfant.

Dans ce voyage intérieur périlleux que l'enfant commence dès sa naissance, le plus grand danger est le fait que ses solutions inconscientes atteindront leur apogée avec l'édification d'un tyran intérieur tellement puissant que les défenses et les alibis intérieurs ne seront jamais autre chose que des combats d'attente. Lorsque cela se produit, cela signifie que l'appétit de l'enfant au plaisir-dans-le-déplaisir — son indice masochique-psychique — est tellement insatiable qu'il a fourni au tyran une arme imbattable. A mon avis, une dose aussi nuisible de masochisme psychique se développe lorsque l'enfant ne peut accepter les offenses constantes faites à sa mégalomanie et qui constituent une si grande partie du processus éducatif. La réalité clinique montre que ces offenses ne peuvent être éliminées et que le fait de les adoucir (comme le font toujours avec confiance les parents) par de tendres explications n'est d'aucun secours. La persuasion ne peut jamais être amicale au point qu'un enfant particulier ne puisse la transformer en une décision injurieuse ou inamicale qu'on lui impose contre son gré.

Une des situations les plus banales de l'enfance est celle où l'enfant réclame un plaisir — bonbon, glace, gâteau — qu'on doit lui refuser pour son bien-être physique, lorsque par exemple il souffre de troubles digestifs. Il y a des moments où les parents, gardiens de la santé physique, doivent sacrifier dans ce but ses désirs — et peut-être les leurs. Peu d'enfants acceptent ce refus — et comment peut-on espérer qu'ils le fassent ? — sur le plan adulte de la compréhension permettant à l'individu de renoncer à un plaisir immédiat, dans le but de protéger son bien-être futur. L'enfant agit dans le cadre de sa propre compréhension et selon son propre système de priorités. Et son illusion de toute-puissance (qui s'exprime dans l'application pratique dans les termes de ses désirs comme de ses besoins) détermine si la voie masochique est prise *aussi* (ce qui signifie une normalité relative) ou si elle devient le schéma *principal* (ce qui signifie la névrose).

CHAPITRE II

LES SOLUTIONS INTÉRIEURES CONTRE LES MESURES ÉDUCATIVES

Une grande partie du processus éducatif consiste en une tentative pour modeler l'enfant selon les principes admis dans la couche sociale de ses parents. Dans des conditions favorables, ce processus se fait par l'identification de l'enfant aux modèles parentaux. Ce n'est pas là une observation scientifique récente ; en 1842 déjà, Joseph Jouvert notait dans ses *Pensées* que « les enfants ont plus besoin de modèles que de critiques ».

Ces modèles sont incorporés dans le compartiment des non et des grands espoirs de l'enfant. Mais ce département n'est pas un télétype reproduisant fidèlement chaque item qui l'alimente à l'autre extrémité. Ici, un élément très individuel de sélectivité agit, enlevant tout sens à la question indignée si souvent posée à l'enfant délinquant : « Tes parents ne t'ont-ils pas appris la différence entre le bien et le mal ? » La réponse positive à cette question doit être « oui ». La question réelle — la question pertinente — doit avoir trait à un processus plus complexe que l'énoncé des règles de conduite. Ce processus consiste en l'acceptation intérieure des préceptes parentaux ; les parents, qu'ils soient des disciplinaires rigides, style Vieille-Angleterre, ou nouveau style très tolérant, n'ont sur lui aucune influence importante.

Si par exemple un enfant a résolu son conflit infantile par une dose massive de masochisme psychique, il sera poussé à transgresser des préceptes parentaux dans le but d'obtenir sa ration quotidienne de collection d'injustices. Il n'y aurait pas de provocation au châtiment dont il a besoin s'il obéissait aux lois de la nursery. Les parents peuvent-ils être responsables de l'élaboration intérieure qui règle les attitudes de l'enfant ?

Très souvent, chez ces enfants, le complot intérieur qui tend à provoquer le châtiment est subtilement déguisé. Stendhal parle d'une telle élaboration dans son autobiographie : *La Vie d'Henri Brulard.*

Stendhal a grandi à Grenoble pendant la Révolution Française ; il avait sept ans lorsque son père, sympathisant de la cause aristocrate, fut mis sur la liste des suspects. Cela signifiait qu'il était candidat à la guillotine. Lorsque cela fut connu, écrit Stendhal, la famille exprima son horreur. Sauf l'enfant :

> « Mais que veux-tu ? » dis-je à mon père. « Amar t'a mis sur la liste comme notoirement suspect de ne pas aimer la République ; il me semble certain que tu ne l'aimes pas ». La famille rougit de colère à cette remarque. Ils étaient sur le point de me bannir dans ma chambre ; et pendant le souper qui suivit, personne ne m'adressa la parole. Je réfléchis profondément. Rien n'est plus vrai que ce que j'ai dit : mon père se glorifiait de haïr " l'ordre nouveau " (expression alors à la mode chez les aristocrates), de quel droit se mettaient-ils en colère ? »

Il ne peut y avoir aucun doute que les parents de Stendhal aient appris à l'enfant à pleurer Louis XVI et à sympathiser avec les aristocrates. Mais en raison de conflits intérieurs, le jeune garçon devint un ennemi de l'Ancien Régime.

L'enfant ne s'identifie pas à un tout mais à un aspect du tout et par conséquent toute identification peut être équilibrée par une contre-identification. Le parti républicain ou le parti démocrate ne gagne pas automatiquement un nouveau membre lorsque l'on devient père.

Qui, ou quoi provoque la décision ? La réponse est toujours la même : le moyen particulier qu'un enfant particulier utilise inconsciemment pour résoudre son conflit intérieur. En d'autres termes, le dictateur est l'inconscient.

Jusqu'ici, les gens ont totalement négligé un sujet de la plus haute importante : la *séquence*, le fait que les solutions aux conflits intérieurs ont une priorité absolue sur les mesures éducatives. On ne peut arriver qu'à un point mort si l'on explique un individu exclusivement en termes d'influences parentales et éducatives, car ce faisant, on ignore un fait redoutable : le pouvoir de châtiment de la conscience intérieure.

Dans la psyché humaine, le principal ennemi intérieur est un reproche particulier de la conscience intérieure. Pour écarter ce reproche et pour formuler l'alibi indispensable (mais toujours changeant), l'enfant use et abuse des principes éducatifs. Cela peut paraître consternant pour les éducateurs, mais c'est un fait clinique.

Il est facile de voir comment la priorité intérieure prévaut sur le précepte extérieur si l'on est familiarisé avec le mécanisme appelé « la compréhension pseudo-morale dans les symptômes névrotiques ».

Voici l'action d'une « connotation » dans ce qui peut paraître une simple anecdote amusante ; c'est en réalité un fait clinique très révélateur et assez dramatique.

Une jeune femme se souvenait en analyse d'une crise datant de son enfance, lorsqu'elle vivait à la campagne avec ses parents.

Éducateur très strict, son père avait déclaré que sa pommeraie était interdite aux enfants. Les arbres promettaient cette année-là une récolte importante. Au moment de la récolte, le père découvrit que si les pommes étaient encore aux arbres, sa fille y avait grimpé et avait grignoté les fruits sur leur branche. Accusée, elle reconnut aisément ce qu'elle avait fait, mais fournit une excuse péremptoire : « Tu n'as pas interdit de manger. Tu as seulement dit : " Ne cueille pas " ! »

La nette disparité entre intention et interprétation ne représente nullement une erreur innocente. Lorsqu'un adulte crie l'avertissement « tiens-le » (la formule signifiant « stop » !) et que l'enfant qui écoute réagit en s'accrochant à l'objet le plus proche, nous sommes les témoins d'une erreur innocente et directe. Mais elle tend subtilement — l'espèce qui comporte l'intention innocente — à mal interpréter un précepte de sorte qu'elle sanctionne le contraire d'un ordre spécifique.

L'intention inconsciente impliquée dans cette tendance a trait à la création d'alibis acceptables à présenter au tyran intérieur punitif. Il faut se souvenir que le département du châtiment se sert du code moral de l'individu (le sous-département des non) et de son auto-portrait idéalisé (le sous-département des grands espoirs) comme matériel de torture, lui reprochant tous ses échecs à vivre à la hauteur de ses promesses et lui imposant pénitence pour toutes ses fautes. Chaque fois que cela est possible, l'avocat intérieur tente de nier la faute ; lorsque cette dernière ligne de défense échoue, une tentative est faite pour justifier la prétendue faute. Une telle défense secondaire est souvent édifiée sur un précepte éducatif très réel ; dépendant de la situation particulière, il est soit reproduit avec précision, soit déformé délibérément et ironiquement. Le slogan très efficace est ici : « Mes parents me l'ont dit ! » Cette technique utile est à la fois une défense et une attaque. C'est une défense contre l'accusation du tyran intérieur ; c'est une attaque ironique contre les éducateurs qui ont en premier lieu prescrit et dans une certaine mesure imposé les préceptes obligatoires. Elle réduit à l'absurde les éducateurs et le tyran intérieur en reproduisant littéralement les préceptes moraux au mauvais moment, au mauvais endroit et en les citant hors de leur contexte.

Le code moral intériorisé de l'enfant, plus la naïve certitude que l'enfant a de sa valeur devant le monde, fournissent à son tyran intérieur un abondant matériel de torture puisque, dans le meilleur des cas, les fautes et les antinomies ne peuvent être évitées. Mais ces ordres du jour détaillés imposent aussi des limites à l'ennemi invisible. Nous avons déjà dit que l'antinomie punissable entre promesse et réalisation disparaissait, temporairement, dans le refuge de l'amour romanesque, lorsqu'un témoin apparaît pour prendre le mot pour le fait. De la même façon, une faute apparente du code de conduite est transformée en conduite acceptable lorsqu'un précepte éducatif est tourné de façon à donner le feu vert.

On rencontre un exemple littéraire amusant, analogue mais non reconnu, dans une histoire d'Alexander Woollcott. Il remarque au Casino de Monte-Carlo un Anglais d'un certain âge qui joue à la roulette. Il portait des gants. Un enquête discrète lui en révéla la raison. Il avait promis à sa mère mourante « de ne plus jamais toucher un jeton de roulette ». Il restait un joueur invétéré, mais il remplit sa promesse, tout en la réduisant à l'absurde en jouant avec des mains gantées.

Ces manœuvres ironiques inconscientes peuvent servir finalement à justifier une très grande variété d'attitudes névrotiques.

Le masochiste psychique, par exemple, justifie de manière pharisienne la représentation de fausse agressivité dont il se sert pour garantir une injustice ou une humiliation de rétorsion, en citant ses parents : « Ne m'ont-ils pas appris à répondre lorsque j'étais attaqué ? »

Le cynique soutient que ses parents lui ont montré le chemin : « Tout le monde est secrètement d'accord avec les opinions que je défends ; d'ailleurs, ne m'a-t-on pas dit de toujours chercher la vérité et de toujours voir le côté humoristique des choses ? »

L'hypocrite a un atout : « Ne m'ont-ils pas dit de ne pas offenser les gens ? »

L'optimiste névrosé, usant de ses espoirs invariablement roses comme provision pour une déception, déclare : « Mes parents ne m'ont-ils pas toujours dit que les gens sont gentils et bons ? »

Le conteur névrosé, qui met son environnement en fureur en s'installant au centre de la scène jusqu'à ce que son auditoire se disperse, cite ses parents dans sa défense inconsciente : « Ne m'ont-ils pas toujours dit : " Ne reste pas oisif, soit vivant, mêle-toi à ce qui se passe " ? »

Le joueur névrosé fait inconsciemment remarquer : « Ne m'a-t-on pas dit à maintes reprises de prendre des risques, d'être ambitieux ? »

Dans l'analyse d'une jolie jeune fille, pathologiquement obèse, un grand nombre de discussions avaient trait à son incapacité à maigrir. Sa voracité (« je veux obtenir ») était son alibi contre l'accusation de son masochisme psychique (« Je veux qu'on me refuse »). On le lui fit observer, mais elle ne voulait pas admettre qu'elle mangeait avec excès. On eut ici recours au témoignage d'une amie. Lorsque les deux jeunes filles déjeunaient ensemble, elles commandaient le même repas ; mais l'amie, une jeune femme mince, ne mangeait qu'une partie de chaque plat, alors que ma patiente n'en laissait pas une miette. L'amie le lui fit observer et elle expliqua en le racontant : « Mais je devais tout manger. Ma mère m'a dit que c'était mal élevé de laisser quelque chose dans son assiette. » Il s'avéra que cette règle lui avait été imposée lorsqu'à l'âge de huit ans elle avait eu besoin d'être « engraissée » et elle l'expliquait des années plus tard lorsqu'elle avait manifestement besoin de maigrir. Elle perdit tente-cinq livres au cours des trois mois suivants de son analyse.

Une psychanalyste spécialisée dans les problèmes des enfants me demanda mon avis au sujet d'un enfant qui persistait obstinément à ne pas mâcher ses aliments. Le petit patient était un garçon de quatre ans. La psychanalyste avait très intelligemment mis en évidence un certain nombre de facteurs déterminants, mais le symptôme ne changeait pas. Elle insista alors sur l'interprétation de la culpabilité liée au fait de mordre les gens (l'enfant mordait généralement son petit frère et souvent d'autres personnes). Le symptôme persistait toujours. Je suggérai que l'enfant utilisait une ironie sous-jacente. Il prenait l'injonction familière « ne mords pas » et l'appliquait à une situation à laquelle elle n'était pas destinée : celle de manger, où naturellement sa mère voulait qu'il « morde » sa nourriture.

Il est clair que l'enfant — et plus tard l'adulte — accepte les valeurs parentales pour ce qu'elles valent pour lui : appuis, défenses, prétextes et mêmes sanctions pour leurs contraires. Tout comme il est clair que les parents ne peuvent faire plus que d'offrir ces préceptes et ces valeurs à l'enfant ; son acceptation et la manière dont il les accepte doit rester comme une question. L'acceptation directe, ou l'acceptation littérale ironique, émergent selon les nécessités intérieures de l'enfant.

Cela n'achève pas la liste des mécanismes intérieurs qui tendent à saper l'influence des parents. J'ai décrit un autre mécanisme important sous le nom de *théorie des détails*. Ce mécanisme naît du fait qu'émotionnellement, seules de petites expériences détaillées ont un impact réel, décisif, sur la personnalité inconsciente.

Pour en trouver les raisons, il est nécessaire de revenir à la nursery.

Pour le très jeune enfant, rien ne se classe comme une expérience, à moins d'entrer directement dans son cadre très limité de référence. Son monde est fait de petites perceptions, d'éclairs pénétrants de reconnaissance. Ces perceptions et ces reconnaissances sont nécessairement simples et directes ; il n'est pas encore capable de progressions ou de subdivisions ou de reconnaître qu'un nombre infini d'étapes interviennent entre le plaisir complet qui est un extrême et le rejet total qui est l'autre extrême. Son vocabulaire émotionnel ne comprend pas de « oui mais » ou de « si, par conséquent ».

Prenons comme exemple un événement banal de la nursery : un enfant réclame un bonbon à un moment où il est nécessaire que sa mère le lui refuse. Quelle que soit la manière dont sa mère lui explique que le refus est « pour son bien », quelle que soit la philosophie avec laquelle l'enfant semble accepter le refus, pour lui, l'incident culmine avec le « non » de sa mère. Sa réaction est entièrement basée sur le fait du refus ; les suites s'inscrivent extérieurement et non intérieurement. Il a répondu inconsciemment au refus de la haine, une haine qui n'appartient pas à l'acte de sa mère dans ce seul cas, mais à la mère elle-même, sans égard à ses actes passés et sans égard aux « raisons » (de vraies excuses pour l'enfant) qu'elle offre pour sa conduite présente. Il serait logique de s'attendre à ce qu'à mesure que l'horizon de l'enfant s'élargit, la tendance à ce que le détail domine, diminue. Il est vrai qu'avec le temps l'enfant devient capable de distinguer d'une façon purement intellectuelle — et non émotionnelle — entre une attitude générale et une situation individuelle. Il apprend à dire et même à croire que sa colère dans un cas particulier ne l'emporte pas et n'annule pas son affection pour la personne qui a suscité sa colère. Mais sous la surface, il réagit toujours au détail avec toute sa personnalité.

La raison principale à cet arrêt émotionnel doit être trouvée dans le sentiment intérieur de culpabilité de l'enfant. Cette colère primitive était inévitable ; elle a jailli lorsque sa mère a offensé son illusion de toute-puissance en lui opposant un refus. Mais il est interdit de haïr sa mère ; lorsque cette haine est apparue, elle était donc accompagnée de culpabilité. Pour se libérer de la culpabilité, l'enfant devait la justifier en *grossissant l'importance de sa déception.* Lorsque le bourreau intérieur accusait : « Tu hais tes parents qui sont si bons pour toi », l'enfant pouvait alors répondre : « C'est possible, mais vois ce qu'ils viennent de me faire ! C'était terrible, inoubliable. Comment peuvent-ils être aimants s'ils sont capables d'une telle cruauté ? »

Pour donner une base à son alibi intérieur, l'enfant doit augmenter l'importance de la vétille qui a suscité sa haine pour son ou ses parents. C'est cette défense qui se reflète dans son comportement extérieur. Cela devient son schéma émotionnel — un schéma qui reste immuable pour la vie entière, à moins que l'individu ne soit psychanalysé.

Ce grossissement des détails pour fournir un alibi intérieur explique pourquoi des irritations objectivement futiles tendent à susciter autant de ressentiment et pourquoi des observations de détails objectivement sans importance font si fréquemment des impressions profondes sur les individus. Le détail s'adapte au schéma émotionnel intérieur ; la perspective surpeuplée ne s'adapte pas. La logique extérieure ne change pas cet état de choses ; tout en nous disant : « Pourquoi cette parcelle d'irritation m'affecte-t-elle autant ? », nous continuons à être profondément affectés.

Naturellement, le jeune enfant n'a pas de scrupules de bon sens au sujet de l'importance qu'il accorde à un détail futile. Il gonfle une routine et un refus inévitables jusqu'à en faire une injustice grave, pour équilibrer son sentiment intérieur de culpabilité. Ce faisant, il ne peut s'empêcher de déformer l'intention de l'adulte, quelle qu'elle soit — et l'intention de l'adulte, dans son sens le plus plein, était éducative. Une fois encore, le parent ne peut faire plus que de donner la leçon ; ce que l'enfant en fait dépend de ses besoins intérieurs.

Pour démontrer la naïveté de certains pédagogues enthousiastes, voici la description de quatre traits de personnalité typiquement névrotiques et semi-névrotiques — exagération, snobisme, rougeur et timidité — et des attitudes inconscientes qui leur sont sous-jacentes. Nous verrons dans chacune d'elles à quel point ces impératifs inconscients surpassent les influences éducatives.

1. EXAGÉRATION

En tant que trait caractérologique, l'exagération est tacitement tolérée comme étant le péché social le plus bénin ; comme tel, on comprend que quelques tentatives aient été faites pour mettre en lumière ses mobiles psychologiques. Mais en psychanalyse, on rencontre des patients adonnés à une exagération plutôt ridicule ; en traitant une série de patients de ce type, je suis arrivé à la conclusion qu'ils utilisent inconsciemment la technique de connotation pseudo-morale : ils se moquent des autorités éducatives qui leur ont autrefois fait la loi en des termes qui n'avaient rien d'incertain. Ces enfants voyaient cette accentuation comme une exagération ; adultes, ils dramatisent ironiquement la prétendue exagération de leurs éducateurs. Un autre mécanisme inconscient se reflète aussi dans leur conduite : leur exagération démontre aux éducateurs la façon dont ils ne voulaient *pas* être traités lorsqu'ils étaient enfants. (C'est ce qu'on appelle « le geste magique de négation ».)

Mais l'ironie inconsciente et la démonstration dramatique sont des aspects défensifs de ce trait de la personnalité. Ce sont des alibis agressifs et, en tant que tels, ils ne sont que superficiellement refoulés, tout en étant encore inconscients. Le vrai point de départ de ce trait est encore plus profondément refoulé : l'élaboration masochique du conflit infantile. Lorsque le département de la torture menace de requérir le châtiment pour crime de masochisme psychique, le mécanisme standard de la défense se met en mouvement et l'avocat intérieur tente de montrer que son client n'est pas masochiste passif, mais agressif — il *hait* ses éducateurs. Pour être certain que le châtiment est imposé pour ce moindre crime d'agressivité (en réalité une fausse agressivité) au lieu du plus grand crime de masochisme, la caricature dramatisée de l'exagération parentale fait son apparition.

L'environnement impose naturellement des pénalités à l'exagération constante : il réagit avec réserve, ironie ou incrédulité. Ces pénalités sont apparemment acceptées comme de justes représailles pour l'affectation de fausse agressivité. Le conflit intérieur réel reste caché et impuni — et l'exagérateur continue d'exagérer.

Un critique de quarante ans, traité en analyse pour des conflits de la personnalité, se plaignit un jour « de ne pas avoir fermé l'œil » la nuit précédente.

« Je suppose que votre sommeil était interrompu », lui dis-je.

« Pourquoi supposez-vous que j'exagère ? »

« Parce que c'est là votre style. Souvenez-vous que vous avez rêvé il y a quelques nuits que vous étiez le quatrième d'un groupe et que quelqu'un a dit : " Certains individus sont tellement adonnés à l'exagération qu'ils ne peuvent dire la vérité sans mentir. " Vous vous êtes réveillé en sueur parce que vous ne pouviez dire qui citait qui — le trait d'esprit de l'autre compère Josh Billings ou vous-même ? »

« Pourquoi m'attrapez-vous à propos d'un rêve ? »

« C'est là une erreur légère. Votre conscience vous surprenait dans un rêve ».

« D'après votre livre sur *Le Surmoi*, la conscience intérieure est un mécanisme cruel de torture. Pourquoi l'accusation ne serait-elle pas méchanceté pure ? »

« Parce que le bourreau intérieur, tout en étant porté à la torture, est lié par certaines restrictions. Avant que le tyran puisse vous punir pour un crime, il faut lui fournir la preuve formelle que vous avez réellement commis le crime. Contrôlons : combien d'heures avez-vous réellement dormi la nuit dernière ? »

« Très peu, c'est un fait ».

« C'est très possible. Mais dormir peu et " ne pas fermer l'œil " sont deux choses différentes. Pourquoi exagérez-vous ? »

« Cela fait mieux ».

« C'est là une rationalisation secondaire. Pouvez-vous donner une autre raison ? »

« Ne soyez pas tellement à cheval sur la précision ! »

« Votre intonation est tellement indignée qu'il y a là une répétition de quelque scène infantile. Qui à la maison était tellement à cheval sur les faits et les précisions ? »

« Personne ».

« Personne ne vous a reproché votre exagération et vos demi-mensonges ? »

« Jamais ».

A ce point, nous prîmes une autre voie, mais la question de l'exagération revint en surface quelques jours plus tard. Avec une certaine ironie, mais toujours avec des signes d'une indignation vertueuse, le patient décrivit comment les préceptes éducatifs lui avaient été inculqués pendant son enfance. Sa mère s'était tout particulièrement servie d'une « surenchère ridicule », disait-il. « Aujourd'hui, j'ai des enfants à moi ; je sais ce que je ne savais pas alors — qu'élever des enfants est une tâche ingrate. Quoi que vous fassiez, cela se retourne contre vous. Lorsque j'étais enfant, je ne pouvais m'empêcher de sentir que ma mère transformait constamment des fourmillières en montagnes. Ce qui me touchait n'était pas ce qu'elle disait mais la manière dont elle le disait. Adolescent, j'eus une fois grand plaisir à lui montrer deux citations de Mark Twain. L'une était : " Il y a 869 façons différentes de mentir, mais l'une d'elles seulement a été carrément interdite : Tu ne porteras pas un faux témoignage contre un voisin... " L'autre citation était meilleure encore : " Carlyle dit qu'un mensonge ne pouvait exister " ; cela prouve qu'il ne savait comment les dire. »

« Comment faites-vous concorder cela avec votre affirmation que personne ne vous reprochait vos exagérations et vos demi-mensonges dans votre enfance ? Si les citations de Mark Twain concernant le mensonge étaient un argument contre votre mère, c'est qu'elle devait le faire souvent ? »

« Croyez-le ou non. Ce n'était pas le problème des mensonges qui était important. C'était la surenchère de ma Mère ».

« Bien. Admettriez-vous qu'en exagérant vous caricaturez — inconsciemment bien sûr — ce que vous appelez " la surenchère de ma Mère " ? »

Un long silence suivit. A la fin de la séance, le patient s'inclina en souriant, avec un compliment : « Aujourd'hui, vous avez mérité vos honoraires. »

A la séance suivante, il était encore enthousiaste à propos de la nouvelle facette de sa personnalité qui avait été mise à jour. Il fut beaucoup moins enthousiaste lorsque sa base masochique fut révélée à son attention. « Oh, pour l'amour de Dieu, ne recommencez pas ! Il me faudrait annuler le compliment que je vous ai adressé ! »

« Cette menace ne peut guère changer les faits cliniques. Si l'agressivité — et la culpabilité due à cette agressivité — étaient réellement à la base de vos conflits, comment pourrions-nous expliquer les constantes difficultés provoquées de manière masochique ? Toute votre technique consistant à vous conduire à vue de nez, qui vous a amené à d'innombrables conflits, y compris les situations perdues, un mariage malheureux, etc..., etc... ? »

« La seule chose que je puisse dire est celle-ci : l'agressivité est admissible, le masochisme ne l'est pas ».

« Très vrai — consciemment. La défense pseudo-agressive soutient cette image consciente de vous-même comme mâle — mais en fait c'est une illusion ».

Une femme qui se disait proche de la quarantaine, rédactrice adjointe d'une publication nationale, commença une analyse. Son histoire était une suite lamentable d'échecs conjugaux. Tous ses maris l'avaient déçue mais aucun n'avait réussi à la décevoir comme son mari actuel. Il était froid, taciturne, refusant les rapports sexuels et l'argent. Ce compte rendu était spontanément ponctué de larmes ; au cours de la discussion qui suivit, chaque nouveau détail était le signal d'un flot incontrôlé de larmes.

« Tout cela est dramatique », dis-je. « Vous n'avez omis qu'un point — pourquoi avez-*vous* choisi tous ces hommes impossibles ? »

« Me condamnez-vous ? J'ai été la victime ».

« Personne ne vous " condamne ". Le but de ma question est de découvrir à quel point vous avez coopéré à vos déceptions ».

« Comment ? Si une tuile tombe sur la tête d'un piéton, vous condamnez la tête et non la tuile ! »

« Votre exemple est mal choisi. N'importe qui peut se trouver pris dans un accident malheureux sans qu'il y ait de sa faute. Mais lorsqu'un individu est pris dans des échecs matrimoniaux répétés, on ne peut exclure sa coopération. Vous connaissiez vos futurs maris avant de les épouser. Si vous voulez adapter votre situation à l'exemple de la tuile, vous devriez ajouter que vous n'avez vu aucun signal " Attention ! Danger ! ", mais que vous êtes restée sur le trottoir à attendre que la tuile tombe sur votre tête ».

« Aucun de ces hommes ne portait en évidence un signal de danger. Ils étaient tous charmants — en surface. Comment pouvais-je savoir qu'ils se révéleraient des goujats ? — pardonnez-moi le terme ; il est vulgaire mais exact ».

« Je ne suis pas d'accord. Chacun de nous porte en lui une sorte d'appareil avertisseur automatique lui disant de rester hors d'atteinte des gens " impossibles " ».

« Si cet appareil avertisseur automatique existe réellement, il n'a pas fonctionné dans mon cas ».

« Là encore, je ne suis pas d'accord. N'est-ce pas un fait curieux que vous ayez toujours — sans exception — choisi des hommes qui vous ont déçue ? Plus précisément, vous pourriez dire que vous possédez un excellent système de signalisation pour trouver des hommes décevants. Et la seule conclusion possible, c'est que vous recherchez inconsciemment la déception ».

« Ce n'est pas juste ! »

A ce point, la patiente avait utilisé les trois mouchoirs dont elle s'était prudemment munie. Pour soutenir la conversation, je lui donnai une pile de mouchoirs en papier. Elle en utilisa la moitié avant de s'arrêter de pleurer, de reprendre son souffle ; puis elle demanda :

« Pouvez-vous me dire comment j'ai " coopéré " dans la scène que nous avons eue hier soir ? Mon mari est rentré très préoccupé ; il est engagé dans une affaire stupide qui ne peut se terminer que par la perte de ses capitaux. Je l'en ai averti à maintes reprises. Pour l'égayer, j'ai voulu faire l'amour. Rien à faire. Mon mari s'est couché et a commencé la lecture d'un stupide rapport financier, sans faire attention à moi. J'ai commencé à pleurer, ce qui l'a rendu furieux. Il m'a traité d'hystérique et de bien d'autres choses. »

« Vous avez simplement choisi le mauvais moment pour lui faire des avances. Un homme préoccupé par ses affaires est un piètre amant. Si vous n'aviez pas été portée à la déception, vous l'auriez laissé en paix ».

« C'est un hurleur suspendu à mes jupes ».

« Rappelez-vous que vous l'avez choisi ».

« Je me souviens aussi que le mariage est supposé créer un couple. Quelle sorte de compagnie puis-je espérer d'un homme qui lit perpétuellement des rapports financiers dans des situations amoureuses ? »

« Pourquoi choisissez-vous le mauvais moment pour vos efforts amoureux ? »

« Efforts... c'est le mot juste. Je voulais simplement le consoler ».

« Réagit-il généralement de façon positive à de telles consolations lorsqu'il est préoccupé ? »

« Parfois ».

« Quelle est la proportion approximative de ses réactions positives et négatives — les circonstances extérieures et les préoccupations étant identiques ? »

« Je n'en tiens pas la comptabilité ».

« Là, vous fuyez. Puis-je supposer que votre « parfois » se réfère à une proportion approximative d'un " oui " pour dix " non " ? »

Elle ne répondit pas.

« Puis-je supposer aussi que vous aviez exactement une chance sur dix d'obtenir ce que vous désiriez ? Et pourtant vous avez réagi comme si la proportion était inverse et qu'une injustice terrible vous ait été faite ».

« Donnez-moi tous les torts ! Je suis coupable ! »

« Si vous continuez ainsi, vous prouverez d'abord que tous les hommes sont ligués entre eux ; secundo, que je suis une brute parce que je ne suis pas impressionné par vos larmes ; tertio, que je ne comprends pas la texture délicate de vos sentiments ».

« Vous avez deviné juste. Et ce n'est pas une plaisanterie non plus ». Et après une pause d'une seconde : « Donnez-moi s'il vous plaît d'autres mouchoirs. »

Heureusement, il y en avait une grande réserve ; sans quoi la liste des crimes du psychanalyste aurait certainement englobé celui-ci : « Refus méchant de m'aider dans une situation où j'avais terriblement besoin d'aide. »

Cette séance aurait pu être un historique abrégé de la vie émotionnelle de la dame — mais pas tellement résumé qu'il ne donne certains détails très révélateurs. C'était clairement une collectrice d'injustices, portée à la déception et assidue à trouver les voies qui y menaient. Il était clair aussi qu'elle ne cherchait pas à réduire le troisième acte du drame masochique inconscient du fait qu'elle prenait tant de peine, par ses larmes abondantes, à montrer qu'elle était une victime impuissante, incapable d'éviter les coups malheureux du destin. Ce qui était exceptionnellement intéressant dans sa technique des larmes, c'était qu'elle faisait partie d'un schéma plus général d'exagération. Cette tendance était proverbiale dans son milieu social comme dans son milieu professionnel. Une histoire qu'elle me raconta illustre le fait. Un collègue lui avait distraitement demandé : « Sommes-nous lundi ou mardi ? ». Elle répondit « lundi » et il dit ironiquement : « Ce doit être encore une de vos exagérations ! »

Ses larmes constituaient des exagérations ; elle arrivait à pleurer en grossissant des ennuis qu'elle créait jusqu'à ce qu'ils apparaissent comme des tragédies. Tout comme dans le premier cas cité, l'élaboration névrotique de la situation infantile ici aussi était décisive. La mère de la patiente était en général une personne « exaltée » ; elle avait été « ridiculement exaltée » en inculquant des préceptes culturels à sa fille. Par la suite, ce trait devint la cible de l'ironie inconsciente de la patiente et dans sa reproduction ironique, l'intensité devenait exagération.

Un autre détail intéressant est lié aux larmes de la patiente. L'abondance de ses larmes était un sûr moyen de réduire sa mère à l'absurde, car en imposant ses visées éducatives, la mère avait souvent « les larmes aux yeux ». La patiente transforma ultérieurement ces quelques larmes en flots répétés.

Chose curieuse, ces cas, comme d'autres semblables, montrent que l'élément offensant n'est pas le contenu de l'ordre éducatif, mais la manière dont il est transmis. C'est de la manière que l'exagérateur abuse par la suite. La même attitude parentale peut être négligée et elle l'est souvent. Le point décisif semble être le suivant : l'enfant a-t-il besoin ou non d'un argument intérieur contre l'éducateur ?

L'objection : « Mais Maman se conduisait réellement comme ça » manque son but. Si l'enfant n'avait aucun besoin intérieur d'élaboration masochique ni d'une défense pseudo-agressive, il n'aurait pas tenu compte de l'attitude exagérée de sa mère. En écoutant ses affirmations, il aurait automatiquement suivi la recommandation d'un esprit inconnu : « Enlève 50 % et prends le contraire. »

2. AFFECTATION

Se moquer d'un snob est un passe-temps populaire qui donne un grand plaisir en échange d'un minimum d'effort et de pensée ; expliquer sa psychologie est un processus beaucoup plus laborieux.

Le dictionnaire Webster donne au mot « snob » une origine incertaine et décrit ainsi le personnage : « Celui qui imite avec vulgarité, admire servilement ou recherche trivialement l'association avec ceux qu'il considère comme ses supérieurs », et fournit aussi une définition corollaire : « Celui qui repousse les avances de ceux qu'il considère comme ses inférieurs ; celui qui est conscient de sa supériorité ; celui qui est enclin à l'exclusive, comme un snob intellectuel. »

Les définitions européennes apportent une condamnation plus précise. Le *Lexicon* de Meyer, par exemple, déclare snob « l'individu sans instruction, prétentieux, dédaigneux ; un singe de la mode. Le snobisme est une vaine prétention (*eitle Vornehmtuerei*) ».

Le snob a mauvaise réputation ; on lui répond par le mépris et l'hostilité. Quels sont ses origines psychologiques ?

Divers observateurs ont souligné à maintes reprises le fait que les snobs construisent et adhèrent à des modèles faux et artificiels. Dans un chapitre de son livre, *The Trail of the Dinosaure*, chapitre intitulé « An Antomy of Snobbery », Arthur Koestler cite le cas d'une jeune fille très libre, attachée à une maison d'édition et qui couchait avec chaque auteur d'un livre qui s'était vendu à plus de vingt mille exemplaires. Elle défendait son comportement en expliquant qu'elle « couchait avec l'histoire » et en guise d'argument décisif elle demandait : « Qui blâmerait Marie Walewska d'avoir cédé à Napoléon ? Tout ce qu'on fait avec un homme célèbre se trouve racheté en devenant une anecdote historique. » Koestler parle aussi d'une autre jeune fille à qui un admirateur timide offrit un dessin original de Picasso. Supposant qu'il s'agissait d'une reproduction, la jeune fille l'accrocha au-dessus de l'escalier. Puis elle découvrit sa valeur et l'accrocha bien vite à la place d'honneur au-dessus de la cheminée. Elle défendait ses actes par une « double pensée » : « Le cadre de référence a changé. » Manifestement, elle n'admettait pas son snobisme. Koestler rattache son changement d'attitude à « la magie sympathique » et au « fétichisme primitif ». — « Le contact avec la main du Maître l'a imprégnée d'une qualité magique ».

De l'avis de Koestler, l'affectation en tant qu'attitude naît d'une zone de confusion entre deux systèmes de valeurs : celui sur lequel sont basés officiellement les jugements humains tels que les règles du goût, de la beauté, et les « qualités humaines intrinsèques », et les influences déformantes nées de l'attrait des titres, du pouvoir, des fétiches personnels, etc... Il pense que l'affectation (snobisme) représente la fusion psychologique de ces systèmes qui sont, en fait, indépendants l'un de l'autre, même si les individus ne peuvent les appliquer séparément.

Un grand nombre de ses observations sont valables et excellentes ; mais ses explications sont inappropriées.

Le snob est un défaitiste intérieur qui se résout à la proximité « des grands » après avoir inconsciemment désespéré devenir lui-même « un grand ». Il s'apparente à l'imposteur sans pourtant en avoir l'activité ; c'est un enfant impatient. Il accepte le fait de contempler la grandeur des autres comme substitut de son propre insuccès.

L'affectation consiste en un « faire semblant » particulier, réalisé au moyen d'identifications auxquelles s'ajoute un élément encore plus marqué de soumission. Se frotter « aux grands » — même si « les grands » ne savent pas qui ils frôlent par inadvertance dans la foule — devient un substitut acceptable de l'action. Le fantasme est essentiel au snob ; son rêve diurne dure vingt-quatre heures.

Qu'est-ce qui empêche un acte productif ? La même soumission masochique (partiellement et défensivement contrecarrée par le mépris pseudo agressif pour les « moins fortunés ») qui pousse l'enfant, puis l'adulte snob, dans son idolâtrie grotesque — sinon pathétique.

En outre, l'imitation « des grands » ne reflète nullement la simple continuation de l'hommage et de la peur accordés au père dans la situation œdipienne. Au contraire, l'attitude tout entière exprime une tentative désespérée pour éviter le sentiment masochique d'être exclu. Le snob écarte le sentiment d'être « en dehors », en acceptant sa propre invitation à se joindre au groupe « des grands », en les frôlant.

Il n'est même pas exact de dire que le snob « s'identifie » aux grands et aux illustres. L'identification apparente est fausse puisqu'elle se borne à ce qui est extérieur. Une véritable identification intérieure s'étend aux sphères du travail et de l'action ; l'identification qui n'est qu'une imitation extérieure se termine en rêves diurnes et en inaction. Il y a longtemps que j'ai appris la méthode empirique en psychanalyse : *les enfants qui continuent à se vanter de leurs réalisations futures après huit ou neuf ans* (la vantardise est typique et inévitable chez les enfants entre trois et cinq ans), *sans faire un travail préparatoire et hors-programme tel que la lecture et l'étude libres ou le développement des arts mécaniques, deviennent des rêveurs et des snobs.* Au lieu d'imiter ou de surpasser leurs modèles, ils sont « écrasés » par eux parce qu'ils souhaitent être écrasés. Puis ils prennent la solution typique : les griefs masochiques ou le snobisme.

Il est intéressant de noter que le snob n'est jamais conscient du fait évident que ses identifications imitatives sont improductives et ses buts creux. Il se cramponne à sa « boussole qui indique toujours la mauvaise direction », tout simplement parce que le mécanisme de défense intérieure du snobisme le protège d'un danger plus grand : celui d'être laissé sans défense lorsque son tyran intérieur l'accuse de néant et d'inefficacité.

Les attitudes parentales sont-elles responsables de l'apparition du snobisme ? Incontestablement non. Même lorsque les parents sont eux-mêmes des snobs, l'identification automatique avec ce caractère ne se produit pas. Les besoins intérieurs de l'enfant sont tout aussi vraisemblablement des contre-indications. En outre, les motifs intérieurs du snobisme (mégalomanie élaborée masochiquement et non accompagnée d'un effort réel de réalisation) ont des liens étroits avec la situation interne et non externe que l'enfant affronte.

3-4. DEUX EXEMPLES D'ÉLABORATION ERRONÉE DE LA « PULSION VISUELLE ». ROUGEUR ET TIMIDITÉ

Les recherches psychiatriques et psychanalytiques ont jusqu'ici négligé dans une large mesure les symptômes et les sublimations névrotiques liés à la curiosité (voyeurisme) et à la manifestation de soi (exhibitionnisme). La pulsion visuelle, qui couvre ces deux subdivisions, ne semble pas cadrer avec les couches habituelles, mais plutôt vivre d'une vie autonome. Mes études concernant la pulsion visuelle, publiées à diverses époques au cours des vingt-cinq dernières années, ont été réunies et résumées dans mon livre *Curable and Incurable Neurotics* (Liveright, New York, 1961).

Freud décrivait primitivement la curiosité et l'exhibitionnisme comme des pulsions partielles. Elles sont sur une base égale. Il ajoutait que chacune d'elles a une affinité pour les éléments de l'autre puisqu'un courant d'identification inconsciente lie toujours les deux. En s'exhibant, l'exhibitionniste s'identifie au voyeur qui épie (ou est contraint d'épier) ; le contraire est également vrai puisque le curieux s'identifie à celui qui s'exhibe.

Mon expérience montre que la *parité* entre voyeurisme et exhibitionnisme est fausse. Le voyeurisme seul est une pulsion primitive ; l'exhibitionnisme est une défense ultérieure, utilisée lorsque le voyeurisme est vigoureusement interdit.

L'exhibitionnisme n'est pas seulement une simple défense intérieure, c'est aussi une défense ayant une spécificité marquée. Elle contient des « éléments confessionnels », l'admission que l'individu a réellement vu passivement (ou imaginé voir, ou désiré voir) ce que l'individu — dans une répétition active — répète maintenant d'une façon exhibitionniste, souvent comme une caricature exagérée et sur ses propres organes de substitution.

Ces éléments confessionnels de l'exhibitionnisme sont paradoxaux. D'une part ils servent de facteurs diminuant la culpabilité ; puisqu'ils donnent à entendre que l'imitation est impliquée, d'autres personnes (les modèles actifs, imités) portent la responsabilité. D'autre part, ils personnifient la reconnaissance du fait que quelque chose a été vu et pour certains enfants il est difficile de faire la transition vers une affirmation de soi exhibitionniste défensive. Ces enfants deviennent des timides.

La timidité peut être improductive et masochique ; elle peut encourager l'imagination autarcique et ainsi devenir productive. Ce dernier résultat apparaît chez des créateurs qui sont extérieurement timides. Les individus qui sont parvenus à la première solution tentent de trouver la même voie, mais ils sont improductifs.

La question importante est de savoir si le moi peut convaincre le surmoi. Bien entendu, le tyran intérieur accepte mal l'excuse de l'imitation qui amoindrit la culpabilité et insiste sur le voyeurisme précoce interdit.

Pourquoi le voyeurisme précoce doit-il être définitivement transformé en exhibitionnisme ultérieur ? L'histoire du voyeurisme infantile fournit la réponse. Le début est l'observation de soi. Tous les bébés âgés de quelques mois sont fascinés par leurs pieds, leurs doigts, etc. Puis ce processus d'inspection fascinant englobe le corps de la mère et en particulier ses seins. Cela est vrai, que l'enfant soit nourri au sein ou au biberon, car chaque fois que la mère prend le bébé dans ses bras, il est contre sa poitrine. Lorsque l'enfant grandit, l'auto-voyeurisme et le voyeurisme à l'égard de sa mère en tant qu'objet sont interdits ; l'auto-voyeurisme parce qu'il s'étend au « jeu » de l'enfant avec ses organes sexuels, le voyeurisme à l'égard de sa mère parce qu'il doit apprendre les modèles culturels de la décence. Le résultat de ces deux défaites visuelles est un exhibitionnisme provocant : « Qui veut regarder ton horrible mamelle ? Je veux m'exhiber ! »

Il y a une autre complication. A la croisée des chemins infantiles, là où le voyeurisme est échangé contre l'exhibitionnisme, il peut y avoir aussi (dans des circonstances défavorables, lorsque le moi est trop faible et le surmoi trop fort) un point de rencontre avec le masochisme psychique dans sa progression. La transition peut s'accomplir normalement ; elle s'accompagne alors de méchanceté. Elle peut aussi se faire masochiquement et sans enthousiasme ; dans ces circonstances névrotiques, le voyeurisme devient la preuve que cette activité elle-même a été interdite et que c'est une façon d'exploiter masochiquement le tabou. Cela est particulièrement visible chez les voyeurs pervers. Ceux-ci ne sont pas simplement des individus qui ont une pulsion voyeuriste plus forte que la normale, mais des individus malades qui, sous le masque de vouloir voir une femme se déshabiller ou une femme nue, jouissent de la preuve teintée de masochisme qu'elle leur refuse ce privilège.

On peut affirmer, d'une façon générale, que chaque névrose liée à la pulsion visuelle et ses dérivatifs défensifs est basée sur l'élaboration masochique d'un conflit précoce de voyeurisme infantile.

Lorsque le fait de regarder (les seins, le corps) est refusé, deux élaborations deviennent possibles : la défense exhibitionniste et la fuite dans l'imaginaire.

1) *Défense exhibitionniste.*

a) La solution transitoire normale : refus méchant de regarder, qui conduit à un exhibitionnisme exacerbé (voir ci-dessus, et le cas du photographe décrit ci-dessous).

b) La solution semi-névrotique, donc fréquente : le voyeurisme est partiellement maintenu, combiné à une défense exhibitionniste, mais élaboré dans « le charme masochique du défendu », de sorte qu'un demi-espoir de châtiment y est inclus. En conséquence, l'homme moyen est un voyeur clandestin et occasionnel du corps féminin à demi caché. On peut étudier cette tendance dans l'attitude masculine à l'égard de la mode féminine. Les femmes n'attirent pas les hommes par leurs vêtements, mais par la façon dont les vêtements ou l'absence relative de vêtements suggèrent des parties du corps nu. (Cela a été développé dans mon livre : *Fashion and the Unconscious*, 1953.)

c) La solution masochique douloureuse : celle-ci conduit à des tentatives partielles de réparation dans la défense exhibitionniste accompagnant le maintien apparent du « désir » de voir. Mais ce « désir » n'est pas identique à l'impulsion primitive de voir ; il est inondé de masochisme.

2) *L'imagination en tant que fuite hors du dilemme de la dépendance masochique.*

L'imagination est une tentative d'autarcie visuelle ; l'individu crée ses propres objets à voir et exclut ainsi l'objet primaire réel qui lui a été refusé. Il y a plus d'un siècle, le moraliste français Joubert appelait l'imagination « l'œil de l'âme ». Heine répond d'une façon révélatrice et originale à une question conventionnelle concernant la façon dont il avait passé son temps, en disant : « J'ai donné audience à mes fantasmes. » Dans *The Study of Sociology*, Herbert Spencer alla plus loin et définit la lecture comme le fait de « regarder par procuration ».

Le repliement dans des fantasmes que rien ne trouble mène aux solutions suivantes :

a) Fantasmes subjectivement créateurs. Ceux-ci comprennent les rêves diurnes de caractère érotique, agressif ou narcissique, le plaisir à penser, à lier les faits, etc.

b) Fantasmes objectivement créateurs : fantasmes littéraires, artistiques ou scientifiques conduisant à des sublimations.

c) Création de peurs et imagination de désastres imminents. Cette solution est totalement improductive mais elle est inconsciemment aimée de façon masochique.

Toutes ces solutions se chevauchent et peuvent se rencontrer chez le même individu, mais en quantités différentes, dans des sous-secteurs différents de la personnalité et à des époques différentes.

La pulsion visuelle joue un rôle important dans certaines névroses et certaines sublimations. Le secteur névrotique contient les manifestations suivantes : timidité, rougeur, peur des endroits clos, peur de la rue, de l'altitude, peur des examens, jalousie, curiosité pathologique et logorrhée (loquacité exagérée), blocage de l'écrivain (du peintre, du compositeur, du sculpteur), incapacité d'agir dans des efforts scientifiques, photographiques et journalistiques, dépersonnalisation, trac, ennui, « exhibitionnisme négatif », manque d'imagination dans la perception de phénomènes extérieurs et manque de « finesse dans les affaires », accès de colère, inhibition générale de la capacité de reproduire verbalement ou graphiquement ce qui a été vu ou entendu, coprophémie (prédilection pour les mots obscènes), « démonstration de caractère » dans les manifestations névrotiques et psychosomatiques, voyeurisme pervers et exhibitionnisme pervers.

Dans le secteur de la sublimation normale, tous les dérivatifs visuels sont importants pour les efforts d'invention, d'imagination et de création. Ils sont opérants dans le travail scientifique, artistique, mécanique et architectural, dans toutes les formes de conception professionnelle, dans la création de la mode, dans les discours, le succès en affaires, etc.

D'autres détails de la sphère visuelle ne peuvent être discutés ici, par exemple les relations entre activité et passivité. Mais il faut signaler que le passage du voyeurisme à l'exhibitionnisme représente l'aspect historique de la pulsion visuelle (le tableau génétique). Après que l'échange de mécanisme ait eu lieu, des défenses secondaires peuvent être observées effectivement dans le comportement (tableau clinique) ; l'exhibitionnisme peut être détourné par le voyeurisme et vice versa.

Après ces courtes remarques liminaires qui nécessairement simplifient l'un des problèmes les plus complexes de la psychologie, nous pouvons aborder le sujet spécifique de la timidité et de la rougeur. Ces deux phénomènes éclairent particulièrement le sujet de l'influence parentale car on accuse souvent les parents d'enfants timides et d'enfants rougissants de les avoir « intimidés ». L'expérience clinique prouve fréquemment que cette accusation est injustifiée, en découvrant les motifs inconscients du recours de l'enfant à la timidité et à la rougeur. Une note ironique est constituée par le fait que ces parents souffrent parfois davantage de ces manifestations que l'enfant lui-même. Ces parents tentent, en vain, de remédier à la situation en modifiant leurs attitudes autoritaires supposées ou réelles.

La rougeur représente « plus que ce que les yeux voient » (cette phrase courante a rarement été plus vraie) et elle a, psychologiquement, peu de rapports avec les notions populaires. L'opinion traditionnelle, conventionnelle, à propos de la rougeur chez les jeunes gens peut se résumer en quelques phrases : « La rougeur est un trait charmant chez les jeunes filles et les enfants ; elle témoigne de la timidité et de l'innocence. Elle signifie souvent qu'une personne veut rester à l'arrière-plan, ne pas être remarquée ; il (ou elle) est confus lorsqu'on le met en avant ou lorsqu'on le loue. Les individus ' rougissent de honte ' aussi ; cela signifie qu'ils se sentent coupables lorsque leurs fautes — qu'ils avaient espéré cacher — sont connues. »

Cela est à peu près aussi éloigné de la réalité psychologique que peut l'être l'interprétation populaire fortuite.

Les recherches psychologiques à propos du phénomène de la peur de rougir (techniquement « érythrophobie ») ont dû naturellement traiter de la rougeur pathologique, où le phénomène est porté aux limites du gênant et du pénible. Comme pour tous les symptômes névrotiques, le critère en est le degré. Une rougeur occasionnelle n'a rien d'anormal ; cependant, la signification inconsciente est exactement la même que pour la rougeur pathologique.

L'aspect le plus important de la rougeur concerne la question de savoir si l'individu qui rougit veut réellement rester dans l'ombre ou attirer l'attention sur lui. La psychanalyse a répondu à cette question il y a cinquante ans : l'individu qui rougit s'exhibe inconsciemment.

Un patient souffrant de rougeur pathologique se souvenait à quel point, enfant, il avait été malheureux de coucher dans la chambre de sa mère. Il en avait été honteux, même à trois ans et demi. Comme le côté de son lit, fait de filet, faisait face au lit de sa mère, il le recouvrait toujours avec ses couvertures. C'était officiellement la preuve qu'il ne regardait pas sa mère se déshabiller ; par déduction, c'était aussi la certitude qu'il n'observait pas le coït de ses parents. Mais, allongé à moitié nu dans son lit, il était évident qu'il s'exhibait. Ce cas illustre la pulsion primitive, le voyeurisme, et la négation de la pulsion au moyen de l'exhibitionnisme. La troisième ligne de défense qui assurait que la culpabilité devait être liée à l'alibi de l'exhibitionnisme plutôt qu'au crime primitif du voyeurisme, était visible dans la honte qu'il éprouvait lorsque sa mère le recouvrait au matin.

Un autre patient souffrant de rougeur me raconta avoir vu dans un refuge de montagne une femme qu'il croyait connaître. Il pensa, soudain, que ce pouvait être une patiente qu'il avait souvent vue quitter mon cabinet. Cette possibilité lui parut pénible et il regarda au loin. Quelques minutes plus tard, il se conduisit de façon tout à fait exhibitionniste. Il parla très fort, se mit à chanter, ouvrit sa chemise et mit un autre lainage. La femme en question était réellement ma patiente ; elle me rapporta qu'il « s'était comporté comme s'il avait voulu attirer l'attention sur lui, tout en étant très gêné et très rouge ». Ici encore, le désir primitif de regarder a cédé à l'alibi défensif de l'exhibitionnisme ; puis l'exhibitionnisme lui-même a été écarté par la culpabilité.

L'exhibitionnisme de l'individu qui rougit n'est donc pas franc mais défensif, recouvrant des expériences de voyeurisme plus profondément refoulées. Dans un article lu au XVe Congrès Psychanalytique International de Paris, en août 1938 (*The Psychoanalytic Quaterly*, 13, 43-59), j'ai montré que ce qui semble être une conversion hystérique a une base pré-œdipienne : les joues rouges ne signifient pas symboliquement les organes sexuels, comme l'ont supposé de nombreux chercheurs, mais les seins. Les idées pseudo-paranoïaques des rougisseurs pathologiques correspondent à une défense intérieure : « D'autres regardent, moi pas. » Cette défense recouvre leur plaisir voyeuriste d'un alibi moral et leur permet de se servir d'autres personnes comme miroirs dans lesquels ils peuvent se contempler avec une conscience claire. Et toute l'agressivité défensive incluse inconsciemment dans cet exhibitionnisme défensif est élaborée masochiquement et ne peut être prise à sa valeur nominale. L'histoire détaillée d'un cas en fournit l'exemple : l'exhibitionnisme prononcé de la patiente montrait aussi une allusion inconsciente à la caricature et à l'imitation ironiques d'une mère provocante. La caricature symbolise un reproche plaintif et masochique : « Tu te montres à des hommes étrangers sans contrainte, mais pas à ton enfant. »

Cet article apportait des exemples du mécanisme de l'échange entre voyeurisme et exhibitionnisme.

Dans « Further Contributions to the Problem of Blushing » (*The Psychoanalytic Review*, 44, 452-456, 1957), je montrais d'autres facettes du symptôme névrotique de la rougeur. L'une d'entre elles avait trait à la *tendance à l'anticipation* du châtiment chez les rougisseurs pathologiques.

Dans ma première publication, j'avais affirmé que « l'organe défensivement étale (dans la rougeur) est le corps tout entier, mais surtout le pénis, les joues et les fesses ». Puis je concluais que l'exhibitionnisme des fesses devait être plus fortement accentué dans la séquence inconsciente des déplacements, puisque l'enfant, inconsciemment, se sert de ses fesses pour nier son manque de seins et symbolise l'équation des fesses et des joues dans l'acte de rougir. Les « joues rouges... sont une démonstration masochique de la façon injuste dont l'enfant a été traité, car ses fesses sont rouges après la fessée et il déplace cette ' preuve ' supposée vers le haut, vers son équivalent symbolique, les joues. Par conséquent, une description précise de la rougeur serait la " démonstration des fesses rougies après une fessée " ».

Ce symbolisme n'appartient pas nécessairement à des fessées réellement administrées à l'enfant. Chez les enfants et les adultes enclins au châtiment par pur plaisir masochique, une « tendance à l'anticipation » s'instaure : défaite ou humiliation sont si ardemment désirées qu'elles deviennent psychologiquement un fait avant d'être réellement matérialisées. Voici quelques exemples.

Un de mes anciens patients, un auteur guéri d'un blocage de l'écrivain, m'écrivit pendant mes vacances estivales pour solliciter mon avis au sujet d'un problème particulier. Quelques années auparavant, son analyse avait duré huit mois. Il avait recommencé à écrire au bout de quatre mois. Au cours des quatre mois suivants, les nouvelles qu'il avait écrites lui avaient rapporté 1 000 dollars de plus que le prix du traitement. Il considérait cela comme un triomphe important ; mais il ne pouvait être convaincu que certains aspects de son masochisme psychique restaient non résolus ; il arrêta son traitement.

Voici le problème au sujet duquel il me consultait : il venait d'écrire un court roman concernant l'institution où il avait été employé à mi-temps (arrangement commode et lucratif) pendant douze ans. La publication de cette œuvre, qu'il considérait comme sa meilleure, pouvait mettre fin à son emploi. Il me demandait de lire le roman et de lui donner mon avis. La lettre se terminait par la formule impersonnelle : « sincèrement », formule qu'il n'avait jamais utilisée dans ses lettres antérieures.

L'histoire confirmait l'évidence. La publication de cette attaque venimeuse provoquerait le renvoi de son auteur. L'homme voulait son salaire *et* son droit d'attaquer — attitude masochique franche. Il était évident aussi qu'il en était conscient ; autrement, il ne m'aurait pas demandé mon « avis ».

En reconstituant sa situation psychique avant d'écrire la lettre on peut supposer qu'il savait exactement ce que je répondrais : qu'il était hors de question de garder son emploi et de publier son histoire. Toute tentative pour s'abuser devait donc être un acte masochique préparatoire, conduisant à un point culminant encore plus masochiquement satisfaisant.

Quant à son « sincèrement » — dont il ne se souvenait plus quelque temps après et qu'il nia avoir utilisé —, son sens superficiel était clair : c'était une agression inconsciente à mon égard puisqu'il signifiait : « Vous n'êtes pas mon ami mais plutôt un ennemi sous le masque d'un représentant du " principe de réalité ". »

Dans une couche plus profonde, le « sincèrement » appartenait à la lettre de démission qu'il devait écrire à l'institution. Il anticipait le châtiment en préférant une démission imaginaire à une renonciation à son but masochique.

Une patiente vint à sa séance, très gênée par un cas particulier de « malentendu ». Elle et son mari avait discuté, d'une façon très détachée, du mariage d'un couple qu'ils connaissaient (l'homme était l'amant de la patiente). Peu après, ils partirent au théâtre.

Comme son mari lui ouvrait la portière de la voiture, elle crut l'entendre dire : « Va-t-en. » En fait, il lui avait dit : « Entre. » Elle répondit sèchement : « Que veux-tu dire ? » Le mari parut naturellement surpris. En pensant plus tard à la scène, elle avait définitivement exclu la possibilité qu'il ait pu dire « va-t-en ». Son malentendu anticipait : « Mon mari va découvrir toute l'affaire et me dire de partir ! (*). »

Des masochistes névrosés comme ces patients ne peuvent attendre que le châtiment les frappe ; dans leur ardeur, ils font de l' « acting out » par anticipation. Cela semble être caractéristique du rougisseur. Incapable d'attendre le mauvais traitement qu'il désire, il exhibe ses résultats — les fesses rougies — avant la lettre. Son exhibition inclut, naturellement, une accusation contre ses aînés qui l'ont soi-disant traité si injustement.

Le cas suivant révèle un autre aspect de l'image d'ensemble du rougisseur.

Une jeune fille de vingt-deux ans, remarquablement jolie, ayant des « tendances à rougir », vint en analyse pour des céphalées chroniques auxquelles une nuée de diagnosticiens et de neurologues ne trouvaient aucune raison. Interrogée sur sa vie sexuelle, elle usa d'un grand nombre de circonlocutions jusqu'à ce qu'il devienne clair qu'elle était à la limite d'une nymphomanie d'un type spécifique : elle restait totalement frigide pendant le coït, prenant plaisir à dénigrer l'homme. Après avoir été en traitement un certain temps, elle devint plus franche ; elle avoua que ses remarques préférées pendant le coït étaient : « Tu es une poule mouillée, tout comme les autres. Donne-moi une cigarette pour passer le temps ». Et : « Combien de temps va durer ce stupide va-et-vient. » Deux choses apparaissaient cependant, l'une citée par la patiente, l'autre observée par moi.

La patiente dit : « J'ai *toujours* mal à la tête, sauf quand je dis ce que je pense à un de ces fous qui veulent m'impressionner avec leur technique sexuelle. »

« Qu'en concluez-vous ? »

« Apparemment, mes maux de tête signifient que je n'ai pas suffisamment libéré ma colère ».

« Vous considérez-vous comme un être hyper-agressif ? »

« Peut-être ».

« Quelques faits contredisent cette hypothèse. Tout d'abord, votre routine sexuelle est tout à fait nuisible en elle-même. Secundo, au cours de vos séances, chaque fois que vous répétez une des

(*) En anglais, il y a un jeu de mots et une homonymie entre *Get in* (« Entre ») et *Get out* (« Va-t-en »). (N.d.T.)

remarques dérogatoires que vous avez faites dans une situation nocturne, vous frottez votre joue comme si vous aviez été giflée. Observer ce que vous faites précisément à ce moment ».

Elle fut choquée et resta un instant sans répondre. Puis elle se reprit et dit : « Cela ne veut rien dire. »

« Au contraire, cela peut signifier beaucoup de choses. Je suppose que vous provoquez ces hommes simplement pour être giflée ».

« Personne ne l'a fait jusqu'à présent ! »

« C'est regrettable pour vous. Et voici la relation avec vos céphalées : vous souffrez d'une accumulation de masochisme psychique non libéré et non pas, comme vous le croyez, d'une trop grande agressivité non libérée ».

« Pourquoi n'ai-je pas de céphalée lorsque j'injurie un homme ? »

« A ce moment-là vous endossez le blâme pour le moindre crime. Vous tentez de convaincre votre conscience intérieure que vous êtes le contraire d'une masochiste, c'est-à-dire une personne très agressive. Du fait que vous apportez votre preuve dans des conditions dégradantes, le marché est accepté — pour la durée de la dégradation de vous-même. Une forme moindre de masochisme est échangée pour une autre plus importante ».

Après que les céphalées aient progressivement et « mystérieusement » disparu, et que la nymphomanie ait été abandonnée (le changement demanda des mois, avec des hauts et des bas), la jeune fille consentit à l'analyse des prémisses infantiles et accepta les explications avec une certaine compréhension. Elle avait auparavant refusé « de tomber dans le piège ». L'histoire était banale ; des fantasmes de fouettées se trouvaient derrière toute l'histoire.

D'une façon générale, la base pré-œdipienne des fantasmes de fouettées n'a pas été soulignée dans la littérature scientifique concernant le sujet. Le fait est qu'ils naissent d'un conflit non résolu impliquant le sein maternel. Secondairement, il est masochiquement élaboré et déplacé sur les fesses de l'enfant. Pendant ce temps, l'exécution de ces « cruautés » sur la victime inconsciemment consentante a été déplacée de la mère sur le père.

Dans le cas d'une femme canadienne-française, chez qui la rougeur, la dépersonnalisation, le blocage de l'écrivain et la boisson s'étaient combinés, on voit apparaître ce qui suit :

Elle avait de très vagues souvenirs d'avoir été battue par son père — souvenirs qui devinrent plus nets à mesure que l'analyse progressait : elle se souvenait que son père employait une lanière de cuir, une canne ou un manche à balai. Elle se souvenait, naturellement, de ces fouettées comme étant douloureuses ; l'attrait du plaisir était pleinement refoulé. Un petit incident la persuada que le plaisir avait été effectivement présent. Son fauteuil préféré était en rotin. Elle ne pouvait expliquer comment ce fauteuil (il avait appartenu à sa belle-mère) avait échappé à ses fureurs décoratrices.

Elle joua pendant l'analyse avec un « mot inexplicable » —*ratatouille*. Elle se souvint, après un certain temps, que ce mot « dépourvu de sens » était un terme d'argot français pouvant signifier *ragoût grossier*. Elle le prononcait « ratatue », qui rappelait le mot *tuer*. Je lui demandai si elle avait pu créer un mot avec « rotin » et « tuer », si elle savait de quelle matière était faite la canne de son père. Cela avait été rotin-bambou. Ainsi le mot *ratatouille* signifiait « la raclée me tue ». Par conséquent, en jouant avec ce mot, elle accusait sa mère (« mauvais ragoût ») *et* son père.

Les fesses dans son fauteuil préféré, elle s'exposait au rotin-bambou haï et aimé, ainsi qu'à un courant profond d'associations avec les techniques de tortures chinoises et des méthodes de raclées.

On peut ajouter une autre tendance : celle de rougir lorsqu'on est « pris la main dans le sac ». C'est une remarque familière de dire que certains individus rougissent lorsque leur culpabilité est prouvée ou même lorsqu'ils écoutent un discours ou un sermon traitant d'une façon générale de leurs « méfaits » réels ou fantasmés. Le fils d'un pasteur qui rougissait à l'église lorsque son père prêchait contre le péché en est un excellent exemple.

Ces individus anticipent le châtiment de la fouettée pas encore administrée en la transformant en une démonstration masochique de l'injustice parentale ; ils exhibent leurs fesses rougies par la fessée. « Cela revient à un exhibitionnisme négatif » défensif — démonstration d'une « blessure en train de saigner ».

La timidité représente un trait névrotique spécifique dénotant l'incapacité d'utiliser le mécanisme infantile de la « réparation tenace » qui transmet le message : « Je ne désire pas voir mais m'exhiber ». La difficulté se trouve dans « l'élément confessionnel » du mécanisme. Dans son exhibition initiative, l'enfant admet qu'il a vu le sein interdit. Qu'est-ce que cela signifie ?

L'enfant tente de résoudre son problème de dépendance vis-à-vis du sein ou du biberon par des moyens narcissiques autarciques ; il nie ainsi sa dépendance précoce et la privation qui la suit au moment du sevrage. Dans cette technique, la possession d'un organe de substitution est dite pleine réparation : « Je n'ai pas pu être privé du sein (biberon) décevant parce que j'en ai un sur mon corps. » Ainsi s'établit l'identification grotesque du sein (biberon) avec l'organe mâle. Les deux organes pendent ; les deux « produisent » un liquide. Ce raisonnement infantile néglige une série de faits anatomiques, histologiques, physiologiques et de sécrétions internes, mais bien entendu le bébé ne le sait pas ou ne s'en soucie pas. Les mendiants et les bébés en mal de consolation et de réparation narcissique n'ont pas le choix. L'identification se fait, même si elle semble stupide à l'adulte. La tendance angoissante (pour les aînés) à l'exhibitionnisme du pénis a là son origine émotionnelle. Pour des raisons anatomiques, le problème de la petite fille est plus complexe. (Pour un développement, voir mon *Counterfeit Sex*, IIe partie. Grune et Stratton, New York, 1928. Traduc. française *Psychopathologie sexuelle*, Payot, Paris.)

Ce processus typique n'agit pas de façon satisfaisante chez l'enfant timide, et cela pour deux raisons. Tout d'abord, l'exhibitionnisme du pénis signifie l'aveu que l'enfant a vu le sein. L'enfant timide se trouble et ne peut se forcer à cet aveu. Ensuite, le garçon timide ne peut surmonter la douleur d'une différence marquée entre la taille du sein, l'objet primitif, et la taille de l'organe qu'il exhibe comme substitut. Il acquiert donc « le complexe du petit pénis ».

Pour moi, la preuve classique que ce ne sont pas les parents mais toute la fabrique des terreurs et des idées fausses infantiles (plus les facteurs biologiques) qui provoquent les difficultés névrotiques, doit être trouvée dans ce mécanisme.

Le complexe du petit pénis frappe des millions d'hommes. Il a été scientifiquement décrit (mais jamais suffisamment expliqué), d'abord par Sandor Ferenczi, et on ne lui a pas accordé une grande attention analytique. Des hypothèses antérieures le rattachaient à la peur de castration œdipienne. Je crois, cependant, que tout commence avant que l'enfant parvienne à la période œdipienne et que le point de départ est la comparaison du pénis de l'enfant avec le sein maternel (biberon). La comparaison inéluctable a sa base émotionnelle dans la blessure narcissique inéluctablement infligée à l'enfant au moment du sevrage, une offense faite à son illusion de toute-puissance. Dans une tentative de réparation, il se console en déclarant qu'il n'a rien perdu puisqu'il possède le substitut parfait sur son propre corps.

Le garçon est perdant dans sa rivalité avec le sein de la mère ou le biberon et, pour lui, c'est une tragédie. On pourrait bien sûr se demander pourquoi tous les hommes n'acquièrent pas le complexe du petit pénis puisque les faits qui conduisent à ce fantasme infantile sont universels. La question est moins aberrante qu'il ne le semble ; tout homme porte inconsciemment certaines séquelles acquises à ce moment-là. L'élaboration de l'expérience peut être normale ou névrotique. Le complexe maintenu indique une névrose ; porté plus avant, il conduit à l'abandon total du sexe féminin et au recours à l'homosexualité. La solution normale est visible dans la superstructure psychologique de l'acte sexuel biologiquement conditionné chez les hommes adultes ; dans un tour de force, l'ancienne ressource de la répétition inverse est invoquée. La première expérience de l'enfant est d'avoir un organe pendant, contenant du liquide (sein, biberon), *activement* introduit dans sa bouche *passive*. Dans le coït, les rôles sont inversés. En identifiant inconsciemment le pénis avec le sein, le vagin avec la bouche, le sperme avec le lait, il accomplit une répétition active d'une expérience passive qui était une offense au narcissisme de la première enfance. Un autre vestige de fantasme précoce est « la fierté du pénis » du jeune garçon, fierté qui recouvre « l'envie du sein » plus profondément refoulée. Finalement, malgré toutes les vantardises, chaque homme garde des séquelles de ces déceptions précoces et aucun homme n'est aussi sûr de ses prouesses sexuelles qu'il ne le prétend.

Tout système éducatif doit nécessairement inhiber l'exhibitionnisme du pénis de l'enfant. A mesure qu'il grandit, des mesures éducatives inéluctables rendent les choses encore plus difficiles pour sa tentative de réparation. Et il est trop jeune pour comprendre les modèles culturels. Lorsque sa mère lui reproche son exhibitionnisme, il prend son attitude comme une preuve qu'elle repousse ses tentatives de réparation narcissique.

L'ironie de la situation devient plus aiguë si l'on tient compte d'un autre facteur de réalité. Les comparaisons ultérieures du garçon entre pénis et sein (biberon) sont basées sur la taille du pénis qui n'est pas en érection. Ce n'est pas une indication de sa taille en érection. De plus, la longueur utilisable du vagin ne dépasse pas 2 pouces 1/2 ou 3 et la longueur moyenne du pénis normal en érection est à peu près le double de cette taille.

Si l'on considère le problème dans son entier, on arrive à la conclusion que les parents n'ont pas le pouvoir d'aider l'enfant dans cette lutte dramatique. Tout ce qu'ils font est mal interprété par le garçon immature.

La timidité névrotique prend des formes innombrables. J'en décrirai quelques-unes.

L'auto-exhibition complètement refoulée. A Vienne, autrefois, j'ai analysé, partiellement seulement, car il interrompait souvent son traitement, un photographe français célèbre en son temps. Cet homme protestait chaque fois qu'il devait paraître en public pour faire une conférence ou participer à une réunion mondaine. Après que cette rationalisation ait été réduite à l'absurde, il concéda qu'il était mieux informé sur son sujet que ses auditeurs pouvaient l'être, mais il insistait « qu'il ne pouvait vraiment pas le faire ». Il craignait les invitations.

L'analyse révéla une couche massive d'exhibitionnisme qu'il ne pouvait utiliser que par substitution : dans son travail, dans ses liaisons avec des femmes très séduisantes, par la splendeur de son atelier. Il était personnellement très réservé. Il semblait toujours s'excuser de vivre.

Mais un appétit d'expérience accompagnait sa timidité. Il recherchait toujours « un angle nouveau ». C'était là un énorme avantage pour son travail, dans lequel ses trouvailles étaient admirées, mais cela lui créait des difficultés personnelles graves et constantes. Ces difficultés, ajoutées à des ennuis qu'il organisait masochiquement avec les femmes, l'amenèrent en traitement.

Comme nous l'avons déjà dit, psychologiquement parlant, l'exhibitionnisme représente une défense contre le désir de regarder plus profondément enraciné. Chez ce patient, la défense elle-même était inhibée et ne pouvait opérer que par un agent ou un représentant. Puisque l'homme était photographe, son « agent » était généralement le modèle qui posait pour les photos, ou la photo elle-même. C'était le modèle qui s'exhibait, pouvait-il dire, et non pas lui. Sans ce prétexte, il était impuissant.

Il est incontestable que le travail qu'il faisait satisfaisait une grande partie de son besoin de regarder. Son tyran intérieur autorisait ce voyeurisme, en partie parce qu'il était fait sous une forme approuvée socialement ; il représentait donc une sublimation. Mais il avait trouvé aussi une autre défense qui établissait de façon convaincante que son voyeurisme infantile n'était pas impliqué. Cet alibi était intéressant et complexe.

Tout d'abord, il niait l'élément de dépendance passive tellement important dans le voyeurisme infantile vis-à-vis de la mère. Au lieu que l'exhibition soit le résultat de la décision d'un autre, c'était le résultat de son comportement. Par conséquent, il inversait activement une situation de passivité infantile ; il manipulait ses modèles et les « contraignait » à s'exhiber.

Secundo, ses modèles tels qu'il les faisait poser étaient ses « créations » et donc, en un certain sens, lui-même. Les épier, c'était s'épier lui-même. D'une façon détournée, il s'arrangeait donc pour rétablir son premier but de voyeurisme infantile — l'observation de soi-même.

Tertio, la nature même de son travail fournissait une excellente excuse inconsciente : « Je n'épie pas mon modèle ; il s'exhibe et me contraint à regarder ! »

Ces trois subterfuges, ajoutés à l'approbation mondiale de son œuvre, lui permettaient de se laisser aller à son besoin de voir. Mais dans sa défense exhibitionniste il allait au-devant d'ennuis puisque manifestement il n'avait pas été capable inconsciemment d'accepter l'exhibitionnisme comme l'égal complet du voyeurisme.

Ici, la pierre d'achoppement remonte à un stade très précoce du développement. Un des résultats inévitables des expériences précoces — résultat fortifié par le voyeurisme ultérieur — est l'envie de la mère pour son sein généreux. Le succès de l'échange voyeurisme-exhibitionnisme dépend dans une large mesure de la façon dont le garçon peut se convaincre que son pénis est l'équivalent en valeur du sein ardemment désiré. S'il n'accepte pas le déplacement, ou s'il ne l'accepte que partiellement, il devient masochiquement attaché à l'image sacrée de la mère. Le résultat en est un schéma de collecte d'injustice avec son masque typique de défense : la fausse agressivité.

Les défenses pseudo-agressives du photographe étaient très nettes. Il traitait avec mépris les femmes qui posaient pour lui ; il en faisait souvent des caricatures. Il avait, par exemple, une certaine façon de les « priver » de leurs seins en modifiant l'angle des lentilles de son appareil photographique.

La preuve décisive qu'il tentait encore d'éviter l'objet vivant et décevant du voyeurisme — sa mère — se trouvait dans son incapacité à photographier les scènes de masses. Pour lui, toute photographie représentant plus de deux personnes était « une scène de foule ». Il était incapable de manier les foules, d'en faire son instrument. Ainsi, son alibi intérieur ne concordait plus et son travail en souffrait. Il y avait, naturellement, des facteurs rationnels dans sa compulsion à expérimenter, mais, en dessous, se trouvait le vieux reproche : « Ma mère ne m'a pas montré toutes les parties de son corps, tout ce qu'il y avait à regarder. » Ce reproche était déplacé pour donner ceci : « Je n'ai rien créé de neuf. »

Cet homme traitait largement ses modèles comme s'ils étaient des objets inanimés. Ce qui diminuait la peur puisque cela niait l'existence de la mère qu'ils représentaient symboliquement. Et cela corrigeait en même temps une autre déception infantile ; maintenant ses modèles « se tenaient tranquilles » sur commande, au lieu de ne lui permettre que des regards furtifs, rapides.

C'est cette raison complexe de compensations inconscientes qui faisait de cet homme un grand photographe — dans les limites également établies par les défenses inconscientes.

Fait assez curieux, il y avait des occasions où il ne craignait pas de s'exhiber. Il occupait alors le centre de la scène pour la description spirituelle d'une expérience amusante. Son alibi était alors : « Je plaisante ; ne me prenez pas au sérieux ! »

L'exhibition de soi uniquement exécutée lorsqu'elle est stimulée par une peur sévère. Les éléments voyeuristes et exhibitionnistes de ce type d'individus sont identiques à ceux mentionnés ci-dessus : les individus qui réagissent dans des conditions de peur sont moins tendus que ceux qui sont totalement incapables d'exhibition. Ils paient leur capacité d'exhibition en faisant l'expérience d'une peur profonde.

La peur naît du schéma masochique psychique ; elle représente à la fois la terreur et la culpabilité. La terreur est provoquée par le tyran intérieur menaçant, puis elle est déplacée sur le monde extérieur. La culpabilité est déplacée du crime réel, le masochisme psychique, sur son modèle de défense de pseudo-agressivité, qui prend la forme de commandements éducatifs exagérés. Cet alibi combiné est l'argument le plus puissant que l'avocat intérieur ait à proposer lorsque le département du châtiment lance une de ses attaques.

Le résultat est parfois un compromis particulier. L'exhibition devient possible, mais à la seule condition qu'aucun contenu émotionnel n'atteigne la surface. Celui qui s'exhibe est froid, glacé et sans vie.

J'ai analysé autrefois un homme de ce type ; fait assez amusant, c'était un politicien. Ses partisans étaient gênés du manque de chaleur de ses discours et le pressaient anxieusement de s'animer, d'avoir davantage de « sex-appeal », de faire au moins des gestes. Cette dernière recommandation fit ressortir un fait : du temps où il était avocat inscrit au barreau il se servait d'un certain geste : il levait la main droite, l'index et le médius écartés et menaçait un ennemi imaginaire de l'espace vide entre ses doigts. L'analyse mit en évidence le précédent de ce geste. Il l'avait emprunté à un professeur de mathématiques, un homme de réputation assez douteuse qui avait été condamné pour fraude et n'avait été acquitté que par insuffisance de preuves. L'index de la main droite du professeur avait dû être amputé à la suite d'un accident. A sa grande surprise, le patient se souvint de la première fois où il avait fait ce geste — tout en étant innocent, il avait envisagé avec crainte d'être accusé de détourner les fonds d'un client.

Par conséquent le geste signifiait une admission partielle combinée à une défense — après tout, le professeur avait été acquitté. Malheureusement, ses aspects défensifs étaient surpassés par des aspects compromettants ; l'espace vide entre les doigts, par exemple, symbolisait la castration. L'homme devait donc, avec le temps, renoncer à ce geste. Il devenait trop menaçant et révélateur. Sans lui, il n'avait aucun moyen de détourner ses peurs. (Bien entendu, toutes ces interprétations n'émergèrent qu'au cours de son traitement analytique.)

Les patients de ce type ne sont jamais sans craindre que le tyran intérieur ne voie à travers leur déguisement défensif d'exhibitionnisme et ne découvre leur vrai désir de voir. Ils déplacent ce haut fait sur l'extérieur et se trouvent « effrayés par les feux de la rampe ».

L'exhibition de soi rendue possible par des conditions particulières « impossibles ». Un exemple extrême de ce type m'a été fourni par un patient tellement « timide » qu'il devait assumer la personnalité d'un autre pour réussir le coït. Il avait imaginé toute une technique de « coït incognito » : pendant l'acte sexuel, la fille devait lui raconter en détail ses rapports sexuels avec un autre homme. Ce récit devait inclure une conversation avec citations, une description des sensations de la fille, etc. Le récit lui permettait de s'identifier à l'autre homme et d'assumer sa personnalité. Sans récit, le fait de devoir s'exécuter « en tant que lui-même » rendait le patient impuissant.

L'hyper-exhibitionnisme comme défense. Ici, le prototype est le modèle professionnel ou l'acteur. Les accusations, les défenses et les ripostes inconscientes qui se terminent par un compromis socialement accepté peuvent se résumer en quelques phrases. Le cycle commence par un désir de voir — l'enfant désire d'abord regarder ses parents, puis ultérieurement l'intimité de ses parents. Ce désir est interdit par le département du châtiment ; alors, défensivement, l'avocat intérieur présente l'alibi du contraire, soutenant que l'enfant veut s'exhiber et non regarder. Mais il y a aussi l'interdit parental mis sur l'exhibitionnisme et le tyran intérieur le montre clairement. Un alibi final est alors construit : « Je ne veux pas regarder et je ne veux pas briser les règles éducatives en m'exhibant. Mais je veux être bon et faire plaisir aux autres en m'exhibant. »

Je voudrais conclure ce chapitre par un exemple montrant à quel point il faut être prudent en évaluant les caractères imitatifs chez les enfants et chez les adultes qu'ils deviennent. Scientifiquement, les imitations peuvent toujours remonter à des « identifications » inconscientes, soit permanentes ou temporaires, soit « principales » — c'est-à-dire authentiques et profondément enracinées ; soit « fallacieuses » — c'est-à-dire uniquement superficielles et d'intentions défensives. Pour cette raison, les traits imitatifs n'expliquent rien, à moins que le conflit qui instaure la phase d'identification soit clarifié.

Telle qu'elle est interprétée dans une biographie populaire, la vie de Victor Hugo illustre la futilité qu'il y a à traquer mécaniquement les identifications d'un individu dans l'espoir de l' « expliquer ». Mais d'après les faits et les événements donnés et certaines répétitions imitatives du modèle de vie du plus grand poète français, le lecteur formé à l'analyse peut détecter ses identifications intérieures.

L'un des traits récurrents concerne le mariage. Les parents de Hugo avaient fait un mariage particulier. Après qu'ils aient vécu quelque temps ensemble, sa mère refusa de remplir ses devoirs conjugaux. A partir de ce moment-là ils vécurent séparément mais ne divorcèrent jamais. Mme Hugo prit un amant, le colonel Lahorie, un homme dont l'opposition politique à Napoléon fit de lui un réfugié politique éternel. Mme Hugo lui donna asile et il put survivre jusqu'après la campagne de Russie ; c'est alors que la police secrète l'arrêta et qu'il fut exécuté. Pendant ce temps, le père de Hugo vécut pendant vingt ans avec sa bien-aimée, Catherine Thomas.

Hugo épousa Adèle Foucher. Quelques années plus tard, comme la mère de Hugo, elle refusa de remplir ses devoirs conjugaux et prit un amant, le critique Sainte-Beuve. Une fois encore il n'y eut pas de divorce. Hugo vécut cinquante ans avec sa maîtresse, Juliette Drouet. Dans les deux mariages, la femme frigide, incommodée par un mari hyper-puissant, refusait le coït.

Un autre schéma concernait les opinions politiques de Hugo. Enfant, il haïssait Napoléon, réglant indubitablement sa conduite sur celle de l'amant de sa mère et sa mère elle-même. Lorsque, cinquante ans plus tard, Napoléon III apparut à l'horizon, l'attitude de Hugo était amicale, reflétant le soutien de son père à la dynastie napoléonienne. Mais lorsque Napoléon III fut sacré empereur, l'amitié se mua en une amère opposition. Les idées de Lahorie triomphaient finalement, car Hugo imita ce fugitif éternel en le devenant lui-même, passant dix-neuf ans en exil dans l'Ile de Guernesey, peu désireux de changer sa position ou d'accepter une amnistie.

A l'encontre de ces deux thèmes répétitifs, les rapports de Hugo avec la maîtresse de sa vie différaient de façon significative de l'arrangement apparemment semblable de son père. Le père de Hugo épousa Catherine Thomas peu après la mort de Mme Hugo, « récompensant » ainsi la jeune fille pour ses dix-huit années de « servitude ». La mort d'Adèle ne changea la position de Juliette Drouet qu'à un égard — elle prit la direction de la maison. A ce moment-là, leur union avait duré près de cinquante ans, mais il n'y eut pas de mariage.

Cette rupture du thème répétitif montre l'erreur d'une approche mécanique du problème de l'identification. La signification intérieure des rapports n'était pas la même chez les deux hommes, non plus que la structure de la personnalité des deux femmes. Catherine était une mégère agressive ; elle maintint l'aîné des Hugo sous sa domination. Juliette était une femme profondément masochique et désintéressée. Les hommes faibles récompensent les femmes tyranniques et tentent de punir leur soumission en donnant libre cours à leur propre cruauté défensive lorsqu'ils ont affaire à des femmes *faibles*.

On pourrait naturellement invoquer un argument plus banal : Catherine était encore une jeune femme à la mort de Mme Hugo, alors qu'au même tournant de la vie de Victor Hugo, Juliette était vieille. Cet argument s'évanouit à la lumière du fait que la dette de reconnaissance de Victor Hugo était incommensurablement la plus grande des deux. Juliette avait sauvé sa vie au moment du coup d'état de 1851. Il lui envoya des fleurs pour leur cinquantième anniversaire mais il ne l'épousa pas.

Cependant, le masochisme a des limites. Juliette finit par s'aigrir des liaisons continuelles de Hugo (elles devaient continuer jusqu'à sa mort à quatre-vingt-trois ans) et par l'exhibition de mauvais aloi de ses poèmes écrits pour une autre femme.

Le courant de cruauté défensive dont Hugo faisait preuve à l'égard d'une femme qui avait sacrifié sa vie pour lui ne peut être éclairci qu'en étudiant l'identification « principale » du poète. Cette identification profondément enracinée appartient toujours au résultat final du conflit infantile primaire ; chez Hugo, comme chez tous les écrivains, la solution était la soumission masochique à l'image de la mère de sa toute première enfance. Son identification « principale » concernait la femme masochiquement maltraitée. L'amant de sa mère était donc un modèle idéal ; en temps que fugitif éternel, il était certainement « maltraité » et sa liaison avec Mme Hugo fournissait au jeune Hugo un camouflage œdipien. (Il pouvait répondre de façon convaincante à son tyran intérieur : « Comment puis-je être masochiquement attaché à ma mère si je prends modèle sur son amant ? »)

Le lecteur se souviendra que les romans de Hugo témoignent de son identification totale avec l'opprimé. Hugo a sympathisé toute sa vie avec les indigents et les maltraités. Cela revenait inconsciemment à approuver le masochisme et nécessitait une représentation défensive d'activité et d'agressivité ; il apportait cette défense en attaquant furieusement l'injustice.

La vie de Hugo reste incompréhensible si l'on ne démêle pas ce thème « principal » des nombreuses identifications erronées et donc défensives que l'on voit dans son histoire. On ne peut comprendre ni la souffrance masochique sans fin matérialisée par l'attitude de rejet de sa femme, ni déchiffrer sa cruauté à l'égard de la pauvre Juliette. L'ironie de la situation se trouve dans le fait que l'acte le plus héroïque de Juliette — sauver la vie de Hugo en 1851 — était inconsciemment pris par Hugo comme « la connotation pseudo-morale » qui justifiait son échec à l'épouser. En sauvant Hugo, Juliette devenait (intra-psychiquement) la mère de Hugo — la femme qui avait protégé et donné asile à l'opposant de Napoléon, Lahorie. N'est-il pas moral de s'abstenir de l'inceste ?

L'influence parentale n'est qu'un des fils dont l'enfant tisse son propre schéma de vie. *Les parents enseignent, dirigent, interdisent, récompensent, punissent et statuent. L'enfant écoute, oublie, interprète, interprète mal, déforme et exagère — le tout sous les ordres de ses besoins inconscients.*

La période d'instruction pré-scolaire que les parents modernes abordent avec soin et après mûre réflexion est celle de l'éclaircissement sexuel. Ils ont appris à espérer que dans ce domaine au moins une approche correcte pourra produire des résultats satisfaisants. Même là, quelque chose cloche et, trop souvent, les bonnes intentions doivent servir de récompense. L'enfant n'accepte, *intérieurement*, que les faits qui correspondent aux idées fausses spécifiques qu'il a à ce moment-là.

Freud commentait cette tendance de façon très pertinente. Il s'y référa en traitant de l'implication émotionnelle qui se produit lorsqu'on lit de la littérature psychanalytique et lorsque les conflits précis du lecteur se trouvent concernés. Il déclare :

> Je pense que l'on peut citer des expériences semblables en rapport avec le fait de donner aux enfants une information sexuelle. Je ne proclame nullement que le fait de donner aux enfants une information sexuelle soit un processus préjudiciable ou superflu. Mais les résultats préventifs de cette politique libérale ont été grandement surestimés. Une fois que les enfants ont reçu cette information, ils connaissent des faits qu'ils ignoraient auparavant, mais ils ne font rien de cette connaissance nouvellement acquise. On est amené à conclure que ces enfants ne sont pas prêts à sacrifier les théories sexuelles qu'ils s'étaient créées dans le but de préparer la voie à leur nouvelle information. Ils avaient créé leurs théories pour s'adapter à l'organisation inachevée de la libido ; ils ont bien leurs idées sur le rôle joué par la cigogne, sur ce qui constitue le rapport sexuel, sur ce qui constitue la naissance. Longtemps après avoir reçu l'information sexuelle, ces enfants se comportent comme les peuples primitifs auxquels on a imposé le christianisme et qui continuent secrètement à vénérer leurs anciens dieux païens.

CHAPITRE III

L'AMOUR ET LA COMPRÉHENSION COMME MÉTHODE D'ÉDUCATION : LEURS POUVOIRS ET LEURS LIMITES

« L'enfant a besoin d'amour » est un slogan moderne que l'on cite fréquemment. L'enfant en a effectivement besoin, mais personne n'explique pourquoi. Et les parents les meilleurs ne peuvent se transformer en machines à tendresse, fonctionnant toujours de manière égale.

L'enfant a besoin d'amour pour des raisons multiples et diverses. Le bébé totalement impuissant a besoin de soins constants pour ne pas mourir de faim et de froid, même si pendant les premiers mois il n'a pas connaissance des soins qui l'entourent. Le nouveau venu dans cette « glaciale formation alluviale », comme Thomas Hardy appelait le monde, se croit autarcique et tout-puissant. Ce fantasme est progressivement détruit par l'impact de la réalité. Le bébé traverse une période transitoire au cours de laquelle il voit la géante de la nursery comme une simple prolongation et l'instrument de sa toute-puissance. Puis il apprend que cette illusion commode est insoutenable, comme l'est sa première illusion et il accepte enfin le fait de sa dépendance. Mais ce n'est nullement une acceptation agréable. L'élément qui la commande est la peur, une peur extrême. La dépendance signifie être totalement à la merci d'un pouvoir surnaturel capable de perpétuer tous les maux concevables. Les sept peurs du bébé décrites au chapitre I, aussi grotesques qu'elles puissent paraître à l'adulte, constituent la pleine valeur de la réalité pour le bébé impuissant. C'est à ce stade que l'on peut discerner le début de la déformation masochique des sentiments. Ce processus dramatique est terminé avant la fin de la deuxième année.

La présence constante de l'amour maternel dans ce premier stade est émotionnellement essentielle pour l'enfant ; il neutralise ses peurs intérieures et irrationnelles. C'est ce qui explique le caractère d'insatiabilité des exigences infantiles. Freud a commenté la coutume dominante dans certaines tribus des Iles du Pacifique et qui établit qu'un enfant, quel que soit son âge, a droit à l'allaitement, sur sa demande, non seulement de sa mère mais de toute femme allaitant. Freud ajoutait ironiquement que si ces enfants des Iles du Pacifique étaient psychanalysés à l'âge adulte, on découvrirait probablement en eux le reproche refoulé de ne pas avoir eu assez de lait.

Cette insatiabilité est en proportion directe des peurs intérieures. L'amour est l'antidote infaillible, le capital de sécurité mis en réserve pour un jour néfaste plein de terreurs.

Il faut ajouter que l'amour parental fait œuvre de sauvetage dans des périodes calmes, peu masochiques. Mais une fois que le masochisme psychique a montré sa face horrible, aucune quantité de bonté, de bienveillance, d'amour ou de tolérance ne peut aider. Et ce n'est pas simplement une situation dans laquelle l'antidote habituel échoue. Lorsque l'enfant est masochiquement tendu, l'offre d'amour parental ne produit qu'une montée d'exigences nouvelles allant jusqu'à excéder l'endurance parentale.

Une de mes patientes, une jeune mère, décida de damer le pion au masochisme provocant de son petit garçon de trois ans en cédant à tous ses désirs. Presque chaque soir, entre neuf et dix heures, le petit garçon se réveillait, hurlant qu'il avait faim et que sa mère « ne lui donnait rien à manger ». Suivant sa politique, elle lui demandait amicalement ce qu'il voulait manger. « Dis-moi ce que tu as », disait le petit garçon. Elle énumérait alors toute une série de friandises qu'il refusait, répétant : « Tu ne me donnes jamais rien à manger ! » Toujours amicalement, elle lui démontrait qu'il ne ne pouvait avoir faim si peu de temps après avoir dîné ; le petit garçon ignorait la remarque et continuait amèrement à se plaindre d'être « affamé » et exigeait des cuisses de grenouilles, du caviar, des escargots et autres aliments exotiques dont il avait entendu parler mais auxquels il n'avait jamais goûté. (Le petit garçon était très intelligent, ce qui pouvait être une certaine consolation pour la mère au cours de ces soirées pénibles.)

Ces scènes se terminaient invariablement par des flots de larmes : le petit garçon pleurant parce que sa mère était « avare » à son égard ; la mère pleurant parce que son enfant était « ingrat ». Le problème fut enfin résolu — ou du moins déplacé — par le père. En désespoir de cause, il fouetta le petit garçon et instaura une nouvelle règle : aucune demande de nourriture entre le dîner et le petit déjeuner. Le résultat surprenant — dans la mesure où la mère était concernée — fut la façon amicale dont le petit garçon accepta cette décision. Il ne montra aucune rancune à l'égard de son père qui avait, contre le gré de sa mère, traité l'enfant aussi « brutalement ». Il était tout à fait évident que l'enfant voulait être fouetté — et qu'il avait persisté dans sa provocation jusqu'à ce qu'il le soit

Dans les périodes calmes — c'est-à-dire peu masochiques — l'amour maternel et paternel est un stabilisant, soulageant le poids des peurs intérieures de l'enfant.

Cela aussi est important : l'enfant a une compréhension intuitive et aiguë de l'authenticité — ou de la non-authenticité — de la bonté parentale tenant à l'amour ou de l'amour tenant à la bonté. Walter Scott avait raison lorsqu'il disait dans *The Lady and the Lake* : « Les enfants connaissent d'instinct l'ami et l'ennemi. » Le fait est cliniquement illustré par chaque analyse. En voici un exemple :

Un ingénieur de trente-quatre ans, propriétaire d'une affaire florissante, vint me voir « en désespoir de cause ». Tel qu'il le voyait, son problème n'était pas son homosexualité, mais la découverte que sa femme en avait faite et l'attitude « hystérique et autoritaire » qu'elle avait adoptée après sa découverte. Très tôt au cours de notre premier entretien, il me révéla les fausses manœuvres que sa femme avait faites une fois avertie de son homosexualité ; il me donna aussi d'autres preuves de la base masochique sur laquelle reposaient sa perversion et son schéma général de collecteur d'injustices. (Tous les homosexuels sont des masochistes psychiques invétérés.) Il révéla aussi qu'il était venu sur l'instigation de sa femme et qu'il n'avait pour but que de s'acheter la paix du foyer. Malgré l'absence de preuve qu'il était désireux de changer son homosexualité, je l'acceptai comme patient — à titre d'essai et à ses risques et périls.

Commencée trois mois après notre entretien, son analyse ne s'annonçait pas favorablement. Sur l'injonction de sa femme il avait lu un de mes livres traitant de l'homosexualité ; impressionné par l'explication du masochisme qu'il y avait lue, il espérait que l'analyse guérirait ses tendances préjudiciables et laisserait son homosexualité intacte. Il admettait franchement son incrédulité concernant le lien entre masochisme psychique et homosexualité. Une pointe de mégalomanie infantile imprégnait son attitude : il avait triomphé sur moi en me persuadant de le prendre en traitement, quoiqu'il ne répondît pas aux modèles énumérés dans mon livre.

Il ne pouvait s'attribuer ce triomphe supposé — et le triomphe potentiel sur sa femme — qu'en omettant commodément deux détails importants. D'abord il n'avait aucune certitude que son masochisme psychique serait guéri par le traitement ; ensuite, que l'arrangement était fait à titre d'essai pour une durée de quelques semaines. J'avais cependant l'impression qu'il était plus disposé à renoncer à son homosexualité qu'il ne le réalisait.

Au cours des premières séances, le patient montra clairement qu'il était à tout instant névrotiquement et exagérément soupçonneux des motifs des autres personnes. Il était convaincu, par exemple, que j'avais conclu une sorte de pacte avec sa femme. En fait, je ne l'avais jamais vue, ne lui avais jamais parlé, n'avais jamais correspondu avec elle. Ce trait de suspicion joua un rôle important dans la suite du traitement.

Lorsque je lui demandai de me conter brièvement son passé infantile, il répondit promptement :

« Rien, mais rien, dans mon enfance sans incidents ne signalait l'orientation de mes troubles ultérieurs. Père : un homme timide mais amical, un homme tranquille, un inspecteur des postes dans une petite ville du nord de l'État de New York. Il passait la plus grande partie de ses loisirs dans le sous-sol de notre maison hypothéquée à jouer avec ses inventions — toutes mineures. L'idée qu'il avait d'un grand inventeur n'était pas Edison, mais l'homme qui avait inventé la pince à linge carrée. Aucune de ses expériences n'a jamais réussi. »

« Votre mère y faisait-elle objection ? »

« Elle était assez agréable. Non, elle était condescendante, avec une sorte de bonté ironique. Elle portait la culotte ; elle décidait de tout ».

« Je vous ai demandé si elle était contre le dada de votre père ? »

« Avant de répondre, j'aimerais savoir pourquoi vous insistez sur ce point ».

« Voilà encore un soupçon exagéré... Ma question ne cache rien. Votre père était un bricoleur et manifestement un amateur. Vous êtes devenu un ingénieur mécanicien, un professionnel. Superficiellement, il semblerait que vous vous soyez identifié avec votre père puis que vous l'ayez surpassé. D'autre part, votre mère le traitait avec une condescendance ironique. Cela ne vous a pas donné un idéal très imposant à regarder et auquel vous identifier. Je suppose donc que derrière cette pseudo-identification avec votre père se trouve une certaine agressivité plus profondément refoulée, dirigée contre votre mère. Si elle s'opposait au dada de votre père — un jeu qui demandait du temps et coûtait de l'argent sans donner de résultat — alors le seul intérêt de votre identification avec votre père apparaîtrait sous un autre jour. Elle signifierait la rébellion contre votre mère ».

« Il semble que ce soit mon destin de confirmer vos soupçons et vos conjectures. D'accord. Vous gagnez. Ma mère s'y opposait, je veux dire avec vigueur. De temps à autre, elle faisait des crises de nerfs à ce sujet : Père ne passait pas assez de temps avec sa famille, lui disait-elle en termes clairs ; il dépensait chaque centime disponible à l'achat d'outils, de matériaux, etc. Ce n'est pas tout. Je réussissais bien au lycée. J'étais capitaine de football et j'étais en général ce qu'on appelle aujourd'hui ‘ une grosse tête de campus ’. Très sûr de moi, je lui dis que je voulais étudier la construction mécanique. Elle leva les mains en signe de désespoir et dit : “ J'espère que tu ne deviendras pas comme ton père ! ” »

Un autre aperçu de son passé émergea au cours d'une séance ultérieure. Le patient était arrivé dans de brillantes dispositions au sujet desquelles il était nécessaire que je le mette en garde.

« Encore la vieille technique », dit-il. « Je retourne dans l'abîme du désespoir ».

« La vieille technique ? », demandais-je. « La vieille technique de qui ? Que répétez-vous dans le transfert ? »

« C'était la technique de ma mère, naturellement. Elle jouait au chat et à la souris avec moi, me gonflant d'abord d'orgueil puis me rabaissant. Quand j'avais cinq ans, elle m'acheta un costume neuf et j'étais très fier de moi. Elle bondit immédiatement et me dit que les garçons vaniteux, en particulier de leurs vêtements neufs, étaient répugnants. Lorsque je fus nommé capitaine de l'équipe de football au lycée, elle me dit d'abord quelle était fière de moi, puis me fit un sermon sur la manière dont les réalisations physiques sont très inférieures aux réalisations intellectuelles. Ce ne sont là que deux exemples ; mais c'était tout le temps ainsi ».

« Pourquoi avez-vous pris cela si tragiquement ? Beaucoup de mères font ce genre de réflexions éducatives après coup et beaucoup d'enfants les acceptent sans effort. N'est-il pas plus vraisemblable que vous ayez retenu sélectivement et grossi les connotations négatives ? »

« Pourquoi voulez-vous absoudre ma mère ? »

« Parce que la réalité n'est que le matériel brut. Ce que l'enfant fait de sa réalité individuelle est son affaire et exclusivement son affaire ».

Ce patient avait utilisé le matériel brut de son enfance pour s'assurer un régime constant de masochisme psychique. Il s'était superficiellement identifié à son père, le surpassant professionnellement dans ce qui avait été le dada inutile de l'aîné. Mais même ici, la base masochique se révélait évidente. Sa mère avait constamment reproché à son père ses expériences vaines ; dans le vocabulaire personnel du patient, «expérience» était synonyme d' « échec ». C'est ce qui expliquait son hypothèse que je l'avais pris en traitement uniquement à titre d'expérience, une expérience qui devait se solder par l' « échec » de son analyse. Cela expliquait aussi la décision qu'il avait prise quelques années auparavant lorsqu'il avait refusé d'entrer avec son associé dans une nouvelle affaire : il avait ainsi perdu le quart d'un million de dollars. Les secteurs sains de sa personnalité commandaient généralement ses attitudes en affaires, mais la proposition de son associé l'avait poussé, une fois encore, à prouver sa thèse inconsciente favorite : sa mère était une géante terrifiante, un rabat-joie, qui lui interdisait d'enregistrer un succès important. C'était un appel auquel il ne pouvait résister.

Son homosexualité reflétait naturellement la même attitude. En fuyant sexuellement de la femme vers l'homme, il tentait de neutraliser sa peur de l'image maternelle « dangereuse, mauvaise, préjudiciable ». Il s'était intéressé à sa femme parce qu'elle était « agréable », parce qu'elle montrait qu'elle s'intéressait à lui chaleureusement, personnellement, contrairement à une succession d'amitiés masculines au hasard. Mais il perdit cet intérêt après leur mariage, surtout parce qu'elle était « agréable », ce qui n'était pas du tout ce qu'il souhaitait inconsciemment. La révélation de son homosexualité était une provocation, non un accident, et elle la transforma en une « garce » qu'il pouvait alors identifier à sa mère, femme dure et critique.

Des mois d'analyse résussirent à modifier le schéma masochique du patient ; il renonça à son homosexualité parallèlement à ce changement. Sa femme changea aussi ; elle redevint la personne « agréable » qu'elle avait été lors de leur première rencontre.

Une fois que l'enfant a découvert le gain inconscient qu'il peut tirer de sa collecte d'injustice et qu'il a entamé la politique inconsciente de la provocation, l'amour parental n'est d'aucun secours. L'enseignement culturel non plus, même s'il est fait de la manière la plus amicale.

Sous la résistance caractéristique de l'enfant aux enseignements, aux préceptes éducatifs et même aux suggestions (chaque parent sait que l'enfant type passe par des stades où même le consentement est exprimé par un « non »), il y a manifestement un besoin distinct et le désir d'une certaine sorte de discipline. Ce besoin est partiellement conforme aux besoins masochiques de l'enfant, mais il a aussi d'autres buts. Ces buts sont illustrés par les attitudes de l'enfance et de l'âge adulte face à la routine quotidienne.

D'une manière générale, la routine quotidienne n'a pas de défenseurs ; les individus se plaignent de son ennui et de sa monotonie. Peu d'individus admettront l'aimer, mais presque tout le monde est troublé par une interruption du programme standard. La céphalée dominicale est familière chez ceux qui sont tellement endurcis par l'habitude qu'ils ne peuvent même pas prendre un jour de vacances. Les individus à qui l'habitude pèse moins tendent à se trouver mal à l'aise pendant des vacances prolongées.

Pourquoi les individus prennent-ils pour acquis que la routine quotidienne est « détestable », tout en ressentant, sans l'admettre, qu'il en émane un certain sentiment de sécurité ? En bref, quels sont les tributaires inconscients de cette attitude ?

Tout être humain possède une liste très active de peurs intérieures sans lien avec les événements extérieurs. Lorsque les peurs conscientes sont exagérées, elles peuvent aussi être discernées comme des peurs intérieures irrationnelles, vestiges du passé commodément masqués par des raisons extérieures.

Une méthode pour soulager ces diverses peurs est indispensable. Un moyen sûr est la routine quotidienne assommante. « Mon verre est petit, mais je bois dans un verre qui m'appartient », disait un poète. Dans la mesure où il en avait connaissance, il se référait à son « petit talent » mais, sans en avoir conscience, il se référait en même temps à ses grandes peurs.

La routine quotidienne confirme une des qualités stables de la vie — la continuité. La nouveauté est toujours inconsciemment terrifiante et la routine est, naturellement, tout le contraire de la « nouveauté ». Mais là n'est pas le facteur essentiel de son effet rassurant.

Inconsciemment, la routine quotidienne rappelle à l'individu le foyer de son enfance, le premier lieu où il a appris que certaines activités sont spécifiques, récurrentes et fixes. Pour un enfant, « la maison » signifie papa et maman qui sont « toujours là ». C'est peut-être le lien inconscient (et peut-être préconscient) entre la routine et le premier foyer de l'individu qui donne à la routine son effet rassurant et réducteur de la peur.

Il est intéressant de noter que ceux qui n'ont pas eu « un vrai foyer » sont invariablement les moins capables de supporter la routine quotidienne. Pour eux, elle ne fournit aucun facteur de stabilisation, aucun « plus » pour compenser le « moins » de la monotonie. Cette différence importante a été à maintes reprises mise en évidence au cours de l'analyse clinique.

Il semblerait logique de s'attendre exactement au développement contraire chez les névrosés qui ont été privés dans l'enfance d'une vie familiale normale. On pourrait penser qu'à l'âge adulte ils tenteraient de compenser défensivement la privation passée et accepteraient de bon gré les restrictions de la routine. Mais la compensation défensive est une solution normale ; ce que nous appelons «normale» n'est malheureusement pas le moyen standard de surmonter les déceptions de l'enfance.

Il est assez curieux de noter que l'effet de sécurité procuré par la vie familiale tend à être plus important que le « malheur » que de nombreux névrosés attribuent à leur enfance. De toute façon, la conviction du malheur est subjective, basée sur des circonstances plus intérieures qu'extérieures. Seule une vue trop simplifiée de la psychologie humaine considère que tous les névrosés viennent de foyers malheureux et tous les être normaux de foyers heureux. Les enfants issus des deux milieux peuvent élaborer névrotiquement la réalité vue à travers les déformations de l'illusion infantile de la toute-puissance, de la projection et du masochisme psychique ; chez les deux aussi, les solutions normales peuvent être réalisées. Mais une fois que l'enfant s'est fixé sur une solution névrotique de son conflit, une vie familiale défavorable ne peut qu'augmenter sa névrose. Même dans de tels cas, *n'importe quelle vie familiale vaut mieux que pas de vie familiale du tout*. Chaque foyer impose des restrictions et fournit par conséquent un point de fixation pour un dépôt masochique. Mais la sûreté et la sauvegarde, les réalités et la routine de la vie familiale neutralisent l'extravagance des malentendus de l'enfant et réduisent dans une certaine mesure la charge de peur qu'il porte inconsciemment.

Un autre facteur inconscient joue son rôle pour rendre la routine quotidienne inconsciemment précieuse. Le travail, même le travail léger, mécanique, de la routine habituelle est désagréable et de ce fait absorbe une grande quantité d'auto-châtiment inconscient. Ce fait banal a toujours été connu intuitivement. Adam et Ève, chassés du Paradis, ont aussi été punis en devant travailler pour leur pain quotidien. Les tâches et la routine quotidiennes paient une partie de la dette quotidienne de l'individu à son tyran intérieur.

Une partie de cette dette est contractée lorsque le département du châtiment nivelle un autre de ses reproches standards — l'accusation suivant laquelle l'individu n'est capable de faire que le travail « stupide » à sa portée. C'est ce qui explique pourquoi tant d'individus, sans voir la contradiction, se plaignent à la fois de la complexité *et* de la monotonie de leur travail. Le grief de la complexité répond à l'accusation intérieure ; le grief de la monotonie représente une protestation intérieure vindicative : pourquoi me forces-tu à être un esclave ?

Lorsqu'un adulte se plaint de l'ennui de l'ornière dans laquelle il se trouve, cette affirmation ne doit pas être nécessairement prise pour ce qu'elle est apparemment. Elle peut avoir un but défensif inconscient. Un enfant qui joue, se garantissant contre l'éducateur exagérément sévère de son fantasme déformé, supposera toujours que son jeu sera interdit s'il montre trop ouvertement qu'il y prend plaisir. L'adulte n'a pas inconsciemment oublié cette tactique et s'en sert comme défense contre son ennemi intérieur. Les névrosés ont d'autres motifs intérieurs pour s'opposer à la routine quotidienne. Ils peuvent être névrotiquement ennuyés, auquel cas ils sont incapables de construire des fantasmes et d'y prendre plaisir, occupation à laquelle tout individu sans inhibition voyeuriste se plaît et qui lui permet de rendre sa vie plaisante. Ou bien ce sont des masochistes psychiques poussés à l'extrême, enclins à la pitié de soi et décidés à ne laisser aucun prétexte inutilisé.

Ces griefs ne portent pas atteinte au fait essentiel : *la routine quotidienne fournit un super-antidote à la peur intérieure.* Il est intéressant de noter qu'une partie de la sécurité émane de la prédominance de la routine dans l'enfance lorsqu'une activité agréable ou dangereuse pouvait être interrompue brusquement par le cri : « Il est temps de partir ! » Le père devait partir à son bureau ou à son usine à une certaine heure ; l'enfant devait partir pour l'école à une heure précise. La routine prenait ainsi le pas même sur le pouvoir parental ; cette autorité supérieure était le dernier recours.

Certaines récompenses narcissiques mineures adoucissent la potion quotidienne qui, autrement, est désagréable. Quel que soit le désagrément du travail et de la routine, ils satisfont les besoins intérieurs, fournissent des issues à l'activité, des occasions d'orgueil et de fatuité, des méthodes pour réaliser partiellement des fantasmes inconscients profondément enracinés.

Quelle que soit leur banalité, toutes les attitudes humaines ont des tributaires inconscients. Il est facile de les oublier, mais ils sont toujours présents.

Le comportement des parents fait partie du matériel brut dont l'enfant se sert, selon ce qu'il en perçoit, pour construire ses diverses élaborations intérieures. On a accordé trop peu d'attention à une élaboration inconsciente particulière appelée le « geste magique », que l'on peut observer en surface comme un trait de la personnalité en apparence bienfaisant. Mais il n'a aucun rapport avec « la meilleure partie de la vie d'un homme bon, ses petits actes de bonté et d'amour sans nom oubliés », dont parlait Wordsworth dans « Tintern Abbey ». Le geste magique représente en fait le grief inconscient du masochiste concernant l'attitude ou les actes de ses parents, grief masqué par une bonté consciente inexplicable envers une personne sans importance pour lui.

Lorsqu'il opère, une curieuse métamorphose se fait jour chez le bienfaiteur. S'il est habituellement indifférent, il devient empressé à plaire ; s'il est regardant, il devient magnanime ; s'il est connu pour sa méchanceté, il devient bien intentionné et charitable. Le besoin moteur inconscient d'exécuter ce geste est quelquefois tel qu'il ignore la réaction caustique de l'environnement et qu'il écoute avec un sourire condescendant les suggestions selon lesquelles il se trouverait engagé dans des affaires illégales, serait devenu homosexuel ou serait devenu sénile.

La structure intérieure du geste magique explique ses caractéristiques individuelles et invariables :

1) Des individus sans importance sont toujours choisis comme bénéficiaires pour transmettre le message : « Toi, mère méchante, tu n'as pas aimé ton propre enfant. Mais moi, j'aime même les étrangers. » Plus la responsabilité du bienfaiteur est lointaine à l'égard du bénéficiaire, plus l'accusation contre les éducateurs est énergique.

2) Dans une extension plus grande de cette accusation, des animaux ou même des objets inanimés peuvent servir de récipiendaires aux gestes magiques.

3) Le bienfaiteur peut brusquement devenir un ennemi, changeant le geste en « geste magique négatif ». Le bénéficiaire ne peut jamais se sentir sûr de lui ; sa position de protégé est soumise à la résiliation sans préavis. Le renversement se produit en réponse à un veto émis par le tyran intérieur, obligeant le bienfaiteur à trouver un nouvel alibi acceptable ; il le fait en inversant son rôle. Il personnifie maintenant le parent prétendu cruel et place son ex-protégé dans le rôle de son propre soi maltraité, caricaturant ainsi les offenses de ses éducateurs.

Le geste magique est un des innombrables épisodes de « la bataille de la conscience » — une défense contre le veto du surmoi à la critique des parents. Bien entendu, le masochisme psychique se trouve dans la couche la plus profonde. Lorsque le tyran intérieur interdit la solution masochique, l'argumentation intérieure procède comme suit :

Le moi inconscient nie le masochisme psychique, admettant en même temps le moindre crime de pseudo-agressivité : « Je ne désire pas masochiquement être maltraité par mes parents. En fait, je les hais pour leur injustice. » Lorsque l'agressivité défensive contre les parents est également interdite, le moi doit suivre une autre voie : « Vous m'avez mal compris. Je ne veux pas non plus me venger. Tout ce qui m'intéresse est d'être bien traité. Par mon comportement à l'égard des autres je vous montrerai comment je voulais que mes parents me traitent lorsque j'étais enfant — avec amour, générosité et bonté. »

Le reproche contenu dans l'alibi final est augmenté par le choix comme objet d'une personne insignifiante. Des extrêmes dans la générosité ou le choix (comme par exemple des animaux) intensifient aussi l'accusation impliquée. Plus le contraste est grand entre la froideur alléguée des parents et la chaleur du geste magique, plus il est efficace en tant que défense.

Il y a dix ans, une femme proche de la soixantaine me consulta pour un blocage de l'écrivain. Elle vivait dans la misère, avec une allocation de douze dollars par semaine gagnée en écrivant un article pour un hebdomadaire commercial (sans nul doute une allocation charitable). Quoique cette somme fût à peine suffisante pour satisfaire les besoins essentiels de sa vie, elle en dépensait la plus grande partie à nourrir et soigner des chats errants. « Je ne peux pas supporter de voir souffrir ces pauvres bêtes », disait-elle. « J'ai récemment dépensé toutes mes économies, soixante-dix dollars, pour payer le vétérinaire pour soigner un chat perdu ».

Un autre patient dramatisait généralement son grief à l'égard de sa mère en démontrant son incapacité à « évincer » les objets inanimés. L'extravagance était une de ses caractéristiques ; il s'en servait pour exhiber son agressivité consciente contre sa mère, puisque c'était elle qui payait les notes. Combinant deux alibis, il allait dans les magasins chers et achetait plus qu'il n'avait besoin ou qu'il pouvait utiliser. Il entra un jour dans un magasin pour acheter des chemises. Il examina des centaines de modèles et les rejeta rapidement à l'exception de trente. Puis il se trouva incapable d'en éliminer davantage. Ne pouvant en éliminer d'autres et parce qu'il ne pouvait faire autrement, il commanda trente chemises.

Cet homme avait eu six frères et sœurs. Telle qu'il voyait la situation, sa mère avait eu des favoris, soignant particulièrement certains de ses enfants, négligeant les autres. Il croyait avoir été négligé. Son extravagance et son indécision étaient des arguments symboliques. Ils signifiaient : « Ma mère préférait certains de ses enfants, négligeant les autres. Je n'aurais pas été capable de cette cruauté. Je ne peut même pas jouer les favoris avec des objets quelconques comme des chemises ! »

Bien entendu, le geste magique standard bénéficie plus aux individus qu'aux chats errants ou à des échantillons de tissus chers pour des chemises. L'environnement l'accepte quelquefois à sa valeur apparente, comme l'apparition de Noël en juillet, reconnaissant l'illogisme impliqué mais le rejetant négligemment d'un simple : « Qu'est-ce qui lui prend ? » A d'autres moments, c'est une invitation au jugement erroné ou à la recherche active d'un motif moins élevé que la mûre compassion qui est supposée inspirer le bienfaiteur.

Il n'y a pas de raison de penser que l'usage habituel du geste magique comme défense éclaire le climat réel du foyer dont provient l'auteur du geste. Indifférence, négligence cruauté ne peuvent jamais être entièrement des jugements positifs lorsqu'elles sont appliquées par les enfants aux parents (ou en la matière par les parents aux enfants). Si des élaborations inconscientes l'y contraignent, l'enfant peut juger toute attitude parentale inamicale — même un tendre baiser.

Il y a des adultes névrosés qui détestent embrasser, soutenant (comme Swift) que c'est « détestable » ou qui, à la suite de Henry Gibbons, prouvent que c'est « stupide », en réduisant le baiser à un exercice anatomique. Un patient de ce type demandait s'il ne serait pas plus « hygiénique » d'adopter la coutume de se frotter le nez pour exprimer son affection. A un stade ou à un autre, ces névrosés sont devenus insensibles au contenu émotionnel d'un baiser, ou l'ont transformé de telle façon qu'ils en nient l'émotion. La connotation négative est visible chez les névrosés d'un type particulier qui ont des craintes exagérées d'infection. Ils prétendent qu'ils évitent le baiser parce que le contact transmet des microbes.

D'une façon générale, l'enfant reconnaît les étreintes et les baisers des adultes — et en particulier de la mère — comme des gestes amicaux et affectueux. Mais on ne peut aller jusqu'à dire que le très jeune enfant les considère comme aimants car le nouveau-né trouve de l'hostilité même dans les actes inoffensifs de l'environnement. Ces conceptions erronées fournissent la base sur laquelle il édifie ses « sept peurs infantiles ». Dans les fantasmes précoces, embrasser signifie « être dévoré ou avalé » ; si l'enfant persiste dans de tels fantasmes, on peut s'attendre à ce que des troubles se développent à l'avenir dans ce secteur particulier. Plus tard, naturellement, une couverture prétendument rationnelle est fournie pour les peurs intérieures.

Un fois le baiser accepté comme geste affectif positif, il devient aussi une réassurance contre la peur. Les enfants qui embrassent beaucoup ne sont pas toujours mus par l'affection ; certains ont peur. Le paradoxe demeure : le baiser primitivement mal interprété « comme dévorant » par l'enfant devient par la suite important, comme étant l'assurance qu'il est aimé ou du moins qu'il est accepté.

Il est clair aussi que le baiser a, psychologiquement, une certaine connotation avec l'incorporation amicale ; l'ancienne unité mère-enfant rétablie par le baiser. On peut le voir dans des dessins animés (qui a cet égard, sinon à d'autres, copient assidûment la vie) où le baiser standard commence lorsque le garçon enlève la fille, mais ne devient significatif que lorsque la fille à son tour enlace le garçon. Ici intervient (du point de vue du garçon) une répétition active d'une situation infantile passive.

Puisque tout dans ce monde peut être mal employé, les baisers peuvent devenir des instrument de l'hypocrisie (baiser de Judas) ;

baisers de pure forme entre parents qui se détestent ; baisers sans signification échangés comme des salutations conventionnelles, etc. Les baisers de tendresse sexuelle constituent une subdivision particulière (non hypocrite). Néanmoins, le baiser reste ce que déclarait à son sujet Robert Herrick : « Qu'est-ce qu'un baiser ? Mais ceci, comme le disent certains : le ciment sûr et suave, la glu et la chaux de l'Amour. »

Embrasser, en tant que plaisir, présuppose l'acceptation de l'autre personne comme la « bonne nourriture » (c'est-à-dire peu dangereuse) de la petite enfance. Un grand nombre d'expressions linguistiques illustrent le lien entre amour et comestibilité, quelques exemples étant « mon cœur », « mon chou », « ma douceur », etc.

Certains névrosés évitent le baiser parce qu'ils perpétuent inconsciemment le jeu infantile de « mauvaise mère n'aime pas bébé ». Répétant activement le prétendu refus qu'ils ont passivement subi, ils inversent les rôles. L'amour ayant été prétendûment refusé par la mère, ils le refusent maintenant eux-mêmes.

J'ai rencontré dans de nombreuses analyses la même explication pour l'usage du baiser comme moyen d'exprimer le refus. Les patients raisonnent comme suit : « Mes parents attendaient de chaque enfant le baiser du soir. Ces baisers étaient froids et conventionnels et je détestais toute la routine. » En exagérant la critique, le baiser est éliminé et l'enfant dans l'adulte démontre la froideur de la mère à travers une caricature inconsciente.

L'aversion névrotique du baiser joue un rôle plus important qu'il n'est généralement connu ; un grand nombre de mésententes conjugales commencent avec le dégoût du baiser ou le refus d'embrasser. La névrose de l'individu se révèle fréquemment dans ces situations, en particulier lorsqu'elles sont précédées par une phase de coït sans tendresse.

Il n'y a pas de limites — certainement aucune limite établie par la logique — aux ramifications et aux suites hasardeuses des fantasmes infantiles. Qui, par exemple, les verrait en action dans l'attitude de l'adulte concernant un livre emprunté ? Pourtant le lien peut être démontré de façon décisive.

Quiconque a prêté un livre ne peut être inconscient du fait que chaque prêt est un jeu de hasard ; quiconque a jamais emprunté un livre le niera. Pourquoi des individus qui sont par ailleurs passablement corrects dans leur comportement, qui ne prendront jamais (du moins ouvertement) quelques dollars à quelqu'un, perdent cette grâce lorsque la propriété impliquée est un livre de trois ou quatre dollars ? Pourquoi la perte soudaine de tous scrupules ? L'habitude d'emprunter un livre et de ne pas le rendre semble avoir existé depuis des générations. Elle était populaire au temps de Walter Scott, qui écrivait : « Rendez ce livre, s'il vous plaît ; si un grand nombre de mes amis sont de piteux mathématiciens, je trouve qu'ils sont presque tous de bons comptables. » Charles Lamb, lui aussi, se plaignait amèrement des « emprunteurs, ces mutilateurs de collections, ces gâcheurs de la symétrie des bibliothèques et créateurs de tomes dépareillés ». Il existe même une trace de la réaction de Montaigne disant qu'il est plus facile de garder un livre que son contenu. Si l'on considère que l'œuvre imprimée dépasse à peine cinq siècles, l'enregistrement de « vol social » des livres semble très complet.

En étudiant une situation irrationnelle on est amené à en étudier les précurseurs infantiles.

Pour le jeune enfant, tout ce qui est imprimé est un mystère adulte inspirant la terreur. On peut observer un vestige de cette peur précoce chez tous les adultes. Ce qui est imprimé porte le sceau de l'autorité. Même l'absurdité imprimée a une connotation émotionnelle différente de celle de l'absurdité parlée.

Les livres imprimés (pas les livres d'images) entrent dans la vie de l'enfant comme un devoir. (Le fait que la maîtrise de l'art de lire défie son illusion de toute-puissance et d'omniscience et que le défi l'aide à maîtriser cet art, est un autre sujet.) Plus tard, après avoir appris à lire, il découvre la lecture pour le plaisir de lire — la page comique ou la page des sports au lieu des livres obligatoires pour l'école. Mais la lecture pour le plaisir et la lecture comme devoir restent des entités distinctes.

Dans quelle situation un livre est-il emprunté ? L'hôte parle du livre ou l'invité voit le livre dans la bibliothèque. Les situations semblent extérieurement différentes mais elles sont psychologiquement identiques. La seule présence du livre dans la bibliothèque constitue un reproche implicite : « Pourquoi ne lis-tu pas ? » Du fait de ce reproche muet, tout sujet de lecture emprunté est inconsciemment classé sous le titre « lecture par devoir ». Paradoxalement, cela s'applique même à un livre que l'invité aimerait *consciemment* lire s'il lui venait entre les mains dans d'autres circonstances.

Dès qu'un livre est catalogué « à lire par devoir », la vieille rébellion infantile contre le devoir (« Pourquoi ne fais-tu pas tes devoirs ? ») réapparaît. Il s'ensuit une temporisation sans fin ou simulée (car un livre lu mais non rendu restera non lu dans l'idée du prêteur). Cela explique pourquoi certains livres empruntés sont indéfiniment gardés avec l'idée de la rationalisation : « J'y viendrai en temps voulu. »

La raison pour laquelle le vol social des livres laisse au chapardeur une conscience claire — même s'il est un être qui donne scrupuleusement cinq centimes à un ami en échange d'un timbre-poste —

n'est nullement liée à la correction ou à l'incorrection courantes dans sa façon générale de traiter avec les gens. Derrière cette déformation on trouve un fantasme très primitif, infantile et refoulé : « Si toi, Papa ou Maman, tu veux que je lise, tu devras me donner le livre. » Qui a jamais entendu parler d'un enfant de six ans payant son père pour des livres de classe ? Ou les rendant pour cette raison ?

En appliquant les modèles infantiles liés à la conception erronée initiale (lire par devoir) à une situation adulte, l'emprunteur accentue son « droit moral » à garder le livre qu'il a emprunté. Dans une autre couche inconsciente, l'oubli de rendre le livre est un acte punitif ; il punit le prêteur pour l'avoir contraint à prendre le livre. Objectivement, il se peut naturellement que le prêteur n'ait pas voulu qu'il prenne le livre. Cela n'a pas d'importance ; son rôle est récrit pour s'adapter à l'arrière-plan infantile.

On peut dire aussi que le « vol social » ne se produit pas toujours gracieusement, même s'il se passe généralement de tout commentaire. L'emprunteur se procure une petite portion du plaisir masochique en encourant l'indignation à demi révélée du prêteur. D'autre part, il se sert de la situation pour endosser le blâme pour le moindre crime intérieur. Ce qu'il a fait réellement, c'est répéter un schéma infantile mi-névrotique mi-masochique ; il le présente maintenant en des termes de défense partiellement agressive. Les deux défenses sont naturellement inconscientes.

Les attitudes et les réactions du prêteur sont à peine moins curieuses que celles de l'emprunteur. Par exemple, on voit souvent l'*ex libris* facétieux : « Volé dans la bibliothèque de ... » Sur le plan conscient, c'est un avertissement sévère ; sur le plan inconscient, c'est une invitation franche. Pourquoi les propriétaires hésitent-ils à exiger directement le retour de leurs livres ? Pourquoi l'accès caractéristique de mauvaise humeur suivant la découverte du livre « manquant » a-t-il invariablement lieu derrière le dos de l'emprunteur perfide ? Apparemment, le prêteur accueille inconsciemment bien la félonie de l'emprunteur et fait de son mieux pour s'en accommoder.

Un patient devenu éloquemment furieux par la façon dont ses amis et relations le « volaient » se consolait, lorsqu'il était d'humeur sarcastique, avec l'espoir que la popularité accrue des livres de poche bon marché, éliminerait le problème tout entier. Il disait avoir une trop haute opinion de ses amis pour croire qu'ils commettraient un si petit délit. « Il est plus vraisemblable », lui dis-je, « que le vol social augmentera. L'emprunteur se dira que quelques francs n'ont pas d'importance. Puisque ce sont des mécanismes infantiles qui sont en jeu, les circonstances extérieures ne peuvent apporter que des différences minimes ».

« Quelle autre solution pouvez-vous proposer ? », demanda l'homme indigné.

« Eh bien, puisque la plupart de vos amis sont des écrivains comme vous, il y a peu d'espoir pour vous. L'expérience montre que les écrivains confirmés et les vieux écrivains lisent peu. Et il y a peut-être de bonnes raisons à cela, comme le disait Will Rogers : « A Hollywood, les bois sont remplis de gens qui ont appris à écrire mais qui manifestement ne peuvent lire ; s'ils pouvaient lire ce qu'ils écrivent, ils n'écriraient plus. »

CHAPITRE IV

QUE DÉNOTENT LA SANTÉ MENTALE ET LA NÉVROSE ?

Dans notre culture contemporaine, la plupart des adultes sont suffisamment familiarisés avec les termes de « névrose » et de « santé mentale » pour les utiliser, souvent de façon inexacte, pour indiquer des attitudes et des points de vue extérieurs. Mais ce n'est là qu'une connaissance lointaine ; la compréhension exige une étude du schéma inconscient qui est à la base de la névrose ou de l'absence relative de névrose.

Une confusion presque inévitable naît ici du fait que les deux états, santé affective et névrose, sont pris comme des absolus.

Ce ne sont pas des absolus. Il n'y a entre les deux que des différences quantitatives. Pour des besoins pratiques, la santé affective dénote simplement un état « peu névrotique ». En outre, tout névrosé a un « coin normal », comme tout individu émotionnellement sain a un « coin névrotique ». Le problème tout entier pivote autour d'une question : dans quelle mesure la personnalité a-t-elle été envahie par la névrose ?

Cette conclusion n'annule pas l'existence de la névrose bien définie.

A mon avis, chaque névrose — en d'autres termes, chaque preuve de maladie dans l'inconscient — est caractérisée par certains facteurs immuables.

Primo : Le conflit inconscient établi dans la toute première enfance devient permanent par la suite. A partir de là, l'individu reproduit inconsciemment ce conflit identique — traduit en termes nouveaux — dans sa vie extérieure. Comme tout auteur, il se sert sans le savoir de spectateurs innocents, substituts des caractères primitifs de son drame intérieur.

C'est un axiome freudien qui rencontre aujourd'hui peu d'opposition dans les milieux scientifiques ou populaires. En dehors de la découverte par Freud que l'inconscient est un fait cliniquement démontrable, dynamiquement efficace et thérapeutiquement accessible, c'est là une de ses thèses capitales.

Utilisant cet axiome comme point de départ, on suit une ligne de raisonnement pratique en étudiant la réaction irrationnelle de tout individu névrotique. Les questions auxquelles on doit répondre sont les suivantes : quel est le conflit primitif refoulé ? Pourquoi a-t-il inconsciemment choisi ce moment précis pour dramatiser, pour la première fois, ce conflit infantile ? Pourquoi a-t-il choisi comme instrument de cette dramatisation la personne particulière qu'il a entraînée dans cette répétition ?

Dans un sens, tous les névrosés sont des robots de l'affectivité. Ils sont incapables de réaliser une relation humaine nouvelle ou différente ; toutes leurs attitudes envers autrui ont été gravées de façon permanente dans l'inconscient, dans les premières années de la vie, tout comme les capacités du robot sont fixées de façon permanente par la façon dont les circuits électriques ont été combinés. En outre, le névrosé ne rencontre jamais de nouveaux individus. Chacun de ceux qu'il prétend haïr, aimer, maltraiter, ou dont il est la victime, est, dans sa réalité intérieure, une vieille connaissance cachée sous un déguisement nouveau : un successeur ou un représentant d'un personnage consacré de son passé infantile. Sans réaliser consciemment ce qu'ils font, tous les névrosés adaptent les nouveaux venus dans leur vie aux caractéristiques déjà établies. Ce déplacement est techniquement appelé « transfert » ; c'est le seul lien affectif que le névrosé puisse forger.

Ces répétitions éternelles ne peuvent être arrêtées que par un traitement psychiatrique réussi ; sinon, elles persistent durant toute la vie.

Secundo : Chaque enfant doit résoudre l'inévitable conflit infantile ; chaque enfant le résout finalement en recourant à la solution du masochisme psychique. L'enfant névrosé devient « stabilisé sur le plan du rejet » et son principal but inconscient est le plaisir-dans-la-douleur. Il doit alors construire des défenses sans fin contre son masochisme psychique.

On peut exprimer cela autrement. La névrose signifie que l'enfant dans l'adulte n'a pas été capable de se libérer des conflits infantiles, de son illusion infantile de toute-puissance et de ses désirs interdits et conflictuels, quel que soit leur contenu individuel et spécifique. Tous ces conflits impliquaient sa mère. L'élaboration imparfaite (typique de tels conflits) est la fuite dans le masochisme psychique. Le résultat est que le névrosé recherche et provoque perpétuellement de prétendues injustices dont il rejette le blâme sur des personnages qui — sans égard au sexe — représentent inconsciemment pour lui les doubles de son image infantile de la mère « cruelle ».

Il ne faut pas oublier que le masochisme psychique est sur la liste des interdits du département intérieur du châtiment et de la torture et que le névrosé doit établir des défenses et des alibis inconscients pour cacher son but interdit à la conscience intérieure punitive. Ces défenses secondaires gouvernent les actes extérieurs du masochisme psychique, qui se résolvent en un drame standard invariable (le « tableau clinique du masochisme psychique »).

Ce drame est assez important pour être à nouveau décrit. Au premier acte, le névrosé se conduit de façon à provoquer la déception ou le refus, ou bien il se saisit d'une situation qui semble prometteuse mais qu'il utilise mal, de sorte qu'il parvient au même résultat. Il identifie inconsciemment l'instrument de sa défaite — individuelle, institution ou circonstance — avec la géante froide et refusante de la nursery. Au deuxième acte, le névrosé s'indigne de la « mesquinerie » de son adversaire et devient agressif, apparemment en situation d'auto-défense (« pseudo-agressivité »). Il reste consciemment ignorant du fait qu'il a provoqué sa déception. Au troisième acte, ayant consommé la défaite créée par ses soins, le névrosé baigne dans la pitié de soi, tout en faisant inconsciemment l'expérience du plaisir masochique.

Lorsque ce schéma est manifeste dans des situations *décisives* de la vie d'un individu, on peut être certain que le masochisme psychique est à la racine de tous ses problèmes de caractère. Il est important de ne pas se laisser tromper par la représentation très convaincante d'indignation apparue au second acte du drame conscient et d'en conclure que tous les problèmes névrotiques évidents de l'individu naissent d'un « excédent d'agressivité ». Il est également important de ne pas se laisser tromper par d'autres signes et symptômes névrotiques qu'il peut présenter et d'en conclure que ses troubles naissent d'autres conflits inconscients. La clé en est sa manipulation d'une situation réellement importante pour qu'elle se termine par une défaite retentissante.

Il ne faut pas espérer pouvoir discerner les désirs inconscients réels de l'individu à travers ses actes conscients ; ceux-ci ne sont jamais exprimés directement mais sont toujours recouverts par les défenses. La défense préférée du masochiste psychique est la pseudo-agressivité, « pseudo » parce qu'elle n'est pas dépensée pour les besoins de l'auto-défense ou même pour le plaisir de punir l'ennemi, mais uniquement pour augmenter la colère de son opposant et pour fournir un désistement intérieur qu'il peut présenter à sa conscience intérieure. Dans la pseudo-agressivité, l'intention inconsciente est de pousser l'ennemi au maximum de l'indignation, et donc de sa force, dans le but d'améliorer la chance qu'a l'*ennemi* de l'emporter.

Un autre camouflage défensif du masochiste a trait au « désir d'obtenir ». Le masochiste psychique, lorsqu'il était bébé, désirait obtenir lait, soins et amour. Mais après avoir adopté le refus et la défaite comme un but, il ne désire plus inconsciemment obtenir ou qu'on lui donne ; il veut seulement qu'on lui refuse. Le désir apparent d'obtenir, chez ces adultes, n'est qu'un déguisement névrotique défensif.

Si par exemple un adulte contemple la vitrine d'une confiserie d'un regard admirateur et gourmand, puis s'en éloigne avec regret même s'il peut se permettre de ne rien se refuser, il agit conformément à un but inconscient. Sans savoir ce qu'il fait, il répète une situation infantile dans laquelle il était privé de ce qu'il voulait. Il veut consciemment certains bonbons apparus dans la vitrine ; inconsciemment, il accorde une valeur plus grande à l'occasion qui lui est offerte de « prouver » qu'il en est privé. C'est naturellement un exemple exagérément simplifié, mais il est également vrai lorsque l'adulte vise tel ou tel substitut du chocolat.

Tertio : Toute névrose n'est qu'un « poste de secours » représentant une fuite partiellement réussie par rapport à l'attachement masochique à la mère de la toute première enfance.

Dans leur comportement, les névrosés ne sont pas des répliques exactes l'un de l'autre. Ils présentent un grand nombre de « tableaux cliniques » différents et ces tableaux sont les indices de la phase de développement au cours de laquelle sont nés les symptômes névrotiques particuliers. Les tableaux sont donc analytiquement subdivisés en trois classes : orale, se rapportant à la période infantile dominée par le désir d'obtenir et la solution masochique ; anale, se rapportant approximativement à l'âge de deux ans ; phallique (ou œdipienne), se rapportant à la période de trois à cinq ans. L'hystérie, par exemple, est une névrose phallique ; la névrose obsessionnelle est anale.

Le défaut de ce système de classification est celui que l'on rencontre dans toute recherche dans un nouveau domaine de connaissance. La première découverte devient le pivot et le demeure jusqu'à ce qu'un nombre suffisant de faits aient été découverts, permettant de mettre chaque preuve à sa place et de lui accorder toute sa valeur. Les premières decouvertes de Freud ont été faites alors qu'il soignait des névroses d'hystérie. Il mit ainsi en évidence le complexe d'Oedipe — complexe qui anime les individus régressés hystériquement ; les phases anale et orale furent étudiées par la suite. Historiquement, la psychanalyse a donc commencé au sommet de la pyramide psychique, avec la dernière des périodes formatives de la croissance de l'enfant, puis elle est descendue vers sa base, le plan large sur lequel tout le reste se trouve édifié. Bien entendu, la séquence du développement de l'enfant reproduit l'inverse.

Jusqu'à une époque très récente, les différentes maladies névrotiques étaient considérées comme des entités distinctes, chacune d'elles rattachée à son plan particulier de régression, en tenant relativement peu compte de la manière dont chaque phase, reformulée, se fond dans la suivante et l'influence. S'il était admis que des vestiges d'une phase était souvent transmis à la suivante, aucune relation fondamentale n'était établie. Mais à mesure qu'un plus grand nombre de psychanalystes notaient l'existence de ces vestiges, les subdivisions des névroses primitivement imaginées s'avéraient moins nettes et il fallait manifestement les réviser. Karl Menninger proposa de classer les névroses selon les défenses particulières utilisées. Je crois, personnellement, que la grande diversité des défenses utilisées par les névrosés représente une couche superficielle, qu'il n'y a qu'*une seule névrose de base*, édifiée sur les vicissitudes masochiques et remontant au stade oral, que les stades suivants ne sont pas des « postes de secours » — défenses destinées à couvrir le crime des crimes : le masochisme psychique (pour une discussion, voir *The Basic Neurosis*, 1949) (1).

A mon avis, la persistance des vestiges ne peut être scientifiquement notée et éliminée comme on note et élimine en physiologie un organe inutile, l'appendice par exemple. On ne peut comprendre le développement ultérieur de l'individu à moins d'en tenir compte. Les effets de la première phase du développement ne disparaissent jamais ; ils restent puissamment actifs dans la vie ultérieure, malgré les tentatives désespérées de l'individu dans les phases anale et œdipienne pour se libérer de l'attachement masochique à la mère de la toute première enfance. Bien entendu, cela ne signifie pas que la croissance physique et biologique n'oblige pas à certains changements d'accentuation. Mais la superstructure psychologique ne représente encore qu'une série de mesures échappatoires.

Le développement de l'enfant prouve ce point. La phase orale (« je souhaite obtenir ») est fondamentalement une période de passivité qui n'est soulagée que par quelques défenses agressives. Les plateaux de la balance ne sont pas en équilibre ; d'une part, il y a une dépendance pratiquement absolue ; de l'autre, des protestations aussi inefficaces que les pleurs, les crachements, les vomissements.

(1) Traduction française : *La Névrose de Base*, Payot, Paris, 1963.

La phase suivante, la phase anale, continue ce tableau de passivité. Comme son nom l'indique, dans la phase anale l'intérêt est déplacé sur les organes d'évacuation. L'enfant ne proteste plus d'être passivement « pénétré » par le mamelon ou le biberon, il dirige sa protestation sur la force inconnue mais irrésistible qui le contraint à évacuer « des parties de son corps ». Ici, encore une fois, des mesures agressives sont prises contre l'ennemi mystérieux : l'enfant construit des fantasmes agressifs, ou retient ses fèces. L'humeur qui domine est encore la passivité.

Même dans la troisième phase, lorsque l'enfant tente de secouer la domination de la mère en empruntant de la force à son père, la passivité continue de régir la scène, car c'est la peur du châtiment du père qui contraint le garçon à renoncer à ses ambitions œdipiennes à l'égard de la mère.

Cette longue histoire qui conduit de l'opposition faible à une passivité renforcée trouve son expression la plus claire dans une phase transitoire et typique — l'œdipe dit négatif. Cette phase a intrigué un grand nombre d'observateurs et elle est encore la source d'une grande confusion. En 1908, Freud montrait que tous les enfants passent par les deux stades du conflit œdipien, le positif et le négatif. Comme on le sait, au stade positif « le garçon désire sexuellement sa mère et hait son père comme étant son rival ». Au stade négatif, relativement délaissé, un troisième élément s'ajoute à la haine et au ressentiment du fils pour le père. Le garçon veut aussi être aimé par lui, comme l'est sa mère. Dans ce désir, le garçon s'identifie inconsciemment à sa mère. Dans l'œdipe négatif, le désir est lui-même passif, mais du fait de l'idée fausse de l'enfant, cette passivité est teintée de masochisme. Il me semble probable que la passivité masochique de l'œdipe négatif n'est que la continuation de la passivité masochique du stade le plus précoce du développement.

En bref, l'enfant qui grandit est engagé dès sa naissance dans une lutte frénétique et vaine pour échapper à la passivité. Une barrière redoutable barre la route — la barrière du masochisme psychique.

Quatrièmement : Tout symptôme névrotique a une structure à cinq couches.

En termes moins techniques, cela veut dire que cinq étapes distinctes doivent être franchies avant que le désir névrotique puisse traverser les tours et détours de l'inconscient et trouver une expression extérieure. J'ai décrit ailleurs ce processus en « microscopies psychiques » de plus de cinquante attitudes névrotiques choisies au hasard ; elles résument la succession d'interdits et d'alibis depuis la couche inconsciente la plus profonde jusqu'à la manifestation consciente finale. Voici, à titre d'exemple, une microscopie de ce prototype de toutes les manifestations névrotiques, le masochisme psychique :

Couche 1. Résultat final du conflit infantile ; stabilisation sur le plan du rejet (tableau génétique).

Couche 2. Premier veto du surmoi, en raison du gain de plaisir impliqué.

Couche 3. Première défense du moi inconscient : désistement colérique (alibi) sous forme d'un « fait objectif » — l'injustice du monde extérieur rapidement provoquée.

Couche 4. Second veto du surmoi, signalant le gâchis créé par ses soins.

Couche 5. Seconde défense du moi inconscient : pour prouver le contraire, le masochiste psychique augmente le courroux jusqu'à la pseudo-agressivité furieuse, apparemment utilisée comme auto-défense. Cela s'accompagne d'une vertueuse indignation. Après sa défaite inévitable — voulue — il a consciemment pitié de lui-même en raison de son triste sort. Il se déclare une victime innocente de la méchanceté du monde extérieur, apportant inconsciemment et subrepticement des traces de plaisir masochique atténué. Il paie « en argent conscient » sous forme de souffrance consciente et de préjudice extensif. La connotation pseudo-morale y est incluse : sa démonstration de pseudo-agressivité au mauvais moment et au mauvais endroit représente également un abus hypocrite du précepte éducatif : « Vous, les parents, ne m'avez-vous pas appris à répondre lorsque j'étais attaqué ? »

Résumé : Le masochisme psychique (tableau clinique) est une défense contre une défense.

Comparant ce résumé au tableau clinique du masochisme psychique qui décrit le drame *extérieur* de refus du masochiste psychique, il est clair que seules les défenses secondaires contre le désir primitif sont de toute façon reflétées dans le comportement superficiel. (Même si à proprement parler le masochisme psychique n'est pas un désir primitif mais une défense intérieure contre la cruauté du surmoi, il acquiert par la suite, pour les besoins pratiques, la valeur d'un désir inconscient.) Le vrai désir moteur reste enfoui en sécurité dans l'inconscient.

Ce fait a une grande influence sur la thérapeutique. On supposait autrefois, scientifiquement, que le symptôme névrotique représentait un compromis entre le désir inconscient et l'interdit inconscient. Le désir inconscient était donc déduit directement du compromis extérieurement visible et la culpabilité était attribuée en conséquence. Comme la psychanalyse lutte contre la névrose en utilisant les sentiments de culpabilité, cela signifiait que les efforts de l'analyste se concentraient sur la démolition d'une simple défense — qui pouvait être facilement échangée contre un substitut, alors que la culpabilité réelle restait telle quelle et non détectée. Dans de tels cas, l'alibi défensif édifié pour tromper le tyran intérieur réussissait aussi à donner le change au thérapeute.

A moins d'admettre que seules les défenses secondaires contre les désirs inconscients deviennent visibles dans le comportement extérieur, le thérapeute fait fausse route.

Cinquièmement : Toute agressivité névrotique n'est qu'une pseudo-agressivité. Nous avons déjà abordé ce point. Pour le rendre plus clair, voici un tableau illustrant les différences entre l'agressivité normale et la fausse agressivité.

Agressivité normale.	*Pseudo-agressivité* (fausse agressivité).
1. Utilisée seulement comme autodéfense.	1. Utilisée sans discernement, lorsqu'un schéma infantile est répété avec un spectateur innocent.
2. L'objet de l'agressivité est un ennemi réel.	2. L'objet de l'agressivité est un ennemi créé artificiellement.
3. Ne s'accompagne pas de sentiment inconscient de culpabilité.	3. Le sentiment de culpabilité est toujours présent.
4. La quantité d'agressivité libérée correspond à la provocation.	4. Provocation minimum — agressivité maximum.
5. L'agressivité est toujours utilisée pour nuire à l'ennemi.	5. La pseudo-agressivité est souvent utilisée comme prélude au plaisir masochique attendu des représailles de l'ennemi.
6. Le temps : aptitude à attendre que l'ennemi soit vulnérable.	6. Le temps : incapacité d'attendre puisque la représentation de la pseudo-agressivité est nécessaire comme défense contre le reproche intérieur du masochisme psychique.
7. Pas facilement provoquée.	7. Facilement provoquée.
8. L'élément de jeu infantile est absent ; aucune combinaison avec des tendances masochiques-pseudo-sadiques.	8. L'élément de jeu infantile est présent, combiné à l'excitation masochique-pseudo-sadique.
9. Succès escompté.	9. Défaite inconsciemment espérée.

L'un ou l'autre de ces ensembles de buts opposés et d'élaborations inconscientes caractérise invariablement un acte agressif. S'il s'agit d'un acte dominé par le secteur normal de la personnalité, ce sera une agressivité vraie ; s'il est mû par un secteur névrotique, ce sera une fausse agressivité. Même l'individu dit normal a des points de névrose ; même l'individu très névrosé a des zones saines. Mais les secteurs sains du névrosé sont relativement étroits. Ils ont tendance à perdre leur influence lorsqu'ils sont submergés par un flot de projets névrotiques. Un projet névrotique n'est jamais servi que par une fausse agressivité. Cela n'a rien de surprenant, puisque le masochisme psychique est à la base de tous les signes et symptômes névrotiques et que la défense standard contre une accusation intérieure de masochisme psychique est une démonstration extérieure de prétendue agressivité.

Sixièmement : Le névrosé a toujours un double jeu d'identifications inconscientes ; l'un d'eux est « principal », l'autre est « trompeur ».

La distinction entre identifications inconscientes authentiques et identifications-écrans inconscientes a déjà été mentionnée ; la tendance est liée au fait que les apparences extérieures naissent d'une succession de défenses intérieures.

Le but principal d'une identification inconsciente est de diminuer la culpabilité de l'individu. Lorsque le tyran intérieur porte l'accusation d'un méfait commis, la réponse est faite en ces termes : « Et X ? Il fait aussi ce qui est interdit. » L'identification intérieure fournit un bouclier contre les reproches intérieurs.

Ce bouclier humain est d'abord choisi pour correspondre au résultat final du conflit infantile (identification principale), ensuite pour correspondre à la couverture défensive secondaire (identification trompeuse). Chaque être humain recourt simultanément aux deux types d'identification et les deux sont inconscientes. L'identification fallacieuse, puisqu'elle appartient à une défense, est la plus superficielle des deux et elle est superposée à l'autre.

Septièmement : Le névrosé est caractérisé par une surabondance de peur intérieure.

Il y a une énorme différence entre la peur de la réalité et la peur névrotique. La première est un mécanisme de protection qui entre en jeu lorsqu'un danger extérieur menace. La seconde est un signal d'alarme contre les dangers intérieurs. Mais comme la victime névrosée doit trouver un point fixe où attacher ses peurs inconscientes, elle les déplace secondairement sur le monde extérieur et y trouve « une cause » qui a pour but d'expliquer pourquoi elles sont nées. En d'autres termes, une des façons dont elle lutte contre la peur intérieure est de la faire apparaître rationnelle, comme l'est la peur de la réalité.

A mon avis, la peur névrotique appartient fondamentalement et exclusivement au masochisme psychique refoulé. Elle entre en scène lorsque la tension intérieure dépasse le point de tolérance de l'individu. C'est un signal qui dit : « Doucement, danger en vue. » Le danger se rapporte ici à la vraisemblance d'une attaque nouvelle et puissante du département du châtiment.

Le mieux que l'individu puisse faire après avoir été averti par la présence de la peur, est d'enregistrer un refus du masochisme psychique par un acte de pseudo-agressivité, « percevant » en même temps un danger dans le monde extérieur auquel il puisse fixer sa peur. C'est un double artifice : l'accusation a été maintenant changée de sorte que la victime est accusée du moindre crime de pseudo-agressivité au lieu du crime majeur de masochisme, et le danger intérieur — contre lequel elle ne pouvait lutter — a été déguisé sous forme de menace extérieure.

C'est l'histoire inconsciente de la peur névrotique : elle commence avec le masochisme psychique et le schéma consistant à trouver un plaisir inconscient dans la douleur et l'humiliation conscientes ; en même temps, elle concerne les coups répétés portés à l'illusion infantile de la toute-puissance. La punition est acceptée à l'étape suivante, mais pour le moindre crime de pseudo-agressivité, et la démonstration de prétendue agressivité rendant la défense possible est également utilisée pour réparer les dommages narcissiques. La projection de la peur intérieure à l'extérieur s'accomplit en même temps. Au stade final, le bourreau intérieur accepte le moindre crime comme un crime réel, étant amené à faire ce marché par un accroissement artificiel de la culpabilité. (C'est une tactique adroite, puisqu'elle vise la tendance du bourreau intérieur à accepter d'être acheté par la souffrance). Mais la présence d'une telle quantité de culpabilité, artificielle ou non, signifie que le circuit est surchargé. Il en résulte que le signal d'angoisse retentit encore une fois.

Dans ce tracé de l'origine inconsciente de l'angoisse, on suppose que la peur appartient réellement au masochisme psychique profondément enraciné et qu'elle est secondairement déplacée sur l'agressivité défensive pour laquelle le reproche intérieur est accepté. Par conséquent, en surface, la peur semble appartenir à l'acte pseudo-agressif. Selon cette formulation, il est clair aussi que l'étendue du désir masochique interdit ne peut être mesurée par la quantité de peur qui apparaît en surface. Cette peur évidente est artificiellement augmentée dans le but de renforcer l'alibi inconscient. Toute la bataille de l'angoisse se déroule sur un front contrefait.

En général, l'angoisse est une défense à laquelle on a recours en de nombreuses occasions, dont les suivantes sont les plus courantes :

Lorsqu'une démonstration tragique de sincérité et de bonnes intentions est nécessaire pour apaiser le département du châtiment. En ces occasions, une période de dépression précède l'angoisse. L'angoisse suit si la dépression n'est pas suffisante pour convaincre.

Lorsque le narcissisme, ou amour de soi, est tellement visible dans la personnalité que la passivité est une source constante de reproches et que le besoin de poursuivre des buts masochiques — et donc passifs — devient un tourment. La neutralisation consiste à admettre un acte ou une intention agressifs. C'est un exemple de la compulsion inconsciente de répétition où la blessure infligée par la passivité renforcée est cicatricée par la répétition active de la situation passive.

Lorsque la pseudo-agressivité produite comme défense inconsciente est tellement prononcée, deux conditions inconscientes contraires et irréconciliables doivent exister : l'alibi défensif doit être poursuivi et la tension basse doit être maintenue. Apparemment, le mécanisme plus ancien, consistant à garder la tension dans les limites de la sécurité, l'emporte et le signal presque automatique d'angoisse retentit.

Huitièmement : Tous les symptômes névrotiques illustrent le mécanisme intérieur d'admission du moindre crime.

Le déplacement du conflit décisif intérieur au faux conflit (comme dans le déplacement du masochisme psychique à la pseudo-agressivité et aux buts apparemment libidinaux) et l'acceptation de la culpabilité pour le crime-alibi sont des éléments indispensables du tableau de ce que chaque névrosé fait inconsciemment. Si cette double manœuvre est ignorée, les actes du névrosé ne peuvent être compris et ses vraies motivations ne peuvent être découvertes.

Neuvièmement : La névrose est une maladie progressive et non limitée en soi. Chaque névrose non soignée témoigne de ce fait tragique car, sans aide professionnelle, le mieux que le névrosé puisse faire pour lui-même est d'échanger un symptôme névrotique pour un autre quand la défense intérieure qu'il représente s'use. Pendant ce temps, la somme totale de la névrose augmente.

Quant à l'antithèse de la névrose, la définition la plus communément rencontrée de la santé affective affirme qu'elle consiste dans « l'aptitude à travailler et à aimer ». C'est une explication quelque peu limitée ; il est profitable de l'élargir, comme je l'ai proposé dans mon livre *Divorce won't help Neurotics*. L'aptitude à travailler devrait inclure l'aptitude à sublimer les désirs profonds et à les transformer en occupations et passe-temps satisfaisants, productifs et approuvés. L'aptitude à aimer devrait être comprise comme l'aptitude à aimer tendrement, avec une puissance normale retenue. Il faut ajouter une autre provision : la santé affective appelle la capacité à avoir des contacts et des intérêts sociaux normaux et à prendre plaisir aux loisirs.

Malgré cette extension, deux points essentiels ne sont pas couverts. L'individu sain doit affronter ses déceptions sans passer par une période où il laisse toute liberté à son masochisme psychique. Et il doit être capable de construire les illusions et les fantasmes qui rendent la vie supportable. Ces deux points peuvent être combinés puisque l'aptitude à garder son penchant à collecter les injustices dans des limites sûres est étroitement liée à la capacité de construire d'inoffensifs châteaux en Espagne. On pourrait exprimer cette nécessité de la façon suivante : « Affronter les déceptions sans rompre le courant des illusions. »

Le besoin de se réconforter avec des illusions et des fantasmes inoffensifs n'a rien à voir avec les illusions des psychotiques adultes qui ne peuvent plus percevoir la réalité. La capacité de créer des illusions changeantes et de s'y accrocher est un signe de normalité. Lorsque l'illusion s'effondre finalement, une période de deuil approprié intervient. Cela retarde mais n'empêche pas de façon permanente la construction d'une nouvelle illusion. Comme celle qui l'a précédée, la nouvelle illusion s'effondrera avec le temps.

Lorsque l'on étudie scientifiquement ces fantasmes et ces illusions, ils s'avèrent être des mécanismes de défense d'importance et d'effet variables. L'un de ces fantasmes défensifs les plus familiers naît de la revendication exprimée à un moment quelconque par chaque masochiste psychique, celle de son besoin le plus profond d'être « réellement » aimé par une femme bonne et généreuse. Dans la réalité intérieure, son besoin le plus profond est de trouver une source régulière de mauvais traitements et dans la poursuite de cette faim il peut épouser une femme sur laquelle il pourra compter pour le soumettre à un régime invariable de diatribes et de reproches. Il se plaint naturellement ; mais il en jouit inconsciemment. Son fantasme « d'amour vrai » est la défense qui lui permet de sauver la face et qui lui fournit un répit temporaire dans les attaques de son bourreau intérieur. (La femme masochique suit la même routine.)

Il est intéressant d'opposer ce fantasme au fantasme tout aussi familier de l'écrivain dont les contemporains ignorent ou méprisent l'œuvre, fantasme établi pour sauver les apparences. Repoussé ou non, cet écrivain ne doute pas que la postérité sera de son côté. Rarement, mais plus souvent que ne le pensent le critique ou le lecteur, l'illusion de l'écrivain devient finalement une réalité. Ce fut le cas de Stendhal. Mais le fantasme ne naît pas parce que les normes littéraires de l'auteur sont plus ou moins sûres et fines que celles du critique. Il se développe comme une réaction défensive aux reproches du tyran intérieur qui, avec une satisfaction méchante, montre l'échec de l'auteur dans le domaine qu'il a choisi et tente d'exiger une pénitence. Contre cette défense, la meilleure réponse du tyran intérieur prend la forme de l'ironie. Écrivain ignoré, un patient qui gagnait sa vie en enseignant la psychologie se prit à penser : « Tu deviendras sûrement célèbre ; tu deviendras un épouvantail pour des élèves de l'an 2040, lorsqu'un pauvre étudiant te maudira ! » C'était le tyran intérieur à l'œuvre, dégonflant l'illusion réconfortante.

D'une façon générale, il est justifié d'appeler normal le fantasme de l'écrivain et névrotique le fantasme du masochiste psychique. Cela est vrai, malgré l'origine commune des deux en tant que constructions édifiées sous la pression du département intérieur du châtiment.

La différence réside dans une règle empirique, unique mais singulièrement importante : quelle est la quantité de collection d'injustices qui pénètre le fantasme ? La même règle empirique peut servir à juger n'importe quel trait de la personnalité ; la question de savoir si ces fantasmes sont ou non *trop* névrotiques se réduit à la question de savoir s'ils sont ou non *trop* masochiques. Plus un individu voue d'énergie psychique à collecter les injustices, à créer ou à verser au crédit de la défaite et de l'humiliation, plus il est névrosé. D'autre part, comme personne n'est vraiment exempt de toute trace de masochisme psychique, personne n'est immunisé contre une chute dans le bourbier de la collection d'injustices. La différence très réelle entre l'individu émotionnellement sain et l'individu émotionnellement malade est essentiellement affaire de quantité.

Mais la différence quantitative devient finalement une différence qualitative. Chaque individu a son propre capital d'énergie psychique ; dans le cas du masochiste psychique invétéré, sa poursuite d'auto-préjudice épuise ce capital émotionnel. Les fantasmes qu'il crée entrent dans deux catégories limitées : ou bien ils revivent une des injustices qu'il a créées ou construites en abusant des facteurs de réalité, ou bien ils représentent des images puériles de vengeance pseudo-agressive. Les deux types de fantasmes sont destinés à désarmer le tyran intérieur en apportant des messages conciliants : « Vois comme le monde réel est injuste », et « Ce n'est pas vrai que j'encaisse toujours ; vois comme je donne librement ! »

L'individu peu névrosé, ou individu dit normal, ajoute une variante très importante à cette technique. Le but est encore la défense, mais la défense comprend un élément constructif et imaginatif. Tout comme le masochiste psychique, il doit accepter et accepte la défaite. Qui vit en engrangeant une suite ininterrompue de victoires retentissantes ? Mais il parvient à déplacer le foyer de l'attention intérieure, de sorte qu'il concentre son intérêt sur une chose sans importance toujours nouvelle, non contaminée par la défaite.

Cela ne veut pas dire que la normalité représente la résignation. Cela veut simplement dire que l'individu normal, tout en ressentant lui aussi la défaite comme un coup porté (toujours inconsciemment) à son illusion infantile de toute-puissance, se sert de son aptitude à construire des fantasmes pour amortir et neutraliser le coup.

Le masochiste psychique épuise son énergie à prouver inconsciemment que la défaite a laissé intacte sa mégalomanie infantile parce qu'il a lui-même fabriqué sa défaite : « *Mes* provocations », dit-il avec insistance, « ont poussé la mauvaise mère (le monde extérieur) à me punir ! »

L'individu peu névrosé, au contraire, se soustrait aux déceptions de la réalité en construisant des illusions pour lui-même.

En d'autres termes, le seul but du névrosé est de convaincre le tyran intérieur qu'il n'est pas aussi coupable que l'accuse le tyran, alors que l'individu relativement sain a payé le prix de la déception et veut s'amuser intérieurement.

Cela nous amène à une autre distinction entre normalité et névrose. Le tyran intérieur habitant l'inconscient du névrosé est un ennemi beaucoup plus redoutable que celui de l'individu relativement sain. L'aptitude du névrosé à réduire au silence son département du châtiment est pitoyablement limitée ; en général, le mieux qu'il puisse faire est de l'achcter dans l'espoir de le reléguer au second plan, en le contraignant au châtiment pour un moindre crime. Comme le chantage, la corruption prolongée renforce l'ennemi. L'individu relativement normal a plus de chance ; outre les désirs interdits, sa liste des buts inconscients en comprend quelques-uns si pleinement approuvés par le monde extérieur (sublimations) que le tyran intérieur est contraint de les approuver aussi. L'individu relativement normal est capable d'amour tendre, une expérience qui prive le département de la torture de son arme la plus sûre et accorde pour un temps l'immunité contre le châtiment, sur la base de promesses de réalisation non accomplies.

Ce qui est plus important, c'est que le tyran intérieur de l'individu normal n'a pas été corrompu. Pour l'individu normal, un veto inconscient prononcé contre un désir infantile et interdit appelle un consentement et non le marchandage astucieux auquel se livre le névrosé, dans le but de sauver un vestige atténué du désir tabou.

Une fois que le désir interdit a été ramené dans la réserve de l'inconscient, il cesse d'être un fauteur de troubles ; il n'émerge que dans les rêves ou dans la vie diurne, après avoir été transformé en une fonction sociale sanctionnée (sublimation).

On pourrait dire que dans la normalité l'inconscient demeure dans un état de trêve armée, alors que dans la névrose il est toujours la scène d'une bataille rangée et animée. L'ennemi est le même dans les deux cas et reste encore un ennemi, même après qu'un armistice soigneusement limité a été accepté. Mais — pour continuer la métaphore — le paiement d'un tribut donne à l'individu normal le droit à une certaine absence d'attaques.

Quel que soit le degré d'absence de névrose de l'individu, celui-ci est toujours vulnérable aux reproches et aux accusations de son département intérieur du châtiment. La normalité n'est pas une garantie de « bonheur », au sens romanesque du mot. Chaque être humain, dans les premières années de sa vie, a créé sa propre barrière intérieure au bonheur, si par bonheur il faut comprendre un état dans lequel les désirs entretenus par l'individu peuvent être réalisés. A partir de là, tout ce que l'on peut espérer, c'est la réalisation de défenses contre ces désirs réels ou leur sublimation. Chez un être humain relativement normal, cela est suffisant pour assurer le contentement et une vie productive satisfaisante, sinon pour le bonheur.

Chaque névrosé soutient obstinément qu'un lien direct existe entre sa névrose et les attitudes de ses parents pendant son enfance. J'ai appelé cette affirmation de la « culpabilité » parentale : « l'erreur fondamentale » du névrosé ; l'observation clinique montre que les névrosés ont tellement peur de la destruction de cette erreur que rien ne les arrête pour la préserver.

C'est une banalité de dire en psychanalyse que chaque névrosé lutte inconsciemment avec tous les moyens dont il dispose pour préserver sa névrose. Consciemment et en toute bonne foi, tous les névrosés déclareront qu'ils haïssent leur névrose et qu'ils sacrifieraient tout pour s'en débarrasser ; et en même temps ils résistent inconsciemment à toute tentative analytique pour la détruire ou même la modifier. Les psychanalystes sont pleinement conscients de la difficulté qu'il y a à lutter avec leurs désirs inconscients tenaces, leurs défenses inconscientes et leurs sentiments intérieurs de culpabilité.

Un problème important se pose de façon évidente lorsque la psychanalyse entreprend de supprimer ou de réduire la névrose. Tout l'édifice des symptômes et des signes névrotiques repose sur une base unique : l'erreur inconsciente fondamentale de l'individu. Elle consiste typiquement en une conviction erronée concernant la façon dont le névrosé a été traité dans l'enfance, ou de l'abus minutieux et astucieux d'une situation infantile vraiment défavorable. Lorsque cette « béquille » est enlevée, la névrose elle-même chancelle. Elle part sans dire que la béquille ne disparaît pas à la suite d'une seule mesure thérapeutique. Elle est plutôt retirée petit à petit sous l'impact d'un millier d'incidents au cours du processus prolongé de « l'élaboration ».

Le sophisme névrotique fondamental soutient que la névrose est le résultat direct de circonstances créées par l'environnement. Chaque névrosé traîne avec lui son squelette familial dans les discussions analytiques, révélant que son père était « cruel », que sa mère lui préférait son frère, que sa sœur était mesquine à son égard, que toute la famille était « à moitié folle », et en outre que le frère d'un voisin l'a séduit (ou séduite). Personne ne soutient que l'environnement ne joue aucun rôle sur les attitudes inconscientes de l'enfant. D'autre part, il n'y a aucun doute que l'enfant voit la réalité à travers ses propres projections, ce qui signifie que *certains* malentendus au moins sont inévitables. On peut seulement conclure que l'effet de l'environnement sur le développement de l'enfant est un processus auquel l'enfant lui-même participe de façon significative et sélective. S'il n'en était pas ainsi, il serait impossible de comprendre pourquoi deux enfants peuvent réagir tellement différemment à un même climat d'amour, de haine, de soins, etc. C'est là un phénomène que l'on rencontre fréquemment : deux frères ou deux sœurs, élevés dans des conditions identiques, acquièrent des névroses différentes ou prennent des chemins différents dont l'un conduit à une normalité relative et l'autre à la névrose. A cela, la réfutation habituelle rétorque que deux frères ou sœurs ne peuvent faire les mêmes expériences infantiles puisque les parents réagissent différemment à chaque enfant. Cet argument est très exagéré ; il néglige le fait que des attitudes essentielles ne peuvent différer que dans des détails. Aucun parent n'a une personnalité multiple.

C'est de ce sophisme fondamental concernant les expériences passées que la psychanalyse doit se débarrasser dans chaque analyse. Dans un cas particulier il est peut-être vrai que la mère du patient l'a réellement rejeté. Mais qu'est-ce qui a empêché le garçon, devenu adulte, de créer dans sa vie une situation dans laquelle une femme l'aimerait tendrement, compensant ainsi pour lui la frustration de l'enfance ? Même si ce patient hypothétique n'élabore pas masochiquement le fait qu'il reste mal aimé à l'âge adulte, sa répétition directe d'une situation de rejet par une femme se réduit à un alibi du masochisme psychique. Il déplace commodément la responsabilité — ce qui constitue la défense enfoncée dans une erreur fondamentale.

Même si le prétendu rejet par la mère est réellement établi (le plus souvent le patient a déformé les faits à un degré surprenant), cela n'explique pas en soi tout le processus névrotique. Ce n'est qu'une facette — exagérée — de tout le processus. La psyché est plus qu'une collection de réflexes conditionnés. Un patient fort spirituel m'a dit : « Votre formule pour le patient semble être : " Et alors ? Même s'il a raison en ce qui concerne les faits de son enfance, il a tort de toute façon ! " »

Lorsque la thérapie approche de la zone dangereuse et menace la sécurité du sophisme fondamental du patient, il est typique pour lui de se livrer à des actes ingénieux et sans scrupules, provoquant retard et confusion. Il n'est ni découragé par l'absurdité de certaines de ses acrobaties mentales, ni épouvanté par les équivoques les plus criantes. Voici quelques exemples tirés d'analyses d'écrivains que j'ai soignés.

La patiente D. D... me voyait comme la « mère dévorante » pendant la période du transfert, période pendant laquelle le psychanalyste est invariablement doté des qualités inconsciemment associées à un personnage vénéré de l'enfance. Elle trouvait un fond de méchanceté personnelle dans tout ce que je disais ou ne disais pas, dans chaque remarque inoffensive ou utile que je faisais. Elle luttait violemment et de manière belliqueuse contre ma prétendue « méchanceté » ; cela n'était pas difficile, puisqu'elle possédait, comme tous les masochistes psychiques, une abondante réserve de pseudo-agressivité. Je m'appliquai pendant des semaines à lui montrer les faits réels, mais sans faire aucune impression. Elle entra un jour dans mon cabinet en tenant un minuscule bâton portant la mention « saine ». Cela annonçait un interlude de paix relative à la fin duquel elle reprit ses tirades pseudo-agressives.

Si elle me consultait en raison de mes publications concernant les écrivains et à propos du traitement réussi d'écrivains souffrant d'un blocage, si elle m'assurait constamment de la « grande confiance » qu'elle avait dans mes théories, elle faisait une distinction très précise entre mon « cerveau » et ma « personnalité ». Son approbation se limitait à mon « cerveau » ; selon elle, ma personnalité était une accumulation de cruauté et de méchanceté. Elle repoussa longtemps l'idée que ce jugement était une projection et qu'elle me dotait des contenus de son fantasme de la mère cruelle et méchante de son enfance. A l'apogée d'un de ses conflits, elle s'écria avec fureur et tous les signes d'une vertueuse indignation : « Vous ne m'avez jamais accordé aucune considération, aucune bonté, aucune réassurance ; bref, jamais rien. Vous n'êtes intéressé que par l'argent ! »

Il est important de réfuter des accusations comme celles-ci. Je lui dis, tout d'abord, qu'elle répétait une situation infantile. Je lui rappelai que j'avais passé à peu près quatre-vingts heures de mes soirées et de mes week-ends à lire ses livres, ses manuscrits et ses souvenirs. Je ne lui avais naturellement rien compté pour ces heures. Si vraiment je n'avais été intéressé « que par l'argent », j'aurais pu me conformer scrupuleusement à la règle et lui demander de me lire ce matériel au cours des séances. Je lui demandai alors de compter en dollars et en cents, suivant le barème de mes honoraires, la somme que je lui avais ainsi « donnée ». Je lui dis : « Comment pouvez-vous concilier cela avec vos accusations ? » Assez honteusement, elle me répondit : « C'est vrai et c'est très gentil à vous. »

Deux minutes plus tard, elle reprenait la tirade familière : « Vous ne m'avez jamais témoigné de bonté », avec une conviction inébranlable.

Le patient E. E..., écrivain souffrant de troubles de la personnalité, déclara clairement à un stade de son analyse, qu'il ne croyait pas aux « histoires d'atrocités » qui circulaient au sujet des Nazis. A son avis, c'était là des histoires de propagande, au même titre que les histoires à propos des atrocités allemandes circulant pendant la Première Guerre Mondiale et réfutées par la suite. Il termina de manière assez ironique son discours par le commentaire : « Naturellement, vous les croyez parce que vous détestez les Nazis. » Il était inutile de discuter la question pour elle-même, mais elle avait un rapport avec le transfert analytique et c'est ce que je lui montrai. Le point qu'il avait soulevé illustrait aussi un autre de ses traits — sa tendance à être « contre » par principe et à rejeter automatiquement toute idée approuvée par l'opinion publique. Bien entendu, l'opinion publique symbolisait sa mère.

Sa défense des Nazis avait une autre signification inconsciente intéressante. Sa mère descendait des pionniers américains alors que son père était un Allemand de la seconde génération. De cette façon, il blâmait sa mère pour sa névrose et en exonérait son père. Cet alibi aurait été ébranlé s'il s'était permis de croire à ces faits indéniables. Je le lui signalai sans faire impression sur lui. Constant dans sa conviction, il me taquina pour ma naïveté à croire « ce qui était publié dans les journaux ».

Cette psychanalyse eut lieu vers la fin de la guerre. Le patient repoussait toujours les faits concernant sa situation personnelle comme les faits concernant les Nazis, lorsque l'armée américaine occupa le camp de concentration de Buchenwald en avril 1945. Au cours des semaines suivantes, les journaux publièrent des descriptions détaillées du camp et des révélations concernant le traitement infligé aux victimes du camp de concentration. Peu après la publication de la première de ces descriptions, le patient discuta des atrocités avec un étranger. La discussion le déprima profondément et il admit le lendemain qu'il avait dû abandonner sa technique protectrice qui consistait à ignorer ces histoires, en ne les lisant pas. En d'autres termes, une des béquilles supportant son sophisme fondamental menaçait de s'effondrer ; ce qui justifiait sa dépression.

Le patient F. F..., un homme de trente-huit ans, affirmait que tous ses troubles névrotiques avaient une cause — la prétendue cruauté de son père. Ses griefs les plus amers avaient trait à « l'attitude de refus » de son père, mais il variait ce reproche avec une longue liste d'autres accusations. L'une d'entre elles avait trait à une visite de son père peu de temps avant qu'une crise d'angoisse l'amène à se faire soigner. Au cours de cette visite, son père avait longuement contemplé le bébé du patient, puis avait promis une aide financière au couple s'il désirait avoir un autre enfant. Cette offre avait étonné le patient ; son père en tant que personne « donnante » était une « nouveauté » pour lui. (Son père l'avait entretenu pendant trente ans). Son étonnement fit rapidement place à un sentiment de dépression profonde. Il était évident que l'offre avait ébranlé l'une de ses béquilles — le fantasme du mauvais père. Son tyran intérieur prit immédiatement avantage de cet effondrement temporaire, en raillant : « Après tout, ton père n'est pas si mauvais ! » Il s'ensuivit une brèche dans sa défense, permettant à la névrose latente de devenir manifeste.

Il s'avéra ultérieurement, au cours de l'analyse, que le conflit du patient avec son père n'était qu'un camouflage couvrant un conflit plus profond avec sa mère. Sa mère lui avait également proposé une aide financière.

Aux derniers stades de l'analyse, les patients reconnaissent parfois qu'ils maintiennent l'équilibre précaire de leur névrose, uniquement en soutenant artificiellement leur sophisme fondamental. La patiente G. G.., une femme masochiquement attachée à l'image de la première enfance, m'écrivit la lettre suivante au cours d'une de ces phases :

> Vous ne recevez pas beaucoup de compliments dans votre profession ! *Quoique je pense de vous dans l'avenir*, mon sentiment maintenant est que je n'aurais jamais été « félicitée » par les trois critiques les plus venimeux de New York sans le travail que vous avez fait avec moi. Ne croyez pas qu'il n'y ait ni défaut ni correction dans l'histoire. Je vous en parlerai vendredi. L'art est tellement long ! Mais je n'ai jamais pu apprendre jusqu'à maintenant. J'étais trop troublée.

Le lendemain était le vendredi mentionné dans la lettre et la patiente arriva dix minutes en avance. Elle me demanda : « Suis-je en avance ? » Je répondis : « Oui. » Le patient inscrit avant elle ayant été retenu par une conférence importante, j'ajoutai : « Entrez. Je suis libre. » Assez rudement, elle dit : « O.K. » Je lui proposai d'analyser sa lettre et son « O.K. » dédaigneux et condescendant.

« Et alors ? », demanda-t-elle d'un ton brusque.

Je commençai par expliquer que la lettre qui contenait une agressivité à demi cachée et la réponse, une agressivité évidente, avaient pour but de me pousser à une certaine forme de représailles. Je poursuivis : « Vous êtes incapable de donner. Si vous ne pouvez vous empêcher de donner, comme vous avez dû me donner un rapport à propos du succès auquel vous êtes parvenue grâce à l'analyse, vous parvenez encore à faire de moi la mauvaise mère qui refuse. »

A la fin de la discussion, la patiente admit sa provocation. Puis elle dit : « Je me sens en sécurité aussi longtemps que nous luttons. »

C'était là une remarque très révélatrice. Cela signifiait qu'aussi longtemps qu'elle pouvait maintenir son fantasme selon lequel j'étais la « mauvaise mère », elle sentait qu'aucun danger ne menaçait sa conviction inconsciente que sa mère avait été injuste envers elle. Ce fantasme de la mauvaise mère de sa première enfance était la pierre angulaire de toutes ses attitudes inconscientes ; il lui était tellement important de le conserver qu'elle voyait une attaque même dans les interprétations analytiques données impersonnellement et thérapeutiquement intentionnelles.

Tous les patients ne traversent pas sans dommage la zone dangereuse pendant laquelle le sophisme fondamental s'effondre. La patiente D. D... ne pouvait le supporter ; elle abandonna le traitement et entreprit une croisade chronique contre la « cruauté » de son psychanalyste en particulier et de la psychanalyse en général, espérant toujours trouver des auditeurs sympathisants, même parmi les psychanalystes. Les trois autres patients cités ici surmontèrent cette difficulté ; il leur fut possible au moins de résoudre leur problème. On pourrait dire que le stade où l'erreur fondamentale du névrosé est attaquée, est la plaque tournante de toute psychanalyse.

Le rôle joué par la conscience intérieure dans le processus de destruction ou d'atténuation de l'erreur fondamentale — et particulièrement son élaboration masochique — a un intérêt particulier. Manifestement, l'existence de l'erreur fondamentale est la condition préalable au maintien de la structure névrotique en tant que formant un tout. Dans le cas des patients D. D..., E. E..., et G. G..., l'erreur fondamentale était la thèse « Mère est cruelle ». Le patient F. F... projetait le même fantasme sur son père sous un camouflage superficiel. Sans cette présomption, aucun de ces patients n'aurait pu s'embarquer dans son drame habituel de collecte d'injustices. Le département intérieur du châtiment accepte, ou du moins tolère, cette présomption fondamentale ; cette tolérance fait partie du système intérieur de marchandages et de compromis. Le tyran est bien payé pour sa tolérance temporaire ; le paiement est le malheur conscient de la victime.

Dans des conditions particulières, cependant, cette tolérance disparaît. Cela se produit lorsque la quantité de malheur conscient descend au-dessous d'un certain niveau et que le tyran intérieur perçoit que son marché n'était au fond pas une affaire. Toujours prêt à rompre l'accord inconscient et à engager un nouvel accord spécifiant des termes plus favorables pour lui-même, le tyran intérieur agit promptement lorsque des facteurs extérieurs contredisent trop efficacement la présomption erronée qui est enracinée dans le sophisme fondamental. C'est ce qui s'est passé pour le patient F. F..., lorsque son père lui offrit son aide financière pour son petit-fils ; l'offre inattendue, inconsciemment non désirée, précipita une crise intérieure. Dans les autres cas, le point de rupture se fit pendant l'analyse, à la suite de l'élaboration des projections névrotiques de ces patients.

Le premier résultat est toujours un sentiment profond de dépression ; l'étape suivante prend la forme d'un accroissement temporaire des symptômes névrotiques. Comme le dit un patient : « Le département du châtiment renouvelle son bail, mais à un loyer plus élevé. » La troisième étape peut prendre des formes différentes. Parfois, comme pour la patiente D. D..., le patient fuit la psychanalyse. Parfois le patient reste en traitement mais redouble d'efforts pour provoquer son psychanalyste dans la situation de transfert, espérant en vain prouver que l'erreur fondamentale n'est, après tout, pas son œuvre. Finalement, l'erreur s'effondre après une longue élaboration. C'est alors, et alors seulement, que la base de la névrose est détruite.

CHAPITRE V

ÉTUDE CLINIQUE DE L'« INFLUENCE PARENTALE » DANS LE DÉVELOPPEMENT DE LA NÉVROSE VINGT CAS D'ANALYSE RÉUSSIE

On peut prouver la thèse selon laquelle la névrose est un processus *intérieur* basé sur la construction défavorable de facteurs *internes* et par conséquent inconscients de la vie de l'enfant, par l'examen d'un matériel clinique positif. Pendant plus de trente années de pratique psychanalytique, j'ai publié des centaines d'extraits de cas analysés. On trouvera dans les pages suivantes vingt exemples tirés du matériel déjà publié. Ici, l'avantage est que l'histoire de ces cas a été écrite il y a des années déjà et dans un but totalement différent. Ce matériel est donc impartial.

Tous ces exemples ont été abrégés. Pour plus amples détails le lecteur est renvoyé aux versions originales.

DIX EXEMPLES DE MATÉRIEL D'ORIGINE INFANTILE DANS DES CAS D'HOMOSEXUALITÉ

J'ai rapporté de longues histoires de cas dans *Homosexuality : Disease or Way of Life ?* et *One Thousand Homosexuals* (Hill et Wang, N. Y., 1956 et Pageant Book, Paterson, N. J., 1959). La version abrégée de dix de ces cas donnée ci-dessous met l'accent sur l'arrière-plan infantile. (Les cas I-V sont tirés du premier livre, les cas VI-X du second. Les initiales utilisées dans le second groupe sont les mêmes que dans la publication originale.)

Trois faits sont décisifs dans la genèse de l'homosexualité masculine. Tout d'abord, l'homosexuel a une peur fantasmatique des femmes, peur imprégnée de masochisme et tellement forte qu'il fuit totalement le sexe féminin réputé dangereux. Ensuite, l'homosexuel garde son attachement masochique primitif à l'image de la mère, mais s'y conforme en ayant recours à son poste de secours, l'homme. Enfin, il utilise une « reduplication particulière de son propre mécanisme de défense ».

Pour voir clairement l'homosexuel, il faut imaginer un homme qui, pour des raisons mystérieuses, souhaite inconsciemment être maltraité par une femme, tout en ignorant consciemment ce désir. Il faut, en outre, imaginer que cet individu craint intérieurement ce désir, mais au lieu d'y renoncer il renonce à sa figure centrale supposée ou imaginaire, la femme. Puisqu'il y a deux sexes, il ne lui reste qu'une solution dans sa fuite frénétique : l'homme. Officiellement et comme défense contre son désir intérieur réel, il se tourne vers l'homme pour trouver la paix, la tranquillité, l'amour, la compréhension, la sécurité. Mais sous ces buts officiels, son besoin réel, contraignant, demeure le besoin d'être maltraité. Sa retraite dans « un autre continent » ne modifie pas l'ancien conflit officieux. Plus ou moins tard (et plus tôt que plus tard), il sentira que l'homme auprès duquel il a cherché refuge le maltraite, le comprend mal, ne lui rend pas justice, le torture délibérément en éveillant sa jalousie. En outre, sa fuite n'a pas affecté ses glandes sexuelles. Puisqu'elles travaillent toujours, il est inévitable que l'homme, son antidote contre le sexe qu'il craint, sera secondairement élevé au rang d'attraction sexuelle.

Pour exprimer la même chose en termes plus scientifiques : l'homosexuel est inconsciemment un collecteur masochique d'injustices qui a déplacé le « pouvoir de maltraiter » de la femme à l'homme. Son frère de lait est le Caspar Milquetoast qui (inconsciemment exprès) épouse une mégère qui le maltraite d'importance. Consciemment, il se plaint amèrement, mais son ressentiment et son mécontentement apparents n'affectent pas ses actes. C'est la mort, et non le divorce, qui le séparera de son bourreau. Le Milquetoast n'est pas un personnage héroïque, mais du moins se compare-t-il honorablement à l'homosexuel ; il ne fuit pas dans « un autre continent » pour échapper à sa peur.

Sous la forme d'une mauvaise imitation (qui devient fréquemment une caricature) de la femme, l'homosexuel joue ce qui paraît être le jeu œdipien. Cette imitation semi-consciente a donné naissance à l'idée erronée que tous les homosexuels sont « intérieurement des femmes ». Cette idée est erronée, simplement parce que chaque homosexuel « féminin » est assorti à un « masculin ». En outre, la psychanalyse prouve que ce camouflage œdipien cache une couche plus profonde dans laquelle les homosexuels jouent le drame de « méchante mère maltraite bébé innocemment torturé ». L'homosexuel « masculin » actif joue inconsciemment le rôle de la « mère cruelle » alors que l'homosexuel passif, « féminin », est le bébé maltraité.

L'homosexuel est si profondément attaché à l'image de sa géante de la nursery qu'il joue jusqu'au bout — certainement inconsciemment — une défense particulière d'une façon effrayante quoique rassurante.

Chaque enfant doit faire face au problème du sevrage. Cette déception qui porte loin est un dilemme infantile universel. Chaque enfant doit surmonter — et s'adapter à — la perte du sein ou du biberon. Dans cette crise qu'il traverse, le petit garçon se console typiquement avec la découverte qu'il possède lui aussi un appareil capable de donner un liquide. Il raisonne comme suit : cela ne fait rien si on ne possède pas de sein, aussi longtemps qu'on a un organe — et même supérieur — le pénis. Ce raisonnement permet au narcissisme de triompher et prépare le garçon à la restitution totale du sexe adulte où il joue inconsciemment le rôle de la « mère » active et donnante avec une femme qu'il voit inconsciemment comme le « bébé » passif et réceptif. (Des termes de tendresse aussi familiers que « bébé », et le « petite femme » démodé mais persistant, sont psychologiquement pleins de sens.)

Le futur homosexuel est si peu sûr de cette substitution qui équivaut à un mécanisme de défense, qu'il doit constamment renforcer sa confiance en elle en la *reproduisant*. Le pénis de son partenaire signifie pour lui le sein perdu et la défense rassurante, son propre pénis. (J'ai proposé d'appeler cette technique intérieure « la reduplication du propre mécanisme de défense de l'individu ».)

CAS 1

Un agent de change d'un certain âge vint en traitement dans un état de dépression profonde. Le dernier dans la succession des jeunes « Dieux Grecs » qui étaient l'objet de son amour l'avait traité sans pitié, et par hasard, de « parasite ». Il ne montrait aucun désir de changer son homosexualité ; il abordait le traitement avec résignation. Sa formule était : « Qu'ai-je à perdre ? » Ses chances d'être analysé avec succès étaient minimes et je le lui dis.

Il décrivait son enfance somme solitaire. L'ambiance familiale était froide ; ses parents lui témoignaient peu d'affection et lui en demandaient peu en retour. Il se consolait avec des rêves diurnes concernant son avenir, quand il serait aimé, admiré et qu'il serait « quelqu'un ». Sa mère canalisait ses impulsions charitables vers des causes et des êtres extérieurs au foyer et le jeune garçon en était froissé. « J'étais déterminé à la démasquer », me dit-il. Son idée était qu'il pouvait le faire en lui prouvant que d'autres femmes — des femmes qu'elle mépriserait — seraient désireuses de lui donner l'amour qu'elle lui refusait. Mais aucune femme dont il pouvait se servir dans ce but ne se trouvait dans son orbite immédiate ; sa mère « sans chaleur » ne choisissait que des domestiques compassés. « Et vous savez », ajoutait-il, « les serviteurs snobs sont des snobs pires que leurs maîtres ».

Je lui demandai : « N'employez-vous pas toujours des expressions affectées ? »

« Vous voulez dire que je suis moi aussi un snob ? Cela m'amuse. Mes contacts dans la vie ultérieure prouvent le contraire. »

« Il pourrait y avoir à cela différentes raisons. »

« Telles que ? »

« Employant votre propre phrase, " démasquer votre mère ! " En bref, pseudo-agressivité teintée d'auto-préjudice... Mais dans vos caricatures des membres de votre foyer, vous avez omis votre père. Y avait-il un père ? »

« Techniquement oui ; pratiquement non. Il était rarement à la maison. Tout d'abord, je l'admirais ; plus tard, je le méprisai, voyant comme il pourvoyait aux prétendues opinions de ma mère. Adulte, je compris qu'il ne pouvait l'emporter, et il fit sa vie hors de la maison ».

« Vous étiez donc solitaire et vous aviez des rêves hétérosexuels de gloire. Du moins, vous ne m'avez pas raconté l'habituelle histoire sentimentale de l'homosexuel — affirmant qu'il est toujours intéressé à prétendre qu'il est une fille. »

« Je ne l'étais pas. »

« Mais vous le formulez autrement : vous niez avoir eu peur des femmes. Vous ne parlez que de timidité. Et les peurs ?... De qui avez-vous eu peur ? »

« Comme je vous l'ai dit, il n'y avait que des femmes autour de moi. Femmes et adultes étaient synonymes. »

« Vous avez dit être curieux. Qu'avez-vous observé qui vous ait effrayé ? »

« Vous allez maintenant ressortir ce thème analytique rabâché qui a nom castration ».

« Vous avez manifestement mal compris ce que vous avez lu au sujet du complexe de castration. Il y a, bien entendu, la peur de la castration phallique. Mais c'est là le résumé et la dernière expression d'un grand nombre de précurseurs. Des précurseurs fantasmatiques reconnus. Le conte de Hänsel et Gretel en donne un bon exemple. Le conte traite de la famine, de la morsure, de la peur d'être dévoré, de la cruauté et de la pauvreté — tout cela par la faute des femmes. On retrouve cette histoire dans toutes les cultures. Ce sont les peurs auxquelles je me réfère — les fantasmes de la castration " orale ". »

« Je n'en sais rien. J'ai une peur idiote des chiens, quoique je n'aie jamais fait d'expériences malheureuses avec des chiens. »

« Quand a commencé cette peur ? »

« Très tôt. Chaque fois que l'on m'habillait pour une promenade je pleurais amèrement, m'attendant à ce que des chiens me fassent du mal. »

« Quelle est la technique canine pour faire du mal ? »

« La morsure. O.K. — Longue vie à Hänsel et Gretel ! »

« Ironiquement ou non, n'est-il pas vraisemblable que vous avez transformé vos peurs des servantes, des gouvernantes et autres substituts maternels en peur d'animaux inoffensifs ? »

« Cela arrive-t-il ? »

« Très souvent. Toutes les phobies animales irrationnelles sont basées sur ce déplacement qui, bien entendu, est inconscient. »

Le masochisme psychique de ce patient, tellement explicite dans la description de sa vie adulte, était tacite dans chaque détail qu'il donnait de l'histoire de son enfance. D'après lui, cela prouvait qu'il était la « victime » de ses parents et il tenait pour acquis que j'étais d'accord avec lui.

« Il n'en est rien », lui dis-je. « La réalité n'est que le matériel brut ». Je lui expliquai que dans son cas, il aurait pu s'accommoder de la froideur de ses parents en la compensant ultérieurement, en épousant une femme aimante qui lui aurait donné la chaleur qui lui avait été refusée dans l'enfance. L'autre possibilité consistait à perpétuer masochiquement le tort, soit en épousant une femme froide, soit en recherchant le mauvais traitement dans le cadre de l'homosexualité. La question à trancher était de savoir s'il était ou non porté à la souffrance auto-créée. Je lui demandai si sa dernière expérience homosexuelle décevante était typique. Il était réticent au sujet de cette partie de son histoire et il avait pour cela de bonnes raisons. Lorsque le récit de ses expériences passées intervint enfin, il s'avéra que la récente tragédie était conforme au contexte habituel.

Le « Dieu Grec », sous une forme ou sous une autre, avait fait son apparition à intervalles réguliers dans sa vie. C'était toujours une déité onéreuse et narcissique. Honteux de payer ouvertement, l'agent de change payait ces jeunes gens pour l'intérêt qu'ils lui témoignaient, en les prenant comme associés dans des affaires de titres. Souvent, son soi-disant associé lui demandait le solde prématuré des comptes et il devait avouer que l'investissement était imaginaire. La riposte était la menace de poursuites en dommages et intérêts. Il payait alors pour éviter le scandale.

Je dis : « Si je réunis les informations données, voici le tableau. Vous avez toujours payé pour vos expériences sexuelles ; vous avez toujours été grugé ; vous vous êtes toujours senti injustement traité. »

Ce résumé réduisit le patient au silence. Il révéla quelques jours plus tard pourquoi il avait été si douloureusement atteint. A quelques occasions il avait spéculé avec les fonds de ses clients, évitant de justesse d'être découvert. Se souvenant des risques qu'il avait pris, il avait soudain pensé que je pouvais avoir raison au sujet de son masochisme. Cette compréhension lui avait également éclairci les changements inconscients qui s'étaient produits au cours de l'analyse de son homosexualité. Il arrive finalement, dans une psychanalyse réussie, que le patient ne se serve plus de son homosexualité comme moyen essentiel d'exprimer son masochisme psychique.

A l'étape suivante du traitement, nous nous efforçâmes de trouver pourquoi son intérêt hétérosexuel primitif avait disparu. Il se rappela la découverte qu'il avait faite en regardant une servante se déshabiller : les femmes ne possèdent pas d'organe mâle. A la suite de quoi il avait développé une série de symptômes hypocondriaques liés au pénis.

« Était-ce à la période de votre phobie des chiens ? », demandais-je.

« Plus ou moins. »

« Alors la question qui se pose est la suivante : que représente l'animal qui fait peur ? Comme vous avez toujours insisté sur le fait que les femmes dominaient dans votre enfance en tant qu'éducatrices et correctrices, n'est-il pas vraisemblable que le chien tirait son " pouvoir mordant " d'une de ces femmes ? »

« Les mégères elles-mêmes ne mordent pas. »

« Non. Mais le doute naît du fait que l'observation de femmes " castrées " ravivait les peurs primitives, refoulées, liées à ces femmes. Je veux dire les peurs infantiles. Mordre et être mordu figure pour une grande part dans ces peurs. »

« Pourquoi ? »

« Parce que la bouche est la seule arme effective du bébé. Lorsqu'il est en colère il mord le sein, le biberon ou tout ce qui est mis dans sa bouche. Plus tard, constatant la réaction négative des adultes, il prend peur — peut-être parce que des précurseurs de la culpabilité sont déjà impliqués — et il déplace la processus de manière projective. L'histoire est donc la suivante : " Je ne veux pas mordre ; ma mauvaise mère (ou substitut de la mère) veut me dévorer ". »

Mon soupçon était pleinement confirmé, non seulement par la preuve de la phobie du chien, mais aussi par l'examen de ses habitudes alimentaires. C'était un mangeur vétilleux, avec de nombreuses manies alimentaires. Ses habitudes alimentaires se révélaient être des vestiges d'une autre peur infantile : « Ma mauvaise mère veut m'empoisonner ! »

La psychanalyse découvrit finalement le point de départ du renversement des intérêts hétérosexuels du patient en intérêts homosexuels et de son admiration pour les « Dieux Grecs ».

« Pourquoi cette insistance sur la beauté ? », lui demandai-je au cours d'une séance. « Vous a-t-on dit que vous étiez un enfant laid ? »

Furieux, le patient répéta une remarque que sa mère lui avait faite il y avait de cela plusieurs décennies : « Sois content de ne pas être une fille ; tel que tu es, tu ne pourrais trouver un homme. » Une autre fois elle lui avait dit que les individus dont les cheveux poussent bas sur le front deviennent vraisemblablement des criminels.

« Vous avez donc prouvé que ses prédictions étaient fausses sur ces deux points. Vous avez trouvé votre " homme " ; en fait, une troupe d'hommes ; quant à la criminalité, nous n'avez jamais été découvert. »

« Alors ? »

« D'autre part, si votre mère était ici, elle dirait sans aucun doute que vous avez toujours payé vos hommes et que vous avez eu de la chance de ne pas être découvert. »

« Pour y insister ? »

« Pourquoi faire naître une légère opposition — via l'identification — à votre masochisme ? Ou dirais-je : votre masochisme antérieur ? »

« Vous pouvez le faire. »

« Eh bien, poursuivons ce qui concerne votre passage à l'homosexualité. N'est-il pas vraisemblable que sous la pression de vos peurs phalliques et des peurs infantiles ravivées (" personne ne m'aime " et " je suis laid ") vous vous êtes tourné vers la seule personne qui semblait vous aimer — vous-même ? Vos " Dieux Grecs " ne sont-ils pas de belles éditions de vous-même ? »

« Je puis accepter la dernière partie de la phrase ».

« Bien ; mettons à l'épreuve votre acceptation de masochisme. Je soupçonne qu'en payant toujours vos amis, vous vous êtes refusé la chance de trouver quelqu'un qui vous serait attaché de façon désintéressée. Cela ne prouve-t-il pas que vous avez utilisé la technique avilissante du " personne ne m'aime, je dois payer pour être aimé " ? Et cela ne confirme-t-il pas l'affirmation de votre mère : " tu ne pourrais trouver un homme " ? Et cela, n'est-ce pas profondément masochique ? »

L'analyse sapa peu à peu la base de son homosexualité. Malgré les présages défavorables qui avaient fait paraître le traitement comme étant une expérience douteuse, le patient fut finalement guéri. Face à la preuve qu'il n'avait pas été la victime d'un impératif biologique imaginaire ou de l'atmosphère de son foyer, mais qu'il avait lui-même choisi de perpétuer ses griefs par plaisir masochique, son masochisme psychique diminua et son homosexualité disparut.

Commentaire : Puisque l'être humain est plus qu'une somme de réflexes conditionnés, la *sélectivité* dans l'élaboration intérieure est décisive. Le patient décrit ci-dessus aurait pu choisir différentes issues : il aurait pu réparer ses déceptions précoces ou il aurait pu les perpétuer masochiquement. Les deux possibilités existaient. Intérieurement, il choisit la dernière. Le fait que dans son enfance il ait été entouré de femmes aurait pu tout aussi bien le conduire à choisir ultérieurement une femme aimante. Cela ne s'est pas produit parce qu'il a fui le sexe terrifiant tout entier. L'homme, le poste de secours, a-t-il apporté une compensation ? Non, parce que même (et surtout) avec les hommes il joua jusqu'au bout la poursuite de son drame du mauvais traitement. Il était toujours à l'extrémité réceptrice parce qu'inconsciemment il voulait y être.

CAS 2

Un industriel éminent, proche de la quarantaine, vint me consulter pour homosexualité après six ans d'analyses infructueuses avec trois analystes différents. Dans chaque cas, le diagnostic avait été : « identification féminine » ; l'analyse n'avait fait aucun progrès sur cette base. Après avoir lu mes livres sur l'homosexualité, il décida de donner une dernière chance à la psychanalyse. Je consentis à un traitement d'essai de quatre semaines. Il ressortait de ses analyses antérieures que vraisemblablement il ne désirait pas réellement changer son homosexualité, mais qu'il persistait à se faire traiter pour se procurer un alibi. Comme je le lui dis, « un individu raisonnable aurait terminé ces divers traitements beaucoup plus tôt que vous ne l'avez fait ». Il les avait nettement utilisés comme moyen de collecter des injustices. De même, comme il n'était devenu un homosexuel déclaré qu'après sa première analyse et qu'il avait alors suivi le développement caractéristique d'un homosexuel non traité, on pouvait en conclure que ses penchants masochiques étaient énormes. Il devait apprendre à reconnaître que le rôle de victime qu'il avait joué avec ses psychanalystes antérieurs n'était qu'une continuation d'un rôle qu'il avait joué toute sa vie. Nous revînmes à son enfance pour démontrer comment ce thème unique imprégnait toute son histoire. Il dit : « Je suis un exemple vivant de l'erreur de la théorie selon laquelle un homosexuel ne se développe que dans les familles où la mère domine et où le père est une femmelette, ou absent. »

« A titre de renseignement, la théorie est périmée », lui répondis-je. « Elle a été construite à une époque où l'homosexualité était considérée comme une aberration du complexe d'Œdipe. Devant la question de savoir pourquoi le garçon ne s'identifie pas au père, les théoriciens ont choisi l'issue commode : lorsqu'une mère forte domine le foyer, il n'y a pas de modèle pour une telle identification puisque le père est un faible. Nous savons aujourd'hui que cette idée est fausse. Le conflit de l'homosexuel appartient à la relation masochique non résolue avec l'image la plus précoce de la mère (pré-œdipienne) ; comme il est un développement beaucoup plus tardif, le complexe lui-même n'a pas une importance fondamentale chez les homosexuels. Une autre preuve en est le fait que les homosexuels se servent de caractère pré-œdipiens comme de camouflages défensifs. Dans de rares liaisons, relativement durables, ils jouent souvent les rôles de mari et femme. Puisque l'inconscient *est* inconscient, un camouflage consciemment approuvé peut être " la chose réelle " ».

« Je suis heureux de l'entendre. Dans ma famille, mon père était un tyran bruyant ; ma mère une femme soumise, faible. Naturellement, cela fait naître une nouvelle contradiction. Comment une personne aussi faible et soumise pouvait-elle être élevée au rôle de sorcière, dont je comprends que c'est le rôle attribué à la " géante de la nursery " ? »

« Vous embrouillez votre chronologie. L'idée que vous avez de la soumission de votre mère s'est formée à une période ultérieure, une période dont vous vous souvenez. L'image de la géante appartient à une période qui est refoulée et qui ne peut être rappelée à la mémoire. Aucun souvenir pouvant être verbalisé ne peut remonter au-delà des premiers dix-huit mois de la vie. Cette période ne peut être reconstruite que d'après des actes ultérieurs. »

« Il est assez étrange de noter que la plupart des cris de mon père contre ma mère ont commencé par un grief concernant la nourriture. Il était ridiculement exigeant à ce sujet... Si la nourriture n'était pas exactement comme il le désirait, il y avait une scène terrible. Comme il était très peu conséquent dans ses préférences, il était impossible de le satisfaire. »

« Comment vous traitait-il ? »

« Avec une pompeuse négligence... Ma jeune sœur et moi étions pour lui des êtres insignifiants. Heureusement, les enfants l'ennuyaient, aussi ai-je été très tôt envoyé dans une école militaire. »

L'emploi que le patient faisait du mot « pompeux » n'avait pas été limité à la phrase ci-dessus. Il s'était souvenu des manières générales de son père comme étant « pompeuses » et avait trouvé l'une de ses remarques « pompeuses ». L'image qu'il avait formée de son caractère (cette image fait partie du transfert et comme telle devient une partie importante de toute analyse) ne présentait cependant aucun rapport avec cette qualité et il suggéra lui-même que le rapport qu'il établissait avec moi représentait une projection de l'image paternelle dans le transfert.

Cette conclusion était exacte en substance, mais elle avait besoin d'être élargie. Je lui dis : « Je doute que vos projections dans le transfert soient totalement des traits et des attitudes appartenant à votre père. Elles le sont superficiellement. Mais dans une couche plus profonde, je crois que l'on trouvera des reproches masochiques dirigés contre votre mère. Oui, l'attitude bruyante, pompeuse, tyrannique de votre père fournissait commodément la possibilité de déplacer des attitudes pré-œdipiennes sur le masque œdipien. Si je vous comprends bien, vous détestiez simplement ses manques de courage. Mais votre relation avec votre mère était plus complexe. Malgré sa faiblesse, sa dépendance complète vis-à-vis de votre père, vous la mettiez constamment à l'épreuve : vous défendait-elle réellement contre votre père ? Cela justifie votre attitude exagérément soupçonneuse. Je soupçonne aussi que votre affirmation d'aimer me voir " ramper " représentait un transfert maternel et non pas un transfert paternel. Il en est de même de votre attitude ironique, exaspérée, collectant les injustices, au cours de notre premier entretien. Elle était plus étroitement liée au petit enfant masochique qu'au jeune garçon défensivement agressif. »

Il passa un week-end à méditer sur cette interprétation, puis confirma les points importants, donnant de nombreux exemples de sa « défiance ouverte » et de son rejet total de son père. Quant à son désir de me faire ramper, il avait cherché le mot dans le dictionnaire et découvert que la définition décrivait exactement l'attitude de sa mère à l'égard de son père.

« Mais je suis bloqué sur ce point », poursuivit-il. « Lorsque j'ai dit que je voulais que vous rampiez, je jouais le rôle de mon père et je vous réduisais à l'image passive de ma mère. Comment cela prouve-t-il *ma* passivité ? »

« Eh bien, vous omettez un point. Votre brutalité est superficiellement une identification paternelle. Il faut donc que vous fassiez ramper les êtres. Par exemple, vous avez constamment menacé vos trois premiers thérapeutes. Mais au-dessous de cette défense superficielle et pseudo-agressive se trouve votre identification avec la victime. »

« Cela me confond plus encore, car c'est identique à la théorie de l'identification féminine que l'on m'a servie au cours de mes autres analyses. »

« Non, vous faites erreur. L'identification est en elle-même une défense — c'est reconnaître le moindre crime. Ce que vous écartez si frénétiquement, c'est votre masochisme profond. »

« Quelle que soit sa variété, la passivité est toujours de la passivité. »

Je lui dis qu'il y avait une différence radicale entre la passivité inoffensive de l'identification féminine et la passivité nocive de l'attachement masochique à l'image la plus précoce de la mère. Pour le prouver, nous étudiâmes l'histoire de ses liens homosexuels, la nature de ses liaisons homosexuelles et les détails du mariage qu'il avait conclu lorsqu'il avait cru que le mariage pourrait « guérir » son homosexualité.

Il n'avait aucun souvenir de désirs hétérosexuels dans l'enfance ; enfant et homme mûr, ses intérêts sexuels avaient consisté exclusivement en une sorte de violence dévorante. Il n'était pas intéressé par le toucher de ses partenaires ; il tirait son plaisir d'une attaque ressemblant à un viol sur les organes sexuels de son partenaire.

Il avait bien accueilli l'interprétation d' « identification féminine » de son premier thérapeute ; cela signifiait pour lui qu'au fond il était un être bon et non agressif. Il s'était marié contre l'avis de son thérapeute. Il était impuissant dans son mariage et, ce qui est pire, sa femme probablement « gentille » avait réagi très désagréablement à cette découverte. A son avis, son impuissance prouvait qu'il était homosexuel. Elle le menaça d'un « divorce scandaleux » et il « se débarrassa d'elle » au prix d'un grand sacrifice financier. Puis il revint à la thérapie et à ses furtives escapades homosexuelles, ayant toujours peur que sa violence l'entraîne dans de graves ennuis.

« Résumons », proposai-je. « Superficiellement, vous vous identifiez à un père violent ; votre partenaire est la mère masochiquement maltraitée. Manifestement, votre cruauté exagérée envers vos partenaires est le seul moyen que vous ayez de vous sauver de votre masochisme excessif. L'expérience montre que le sadisme chez les adultes (non pas chez les enfants) n'est qu'une défense intérieure. Tout cela est relativement superficiel. Dans une couche plus profonde, vous vous identifiez à la victime. La preuve : ce qui vous excite est le danger d'avoir des ennuis. Cela étant le cas, il reste à répondre à une question. Pourquoi choisissez-vous des objets homosexuels et non des objets hétérosexuels ?... Si une femme avait un pénis, vous seriez hétérosexuel. Votre cruauté — suis-je dans le vrai ? — est exclusivement dirigée contre cet organe. »

« Exclusivement est le terme exact. Je ne regarde même pas ces individus ; leur corps n'a pas d'importance. »

« Cela signifie que vous jouez jusqu'au bout ces rôles dans le drame intérieur ; d'abord sous l'aspect de votre père, vous jouez la géante en liaison avec vous-même — vous êtes le partenaire maltraité. Ensuite, toujours sous l'aspect de votre père, vous renversez les rôles et la " mamelle " de la géante est maltraitée. »

Très excité, le patient m'interrompit. « Pourquoi utilisez-vous le mot de mamelle ? »

« Ai-je touché à quelque chose ? »

« Une fois, un de ces garçons — mes garçons — m'a presque frappé parce que je me référais à son organe comme à " un vilain pis ". Il s'offensa, Dieu sait pourquoi. »

« Ce n'est pas un grand mystère. Inconsciemment, derrière toute recherche homosexuelle de l'organe viril se cache la quête du sein. Par votre remarque, vous avez mis en péril les refoulements du garçon. C'est ce qui explique sa fureur. »

A la séance suivante, le patient offrit une confirmation significative remontant à la période précédant le début de sa première analyse. Il avait alors pensé acheter une laiterie.

« Ce qui m'excitait sexuellement, c'était l'idée de traire les vaches, mais cela avec rudesse, à la limite de la cruauté. Voilà — tirez-en le maximum. J'avais oublié toutes ces bêtises jusqu'à ce que vous employiez le mot " mamelle ". Êtes-vous réellement si capable, ou le choix de ce mot était-il un simple accident ? »

« L'identification du sein et de l'organe sexuel mâle dans les fantasmes inconscients des homosexuels est un fait cliniquement établi. »

« Mais pourquoi ne suis-je pas devenu un sadique torturant les femmes ? »

« A cause de l'étendue de votre haine et de votre peur compensatoires. Les femmes, même avilies, vous rappelaient avec trop d'insistance le " bourreau " de votre première enfance. Vous deviez fuir aussi loin que possible — auprès des hommes. »

« Et le souvenir du sein est complètement refoulé ? J'ai le dégoût de ces organes. »

« Si profondément refoulé qu'il ne peut être toléré, même pour être seulement maltraité, que sous le déguisement narcissique de la reduplication de votre organe rassurant, l'organe de votre partenaire. »

L'hétérosexualité du patient s'établit au bout de huit mois ; l'analyse lui avait finalement permis de faire l'adaptation inconsciente, nécessaire à une situation née lorsqu'il était encore à la nursery.

Commentaire : Ce cas est intéressant parce qu'il réfute l'opinion si fréquemment émise que l'absence d'un père fort et la présence d'une mère dominatrice fournissent la base de l'homosexualité.

Dans ce cas, il y avait un père fort et une mère aimante et faible ; mais les conflits masochiques non résolus des premiers dix-huit mois avaient déterminé l'issue. Le patient trouvait ces faits surprenants et incroyables parce que dans tous ses souvenirs sa mère apparaissait comme un être bon. On ne pouvait découvrir *aucune conformité directe* entre les faits éducatifs et émotionnels et le développement ultérieur. La sélectivité infantile du matériel brut avait été décisive.

CAS 3

Le camouflage œdipien dans lequel un homosexuel adopte la manière et les attitudes d'une femme comme partie de son schéma défensif inconscient est un stéréotype familier. Mais il apparaît moins souvent qu'on ne pourrait s'y attendre comme partie des accessoires des homosexuels vus dans le cabinet du psychiatre. La plupart des homosexuels ne peuvent être extérieurement distingués des hétérosexuels. Mais dans ce cas, le patient était déjà adapté au schéma. Sa mascarade était si soigneusement établie, si marquée et si détaillée qu'en le rencontrant pour la première fois je n'étais pas réellement certain de son sexe. Il m'assura qu'il était («malheureusement ») anatomiquement un homme, qu'il « devait être une femme » et qu'il aurait préféré en être une, mais que sous les pressions pénibles de ce monde brutal il avait décidé qu'il voulait changer son homosexualité. Un questionnaire minimum révéla la vraie raison de sa visite. Un oncle riche, épouvanté et rendu furieux par le « vice » de son neveu, lui avait proposé un marché tentant pour qu'il renonce à son homosexualité. Si le neveu se soumettait avec succès à la psychanalyse (payée par l'oncle), s'il se mariait et avait un enfant dans un délai de trois ans, il deviendrait l'unique héritier de la fortune considérable de l'oncle.

Le patient avait son opinion personnelle concernant les fondements de son homosexualité. « Mes deux parents mesuraient 1,80 m », expliqua-t-il. « J'étais l'aîné, petit, maladif et plus mignard que n'est supposé l'être un garçon. Déçus par ma taille, ils eurent un second enfant, une fille géante qui grandit vite. Ils aimaient ma sœur. Je me suis identifié à elle. C'est tout. »

Cette solution négligeait complètement l'inconscient. Mon explication positive fut accueillie par la réponse standard d'une héroïne victorienne sortie d'un feuilleton à bon marché : avec des larmes et un plaintif « Brute ! » Cette explication démodée suggérait une solution possible et je lui demandai qui avait été la brute dans son entourage infantile. « Tout le monde », répondit-il.

« Ils se moquaient de moi, ils n'avaient aucune compréhension de la fine structure féminine qui est en moi. »

Cette « fine structure féminine » se rapportait à l'assortiment de poses dont le patient se servait en guise de réactions sincères. Il n'était que pose, depuis les stéréotypes d'attitudes féminines qui lui servaient d'émotions jusqu'aux jugements esthétiques et intellectuels empruntés et qu'il serinait uniformément.

Je lui dis : « N'est-il pas remarquable de constater à quel point vous êtes mal à l'aise si l'on vous prive de vos accessoires esthétiques de petite fille ? »

« Vous voulez dire que je ne suis rien ? »

« Une collection de disques joués *ad nauseam.* »

« Que suis-je ? Je dois être quelque chose. »

« Un enfant amer, déçu, profondément masochique, avec des défenses stupides ».

« Je ne suis pas amer ! Je ne suis pas déçu ! »

« Vous l'êtes. Découvrons cette partie de votre passé. »

Le patient entra à contrecœur dans les détails concernant les « brutes » de son cercle familial. Il avait été repoussé par ses parents et avait été constamment humilié par leurs remarques ouvertement désobligeantes. Ils avaient déploré sa taille minuscule, ses mouvements, les expressions de son visage, et même la taille de ses organes sexuels. Son père avait aimé les sports et s'était enorgueilli de ses aptitudes athlétiques ; il n'avait su que faire d'un garçon qui ne témoignait ni intérêt ni aptitude pour ses passe-temps favoris. Sa mère avait fait écho au comportement de son père. Par contre, les deux parents choyaient sa jeune sœur.

« Vous admettrez », conclut le patient, « que mon environnement a été l'instrument de mon destin. »

« Non. Il est certain que votre vie familiale était malheureuse. Ce que vous en avez fait, la manière dont vous l'avez intérieurement élaborée, c'est là qu'est votre contribution personnelle. »

Les buts masochiques qui avaient incité les poses et les attitudes du patient étaient à peine voilés. L'esprit d'imitation intellectuelle fournissait la confirmation amère des affirmations désobligeantes de son père à son égard. « Ce garçon n'est rien », avait dit le père et le garçon s'était efforcé masochiquement par la suite de prouver que son père avait raison. Sa minceur anormale (il suivait un régime de famine « pour rester mince comme une jeune fille ») était également une dramatisation de la critique parentale. Ce n'était pas un reproche, comme on aurait pu s'y attendre. Très souvent, des habitudes alimentaires excentriques signifient : « La méchante mère affame ou empoisonne le pauvre enfant impuissant ». Suivant la théorie selon laquelle la suralimentation aiderait à la croissance de l'enfant, ses parents l'avaient sans cesse poussé à manger. Mais leurs espoirs futiles s'étaient avérés vains et le patient se souvenait de sa mère disant avec dégoût à son père : « Ne perds pas ton énergie. La crevette peut manger, mais cela ne se voit pas ! » Ses habitudes alimentaires dans sa vie adulte servaient le but inconscient de montrer, comme ses parents l'avaient conclu, qu'il n'était qu'une « pauvre crevette ». Elles personnifiaient sans doute aussi un reproche intérieur contre les parents : si la nourriture avait été « meilleure », peut-être aurait-il grandi.

Son masochisme était prédominant dans tout ce qu'il faisait, mais il avait curieusement échoué à faire obstacle à son analyse. Le marché proposé par son oncle, même s'il menaçait son équilibre névrotique, ne pouvait être refusé parce qu'il renforçait son principal alibi inconscient contre le masochisme : l'affirmation qu'il ne désirait pas être refusé mais désirait « obtenir ». Les désirs conscients — personne ne veut consciemment refuser un don généreux — et la nécessité coïncidaient et la voie était ouverte au traitement.

La peur intérieure profonde des femmes était à la base de l'alibi homosexuel de ce patient. Dans son enfance, ses deux plus grands ennemis avaient été sa mère et sa sœur. En s'identifiant à elles et en se déguisant en femme, il avait agi comme l'individu qui a une peur chronique de la police et qui résout son problème par une solution anti-peur en devenant policier. Vivant dans la plus grande ville du monde, enclin à citer la littérature la plus sophistiquée de son temps, il se révélait totalement ignorant de l'anatomie féminine, ce qui ne pouvait être justifié que par une peur irrésistible. Il ajouta un détail lumineux à sa révélation : il « détestait les seins féminins » et ne les avait jamais imités dans ses déguisements.

« Vous y voilà », dis-je. « L'ennemi primitif. »

« Ennemi ? »

« Ennemi nourrissant. Avez-vous oublié que vous avez été gavé inutilement ? Est-ce que cela ne conduit pas également au fantasme : " Maman prétend me nourrir, mais en réalité elle m'affame parce que la nourriture ne me convient pas ? " Avez-vous un estomac nerveux ? »

« Oui. »

Malgré mon scepticisme, je voyais que l'analyse agissait progressivement sur le patient. Il fit moins d'imitations dans sa profession et prit un nouveau travail mieux rémunéré. Puis son oncle millionnaire mourut subitement et on découvrit que des placement malheureux avaient tellement réduit sa fortune que le patient reçut finalement une somme inférieure à 50.000 dollars — les restes d'un dépôt fait à son nom et qui avait servi à payer son analyse. Mais à cette époque, le patient voulait réellement guérir et il accepta calmement sa déception financière. Il guérit, réussit dans sa profession et fit un mariage heureux.

Commentaire : Un rejet total dans l'enfance (par la mère, le père et la sœur) caractérisait ce cas. L'enfant était un paria. Mais cela n'expliquait pas pourquoi il ne pouvait mettre en réserve « son désir d'être aimé » et par la suite, devenu adulte, créer une situation dans laquelle ce fantasme universel pourrait se matérialiser. Au lieu de cela il s'était identifié inconsciemment à « ses principales ennemies », sa mère et sa sœur. Il avait en outre perpétué son inclination masochique à l'homosexualité. Son attitude féminine, assez ridicule, provoquait aussi le franc mépris de son environnement. C'était le mépris et le ridicule qu'il avait intérieurement aimés lorsqu'il était enfant.

CAS 4.

Un homme de trente-six ans, ayant un revenu indépendant qui lui permettait de se vouer à des intérêts intellectuels sans nuire à ses aptitudes d'homme d'affaires, me consulta ostensiblement au sujet de « difficultés dans son travail ». Dès notre premier entretien, il était clair que ce n'était là qu'un prétexte ; il voulait que je devine le vrai motif qui le poussait à rechercher l'aide de la psychanalyse. Des subterfuges et une suspicion générale me donnèrent la solution et je déduisis exactement que son problème était l'homosexualité.

C'était l'enfant unique d'un mariage dominé par la mère ; le moyen qui lui permettait de gouverner était un flot verbal incessant. Le père était un être taciturne qui se défendait en ignorant sa femme. Le jeune garçon admira d'abord son père pour sa « force » ; puis il conclut ultérieurement qu'il n'était qu'un martyr « à la tête froide ». Le jeune garçon avait été malheureux. En réaction au verbiage de sa mère, il avait détesté le bruit. En vieillissant, il trouvait tous les sons désagréables — « même la musique ».

« J'étais un enfant solitaire. J'étais maintenu dans une telle solitude que je n'avais même pas de compagnons de jeux. Si je jouais avec d'autres enfants, j'y renonçais généralement très vite et je rentrais à la maison ; je ne pouvais résister à des enfants plus agressifs. Plus tard, je dus m'entraîner à avoir de l'assurance. Je pris des leçons de jiu-jitsu et devins très expert dans l'art de me défendre. Ma mère mourut lorsque j'eus vingt ans. Mon père mourut deux ans plus tard. Lorsque je liquidai les affaires de mon père, ses biens étaient considérables. L'héritage de ma mère était encore plus considérable. Je gérais moi-même les deux avoirs. J'étudiais, je m'ennuyais. J'eus quelques liaisons passagères avec des jeunes filles. J'étais parfois mi-puissant, mi-impuissant. Puis à vingt-cinq ans, je rencontrai quelques homosexuels et décidai d'en être un. Malheureusement, le matériel dont on dispose est maigre. Je suis dégoûté des brèves liaisons et il est pratiquement impossible de vivre avec un homosexuel — il y a plus de scènes que de plaisirs. Sans parler des tendances parasitaires. Bref, rien de bon. C'est pourquoi j'ai décidé de changer. »

« Pourquoi ne m'avez-vous pas donné ces renseignements immédiatement ? »

« Suspicion et prudence font partie de ma personnalité. »

« Commençons par cette suspicion exagérée... Votre mère avait-elle coutume de tourner autour des choses, de tirer de vous des renseignements, puis d'en faire toute une histoire ? »

« Oui. Comment le savez-vous ? »

« C'est l'évidence ; vous avez rapidement répété votre attitude soupçonneuse avec moi. Vous avez ici un bon exemple de la façon dont un schéma construit inconsciemment dans l'enfance comme défense individuelle est automatiquement répété, même si la personne et l'occasion ne s'y prêtent pas. »

C'était une répétition typique de transfert. Attribuant à l'analyste les traits dont il s'était le plus offensé chez sa mère, le patient s'était « défendu » en refusant l'information. Par ce moyen curieux et par cette auto-défaite, il empêchait sa « mère » de se servir de cette information contre lui et en même temps « la » blâmait pour sa curiosité. Aux stades ultérieurs de l'analyse, il ne fut plus aussi facile pour le patient de confondre la personne réelle de l'analyste avec ses projections infantiles.

Une partie importante de cette analyse avait trait à une série de rêves répétitifs au début du traitement. Ils entraient dans la catégorie que j'ai proposé d'appeler le « rêve de réfutation » — une réponse directe à une interprétation analytique, *si elle est exacte*. Une interprétation précise donne au bourreau punitif intérieur un matériel de torture nouveau et sûr et le tyran ne perd pas de temps à y fonder de nouveaux reproches. Ces reproches, nivelés pendant le sommeil, sont des alibis et des refus sous forme de situations dramatisées prouvant que l'interprétation est fausse.

Les rêves de réfutation du patient (qui permettaient, comme je le lui expliquai, de contrôler l'exactitude de mon interprétation) concernaient son attitude à l'égard des femmes. Il avait soutenu qu'elles étaient toutes comme sa mère, verbeuses, dominatrices, cruelles et intolérables. Lorsque je lui montrai que ce n'était pas le cas, il produisit une série de rêves centrés sur la femme d'un ami, une femme qui se trouvait être dominatrice, cruelle et insupportable.

Avec le temps, il comprit le rôle important que cette femme jouait dans sa défense inconsciente. Je lui demandai :

« Ne pensez-vous pas qu'elle est tellement nécessaire que si elle n'avait pas existé, vous auriez dû l'inventer ? »

« Je persiste à croire qu'elle n'est pas pire qu'une autre. »

« Si vous disiez : pas pire qu'une autre choisie par un homme masochique, je serais d'accord. »

« Je pourrais vous donner la liste d'une douzaine de garces dangereuses, mangeuses d'hommes. »

« Niez-vous qu'il existe des femmes gentilles ? »

« Je n'en ai jamais rencontré une. »

« Certainement pas ; vous vous garderiez bien d'en approcher. Cela dit, vous posez mal votre problème. Il est faux que vous vous protégiez contre les garces, comme vous appelez aimablement les femmes, par légitime défense. Vous êtes masochiquement attaché aux femmes ; le fait que vous les évitiez est secondaire et le but en est d'empêcher l'épanouissement de vos penchants masochiques. »

« C'est fantastique. »

« Est-ce réellement fantastique ? Qui a sans cesse répété la phrase ' femmes mangeuses d'hommes ' ? Ne soyons pas naïfs. Sans postuler le profond attachement masochique à l'image déformée de ce que vous imaginiez qu'était votre mère, votre fuite dans l'homosexualité est inexplicable. »

« Croyez-moi, ma mère était pire que ma description ».

« D'accord. Il ne s'ensuit pas que vous n'ayez pu construire l'image d'une femme gentille pour compenser tout le mal du type représenté par votre mère. Au lieu de cela, qu'avez-vous fait ? Pour vous sauver, vous avez fui au bout du monde habité par les femmes. Vous avez fui frénétiquement votre masochisme centré sur votre mère ; et où avez-vous atterri ? Dans un bourbier pire — chez des homosexuels décevants. C'est hors de proportion. »

Son profond masochisme fut progressivement élaboré et le patient commença à accepter les femmes sur une base plus ou moins conventionnelle. Progressivement aussi, sa personnalité se fit plus aimable, quoique l'absence d'humour l'empêchât d'être réellement attirante. Je lui demandai un jour : « Êtes-vous désireux d'analyser votre sérieux exagéré, légèrement ridicule et funèbre ? »

Il n'émit aucune objection et je poursuivis : « Je soupçonne que votre sérieux et votre amertume exagérés ne sont que des armes défensives sorties de l'arsenal utilisé dans votre lutte anachronique contre votre mère. C'était manifestement une personne volontaire. »

« Vous pouvez le redire. »

Comme toutes les mères volontaires — et leur politique est naturellement erronée — elle voulait imposer ses désirs à son enfant. Cela peut couvrir certains détails minimes, comme d'interdire à l'enfant de jouer à un jeu qui l'intéresse au moment même pour lui imposer son idée de l'amusement. Certains enfants névrosés réagissent par une gravité exagérée : « Tente le substitut de ton choix ; je ne me laisserai pas amuser. »

Le patient trouva un certain nombre de souvenirs pour confirmer cette déduction.

Je lui dis que son manque d'humour avait deux autres avantages. « Vous vous servez de votre amertume pour prouver que vous êtes une victime innocente de la souffrance — ce qui est commode lorsque votre conscience intérieure est prête à déterrer le plaisir masochique. Et dans votre cas, l'amertume signifiait l'identification avec le martyre de votre pauvre père que vous attribuiez entièrement à votre mère. »

« Avais-je tort ? »

« Naturellement. Avez-vous oublié qu'il l'avait choisie ? »

L'analyse fut couronnée de succès et le patient épousa une jeune fille bonne et aimante.

Commentaire : Ce patient avait affaire à une mère désagréable, mais il maîtrisa mal la situation. Dans son cas, la défense du soupçon exagéré était justifiée dans l'enfance ; mais il ne s'en débarrassa pas lorsqu'elle ne fut plus nécessaire. Il s'accrocha de la même manière à l'attitude masochique édifiée lorsqu'il était enfant. La réalité des premiers jours n'était pas pour lui le point décisif ; son élaboration névrotique l'*était*.

CAS 5.

On a tendance à accorder moins d'attention à l'homosexuelle — la lesbienne — qu'à l'homosexuel ; et cela pour une raison très simple. La dissimulation et le camouflage sont plus faciles pour elle, elle y a recours plus souvent et avec plus de succès. Le fait est que l'homosexualité est également très répandue chez les femmes. Les causes sous-jacentes naissent de la même racine, l'attachement masochique non résolu pour la mère de la toute première enfance et les alibis inconscients qui sont impliqués ne diffèrent qu'à un égard. N'ayant pas de pénis, la fille ne peut utiliser « la reduplication de son propre mécanisme de défense » déjà cité. Là où l'homosexuel affirme qu'il n'aime pas masochiquement l'image de la géante de la nursery, mais la rejette et la hait ainsi que toutes les femmes, la lesbienne doit faire un pas de plus, niant à la fois l'attachement masochique et la haine en affirmant l'amour sexuel. La clé en est encore le masochisme ; le prétendu objet sexuel est toujours un allié défensif.

La patiente dont je vais parler était une lesbienne dans la quarantaine, le type de lesbienne connu du public, très cassante, hyper-agressive, presque masculine. Comme elle le disait elle-même, elle était « le patron perpétuel » aussi bien dans sa vie professionnelle réussie que dans ses rapports avec une succession régulière de « gentilles filles ».

Elle commença par dire qu'elle voulait être analysée pour une dépression qu'elle « ne pouvait comprendre ». Je reconnus que cette explication était une excuse, car j'avais traité et guéri une de ses « gentilles filles ». Sa dépression avait commencé lorsque cette patiente lui avait parlé de sa psychanalyse et de sa guérison et avait échappé à sa domination pour se marier. Comme je connaissais aussi les détails de la scène orageuse qui avait suivi cette confession dramatique, j'étais à même de déduire les suites. Ce « patron perpétuel » n'était aucunement le patron de sa conscience intérieure, qui avait sans nul doute pris avantage de l'occasion pour signaler qu'elle aussi pouvait être guérie par la psychanalyse ; elle avait dû solder son crime en payant le prix de la culpabilité et du manque de plaisir dans ses liaisons ultérieures. Puis, lorsqu'elle avait décidé d'être analysée, elle avait pris l'étrange décision de consulter l'analyste même qui avait été responsable, sans le vouloir, de la brèche provoquée dans ses défenses. Plus particulièrement, elle avait choisi d'introduire son problème d'une façon délibérément mensongère, alors qu'un examen même fortuit de la succession des événements lui aurait rappelé que je connaissais les faits et pouvais les lui signaler. Il n'y avait qu'une explication possible à cette conduite. Elle avait masochiquement espéré que l'entretien se terminerait par une profonde humiliation. Dans une certaine mesure il se termina ainsi ; elle avait été surprise en flagrant délit d'une succession de mensonges. Elle les reconnut humblement, révélant un aspect de sa personnalité qui n'aurait pas été reconnu par ses adjoints ou ses « gentilles filles ».

Elle résuma sa vie en quelques phrases. Ses parents avaient mené une vie sans histoire et monotone. Ils avaient été tous deux des « rêveurs timides » ; leur maximum de fantaisie était de se voir nommés dans les pages du catalogue Sears-Roebuck. Elle était enfant unique. Méprisant leur manque d'ambition, elle avait quitté la maison à l'âge de seize ans. Elle était maintenant parvenue au succès et à quarante-cinq ans était « un objet d'envie pour tous ».

Cela ne constituait pas une base suffisante pour développer une analyse et je le lui dis. Je lui demandai pourquoi elle avait évité les hommes ; elle fournit des réponses vagues et admit qu'elle ne pouvait comprendre pourquoi elle méprisait les hommes faibles et s'intéressait aux « faibles filles ». Pendant toute cette discussion, elle demeura douce, humble et polie — une attitude qui ne paraissait pas naturelle. Je lui montrai que cette politesse étudiée était aussi fausse que sa dureté bien connue et que son incapacité à trouver une attitude moyenne, quelque part entre les extrêmes de la pseudo-agressivité et de la fausse humilité, fournissait probablement la clé à l'un de ses problèmes majeurs.

« D'accord », répondit-elle. « Que dites-vous que je recherche dans la vie ? »

« La preuve — et la preuve constante — que la passivité et vous-même ne vous connaissez pas ».

« Si c'est vrai, je l'ai prouvé ! »

« Non. En vous attachant sexuellement au type de la jeune fille douce, vous avez simplement muré la partie de vous-même qui est attirée par la passivité. »

Je lui expliquai que « douce jeune fille » signifiait « jeune fille masochique », et que le masochisme l'attirait en même temps qu'il la terrifiait. Parmi les identifications inconscientes qui s'opéraient dans ses liaisons lesbiennes, elle était capable de reconnaître et de jouir de ses désirs masochiques cachés. Comme prévu, la patiente nia la validité de cette interprétation, mais dut la confirmer quelques minutes plus tard par un brusque souvenir de son adolescence. Surprise, elle dit :

« Je crois que je vous dois des excuses. Je me souviens à l'instant d'une pensée remontant au début de mon adolescence, lorsque je luttais désespérément contre la routine satisfaite, passive et immobile, de mes parents. Je pensais : “ Il doit y avoir quelque chose d'incroyablement plaisant dans l'acceptation d'être un zéro. ” Je me souviens aussi d'avoir eu, une ou deux fois, une idée semblable lorsque j'étais en compagnie de ces petits riens qu'étaient ces filles homosexuelles passives. Imaginez cela ! »

En dehors de cette concession, l'analyse ne démarra pas rapidement. La patiente répugnait à entrer dans les détails de son enfance ; lorsqu'elle était invitée à le faire, les descriptions fournies consistaient principalement en développements rhétoriques du schéma général déjà donné. Mais quelques faits lumineux se firent jour dans ses récits. Elle déclara que son père avait été « sans espoir » ; elle se souvenait de lui comme « d'un homme ayant une pipe, un chien et un visage résigné, à moitié satisfait ». Elle lui avait crié un jour : « Si seulement j'étais un homme, je leur montrerais ! » Sa description concise de sa mère la présentait comme « la vache, le mouton, la domestique éternellement résignée ». Sa mère avait supporté le choc de ses reproches ; elle avait blâmé « la domestique éternellement résignée » pour ne pas avoir éperonné son père jusqu'à la réussite.

Je lui dis : « Voici une partie de l'explication de votre attitude peu flatteuse à l'égard des hommes. Ils sont modelés sur votre père, à l'attitude passive et sans espoir ; ou bien vous supposez qu'il y a une faiblesse cachée quelque part et que vous seule pouvez la découvrir. »

« Peut-être. »

« Mais cela laisse la question la plus importante sans réponse. Pourquoi vous êtes-vous tournée vers de douces jeunes filles ? »

Jusque-là, aucune solution à ce détail clé n'était apparue. Il était clair que la douce jeune fille représentait un aspect caché de sa personnalité. L'énigme était la suivante : pourquoi avait-elle choisi ces filles au lieu d'hommes passifs ? Je décidai d'aborder le problème sous un autre angle et je revins aux événements de notre premier entretien, lorsque la patiente avait si clairement imaginé d'être humiliée et repoussée.

« Dans votre imagination il a dû y avoir quelqu'un dans votre famille qui vous a cabrée. » Je raisonnais tout haut. « Votre description de la personnalité de vos parents ne cadre pas avec le tableau. Il y a un piège quelque part. »

« Je vous écoute toujours. »

« Le pouvoir de l'impuissant ! La passivité invulnérable accumulée chez vos parents représente une force fantastique pour l'enfant actif qui veut franchir cette barrière. Nous avons maintenant le chaînon manquant qui explique votre homosexualité. Vous ne vous êtes pas tournée vers des hommes passifs parce que votre vengeance réelle appartenait à votre mère. N'avez-vous pas dit que vous aviez annulé votre père comme impuissant et gardé toute votre violence pour vos reproches contre votre mère ? Il est clair que vous avez dû la considérer comme le vrai malfaiteur. »

Je poursuivis : « En réaction défensive contre la passivité de votre père, vous avez construit l'image de l'homme ambitieux, énergique — c'est le rôle que vous avez joué plus tard dans la vie. En réaction défensive contre la douceur et la résignation de votre mère, vous avez construit l'image de la vengeance et vous l'avez exécutée dans votre longue série de douces jeunes filles. Les deux actes sont défensifs. Ce qui est plus vrai est l'attrait passif-masochique. »

Cela expliquait sa réaction abasourdie à la nouvelle qu'une de ses douces jeunes filles avait été guérie par la psychanalyse. La nouvelle avait sapé sa défense la plus valable — la défense de la pseudo-agressivité.

Elle progressa à regret vers la normale. Elle ne fut jamais très coopérante, mais céda sur certains points précieux. L'insistance sur « le pouvoir de l'impuissant » avait manifestement fait sur elle une profonde impression et elle admit spontanément qu'elle avait trouvé la « douceur » de sa mère très irritante. La mère avait fourni le modèle original pour les « douces jeunes filles ». Le mélange d'agressivité, de détachement et d'amour condescendant avec lequel elle traitait ces filles représentait les trois stades de la formulation inconsciente de la lesbienne : « Je suis masochiquement attachée à ma mère ; je la hais ; non, je l'aime sexuellement. »

Il fallut longtemps, mais finalement la patiente devint un être humain assez plaisant, la compagne satisfaite d'un « homme raisonnable ».

Commentaire : Dans ce cas, la situation familiale était idéale. Les deux parents étaient bons, aimants, dévoués l'un à l'autre et à l'enfant. Néanmoins, l'effet de cette abondance de douceur et d'amour fut loin d'être celui que l'on pouvait espérer ; l'enfant détestait les deux parents précisément pour cet amour.

Une fois encore, les faits déjouent toute tentative pour construire un lien direct entre le comportement des parents et les réactions de l'enfant.

CAS 6.

M. L... était un homosexuel qui « refusait émotionnellement d'admettre » sa perversion. La base de son refus se trouvait dans le fait que ses contacts homosexuels ne s'étaient produits qu'en fantasme ; ce qui avait ébranlé sa conviction, c'était la définition de l'homosexuel trouvée dans un de mes livres.

Il avait vingt-quatre ans et appartenait à une famille très riche. Leur rang social lui fournissait une autre raison pour rechercher le traitement ; en tant que représentant d'une « dynastie », il savait qu'on s'attendait à ce qu'il se marie. En outre, il avait peur des conséquences de son homosexualité et du scandale possible s'il était découvert.

La peur d'être découvert était centrée sur le fait de garder ses penchants ignorés de ses parents et en particulier de son père, décrit comme une « sorte de tyran ». Au cours de notre premier entretien nous fûmes d'accord qu'il n'était pas nécessaire que son père soit mis au courant de son analyse. En partant, il me fit cette demande illogique : « Ne dites pas à mon père pourquoi je suis réellement ici. » Il était clair qu'il avait donné exprès à l'analyste le rôle de traître, avant même que l'analyse ait commencé — témoignage éloquent de la somme de masochisme de sa composition.

Cette attitude réapparut pendant la première séance, consacrée, dans une large mesure, à l'explication de l'ABC de l'analyse. Il écouta mon bref exposé avec une impatience visible, la même impatience qu'il avait montrée lorsque ses parents prononçaient leurs « longs discours » habituels, comme je devais le découvrir ultérieurement. Même lorsqu'il s'agissait d'assimiler des renseignements utiles, il ne pouvait se libérer de la fiction de la personne plus âgée, tyrannique, prêchant perpétuellement.

Je lui demandai de décrire ses parents, d'abord tels qu'ils lui étaient apparus dans l'enfance, puis tels qu'ils lui apparaissaient aujourd'hui. Son père avait fait d'innombrables voyages d'affaires ; entre ces voyages il avait été un tyran bruyant. Sa mère, se considérant comme une *grande dame*, lui avait accordé peu de temps. Il avait été laissé à la merci d'une série de « gouvernantes désagréables ».

Les « gouvernantes désagréables » étaient importantes et nous accordâmes un certain temps à celles dont il se souvenait. L'une d'elles, une jolie fille qui s'était occupée de lui lorsqu'il avait quatre ou cinq ans, l'avait détesté et l'avait sévèrement réprimandé pour avoir fièrement attiré son attention sur son organe sexuel, un soir dans son bain.

« Personne ne vous a donc vraiment apprécié », dis-je, « et vous avez dû vous aimer vous-même. »

« C'est curieux que vous me disiez cela. On me dit que je suis bien de ma personne. Je ne l'ai jamais pensé ».

Entre neuf et douze ans, les fantasmes sexuels de M. L... comportaient toujours un garçon. Il était très précis au sujet de ce personnage de rêve : il devait avoir un très beau corps, être nu ou vêtu d'un simple cache-sexe très ajusté. Le cadre était toujours une plage afin que l'absence de vêtements soit logique. Le garçon portait les cheveux en brosse ; il avait toujours des pieds bien formés, très cambrés.

« Qu'est-ce qui n'allait pas avec vos cheveux et vos pieds ? », demandai-je. Je lui expliquai alors ma déduction : le garçon de ses fantasmes représentait une édition améliorée de lui-même à cette époque.

« Votre déduction me réduit à quia », me dit-il. « J'avais les pieds plats et j'ai dû pendant des années porter des souliers montants qui, pensais-je, me faisaient remarquer et me rendaient certainement ridicule. Les cheveux ? Ils étaient trop ondulés et trop épais et j'étais obligé de les montrer. »

« Ne diriez-vous pas que vous avez abandonné très tôt masochiquement l'espoir d'être aimé par les autres ? Le raisonnement " Personne ne m'aime, je dois donc m'aimer moi-même ", n'est-il pas plutôt défaitiste ? »

A une autre séance, M. L... remit ce thème sur le tapis en liaison avec une expérience faite à Rome deux ans plus tôt. Un garçon — pas de son « type », un garçon qu'il trouvait franchement peu attirant — l'avait sollicité dans la rue. Il avait dit « non » et poursuivi son chemin ; puis il était revenu sur ses pas et avait demandé au garçon ce qui avait fait de lui un prostitué. Au même moment il remarqua deux hommes à l'allure louche qui le regardaient de l'autre côté de la rue ; il en conclut immédiatement que la scène était un préliminaire à un chantage et il rentra à son hôtel par le chemin le plus court. Il avait été sincèrement effrayé à la pensée d'un scandale et profondément rebuté par l'apparence du garçon. Mais cette scène était sans cesse revenue dans ses fantasmes masturbatoires et il n'avait jamais compris pourquoi.

Je lui dis : « Sous l'apparence d'une scène sexuelle, vous vivez un fantasme masochique. Vous êtes attiré vers une situation dangereuse, représentée par les deux hommes répugnants de l'autre côté de la rue. »

D'autres matériaux venus en confirmation prouvèrent l'exactitude de cette interprétation. M. L... se souvenait de deux incidents significatifs de l'enfance, l'un d'eux datant de sa treizième année. Fasciné par une seringue hypodermique trouvée dans la chambre de sa mère, il l'avait emportée dans sa chambre et commencé l'expérience. Il prétendit d'abord se faire une piqûre. Puis, ayant trouvé sur son côté un point relativement insensible, il avait à moitié rempli la seringue d'alcool et s'était réellement fait une piqûre. Le second incident s'était produit à peu près un an auparavant. Alors qu'il était en voyage d'agrément en Orient avec sa mère, un homme l'avait invité « à faire une promenade ». Il avait refusé. Immédiatement après, il avait couru auprès de sa mère et lui avait raconté l'histoire. Elle alerta les employés de l'hôtel qui appelèrent la police. Avant d'être emmené en prison, l'homme avait été rossé. Pendant des semaines, l'enfant avait revécu en fantasme la douleur que, dans son imagination, l'homme avait ressentie en étant rossé.

Grâce à ces pistes, il devenait possible d'aborder cette question : pourquoi L... avait-il choisi de cacher ses penchants masochiques derrière un masque d'homosexualité ?

La scène au cours de laquelle la gouvernante de L... l'avait réprimandé pour avoir exhibé son pénis était ici d'un grand secours.

Comme je l'ai déjà dit, l'homosexualité mâle représente un moyen de résoudre ce problème universel, la tragédie du sevrage. Au lieu du processus normal de réparation pour la perte du sein, l'homosexuel est tellement incertain de la valeur de son substitut qu'il cherche perpétuellement un allié. Le raisonnement inconscient est le suivant : « Un, ce n'est pas assez ; deux feront l'affaire. » C'est pourquoi l'homosexuel cherche la duplication du substitut du sein dans le pénis de son partenaire.

M. L... interprétait cette explication de son point de vue personnel. Il concluait que l'attitude sévère et de rejet de la gouvernante avait dû lui porter préjudice.

Je lui répondis : « Je ne dirais pas cela. J'ai vu des cas où l'exhibitionnisme du garçon fut enrayé de la façon la plus affectueuse et où des suites graves se développèrent ; j'ai vu d'autres cas où les parents intervinrent brutalement et où il n'y eut aucun effet nuisible. Tout dépend de l'enfant lui-même : comment accepte-t-il l'inévitable ? »

Le sujet n'était pas encore épuisé. M. L... avait dit en passant qu'il tirait son excitation sexuelle d'un certain style de sandales portées à la plage par les hommes, et en particulier par de jeunes garçons. En fait, l'attirance de ces sandales provenait de l'exhibition marquée du gros orteil, qu'il considérait comme un pénis symbolique. Son ancien grief — ses pieds plats — contribuait à cette attirance. Il ne pouvait s'appliquer ce symbolisme à lui-même puisque ses pieds ne lui avaient donné aucun motif de fierté. Il n'était pas étonnant que le garçon de ses fantasmes possédât toujours de beaux pieds très cambrés.

« Je ne comprends pas », dit le patient. « D'une part vous dites que j'ai créé mon type de Narcisse amélioré dans le but d'être aimé. D'autre part, comme le prouve l'épisode romain du chantage, vous dites que je tire mon plaisir réel d'une jouissance masochique du danger. Où est le vrai ? »

« Il y a une contradiction entre vos deux types de fantasmes homosexuels, mais c'est une contradiction que vous avez vous-même créée et elle est fausse. Tout homosexuel déclare qu'il veut " l'amour ". Mais il mène ses liaisons de telle façon que le masochisme domine. »

Je lui rappelai que le masochisme comme but caché ne se limitait pas à ses liaisons. Dans son analyse, il s'était servi du soupçon exagéré comme d'une arme, s'arrangeant constamment pour se considérer comme la victime innocente des desseins ténébreux de l'analyste. Quant à la combinaison du masochisme et de la sexualité, elle avait été visible même dans l'adolescence. L'épisode de la seringue, par exemple, le montrait clairement.

Je lui demandai : « Pourquoi avez-vous rempli la seringue symbolique d'un liquide et — malgré la douleur — l'avez-vous appliquée passivement contre vous ? Pourquoi, par exemple, n'avez-vous pas fait l'expérience sur un chien ou un chat, jouant vous-même le rôle actif ? »

« Je ne sais pas. »

« Les deux possibilités existaient. »

« C'est vrai. Je n'ai jamais pensé à cela. »

« C'était la seringue de votre mère que vous aviez trouvée ; vous agissiez donc comme son représentant. Votre jeu signifiait : " Ma mère inflige la douleur — et cela est sexuel ". Est-il surprenant que vous ayez fui ce " monstre torturant " ? »

Il apparut que l'homosexualité de M. L... était un alibi inconscient qui prenait deux formes : un fantasme masochique et un fantasme romantique, narcissique. Ces fantasmes constituaient les « îlots de sécurité » où il se réfugiait pour un soulagement temporaire de la passivité et de la peur. Il tentait encore de réparer l'humiliation narcissique de l'enfance, fondant ses attitudes sur la conviction masochique et défaitiste que personne ne l'aimait. Il agissait dans tout cela à partir des conclusions auxquelles il était parvenu pendant la première enfance ; il luttait encore contre la géante de la nursery qu'il avait lui-même dotée de pouvoirs mystérieux et d'une méchanceté inexplicable.

La psychanalyse réussit dans le cas de M. L... Ses fantasmes homosexuels disparurent. Il perdit sa peur des femmes et se lança dans des expériences hétérosexuelles auxquelles il prit plaisir.

Commentaire : Ce patient ne pouvait expliquer pourquoi il s'était retranché dans une « retraite narcissique » composée d'amour de soi et du double de soi-même dans un partenaire imaginaire. Ses parents et ses gouvernantes avaient été distants et même froids. c'est vrai, mais la solution lui appartenait. Si son désir d'être aimé avait été sincère, il s'y serait accroché et aurait cherché à le satisfaire ultérieurement. Ce à quoi il s'accrochait et ce qui était authentique, c'était l'élaboration masochique ; c'était visible dans l'épisode de Rome et dans d'autres faits de sa vie adulte.

CAS 7.

M. Y... décida de recourir à un pseudonyme pendant de longues périodes de son analyse. C'était un juriste d'âge moyen ; son expression était funèbre. Toute son attitude était empreinte de gravité et d'un détachement trop sage. Il considérait son problème —

l'homosexualité — de cette façon : « J'ai pris plaisir à l'homosexualité mais je ne me sens pas à l'aise dans la peau d'un homosexuel. Ne me demandez pas pourquoi ; je ne le sais pas. Je hais le désordre et les questions non résolues. C'est pourquoi je suis ici. »

Telle qu'il la décrivait, sa vie était un modèle d'organisation. Il s'était arrangé pour avoir une apparence de notabilité en se mariant et en ayant deux fils ; il était actif dans les affaires de son université, dépendant de la masse de ses étudiants pour lui fournir un courant régulier de jeunes homosexuels ; les scrupules moraux, le souci des « insuffisances biologiques » ou des considérations religieuses ne le troublaient pas. Le seul défaut de ce schéma bien équilibré était la fâcheuse présence d'une certaine gêne qu'il se refusait à reconnaître comme étant de la culpabilité. Qu'il veuille ou non changer son homosexualité, c'était un sujet sur lequel, disait-il, il devait « réserver son opinion ».

La description de l'histoire de sa vie était aussi solennelle qu'un dossier juridique.

« L'orientation de ma vie a été déterminée avant que je sois conçu. Je devais être un juriste de sociétés et entrer dans la firme qui avait porté le nom de ma famille depuis des générations. Je devais maintenir l'honneur de la famille, me marier, avoir au moins un héritier et ne pas causer d'ennuis. »

Dans le même style, émaillé à l'occasion d'une lourde plaisanterie, il présenta le tableau d'une ambiance familiale froide, morne, dans laquelle un garçon doux et furtivement rebelle trouvait préférable d'être du type « Oui, Père ». C'est à la puberté qu'il ressentit la grisaille de l'existence qu'il avait connue. Il avait des rendez-vous avec de jolies filles et rencontra un autre tabou, celui-ci prononcé par sa mère. On lui rappela sa situation et qu'il devait concentrer son attention uniquement sur des filles que leur éducation rendait désirables — et non leur apparence. Obéissant, il regarda les candidates de sa mère et les trouva tristes et sans attraits. Il se fiança secrètement à dix-neuf ans avec une « généreuse écervelée ». Sa mère découvrit les fiançailles et les rompit.

Il fit sa première expérience homosexuelle à l'université, avec un garçon appartenant au même milieu que le sien. Ce fut une expérience orageuse et pénible. Après qu'elle eut pris fin, M. Y... décida de se borner à l'avenir à des liaisons passagères. Il ne brisa jamais cette règle, qui lui évitait des ennuis mais qui signifiait pour lui qu'il était privé de satisfaction affective.

Après avoir été admis au barreau, il épousa une des candidates de sa mère. Le mariage dégénéra rapidement pour ne plus être qu'un arrangement domestique conventionnel. Il n'existait entre eux aucun intérêt commun. Il organisa sa vie de façon à jouir d'une liberté de célibataire. Réussissant assez bien dans son cabinet de juriste, il n'avait pas de raisons objectives d'être mécontent. Mais il n'était pas heureux. Il ne savait pas pourquoi.

Je remarquai dans son exposé un seul thème permanent : une haine contre les femmes. Il avait décrit sa mère comme la scélérate de sa vie, intervenant dans ses fiançailles avec une « jeune fille généreuse », le poussant à un mariage sans amour. Mais il avait réagi à cette prétendue oppression d'une façon suspecte : puisque aucune de ses compensations ne lui apportait le bonheur, il était vraisemblable que le bonheur n'était pas son but inconscient.

Une explication du masochisme psychique souleva l'incrédulité habituelle. Je lui rappelai : « Vous connaissiez les préjugés sociaux de vos parents et les préjugés exagérés de votre mère. Vous avez dû savoir qu'ils ne consentiraient jamais à une union avec une jeune fille qu'ils considéraient comme étant d'une situation inférieure à la vôtre, comme l'était " la jeune fille généreuse ". Vous construisiez un cas et non l'avenir. »

Je poursuivis : « Votre mère a repoussé la jeune fille parce qu'elle vous était " inférieure ". Peu de temps après, vous avez eu une liaison homosexuelle avec un garçon appartenant au même milieu social que le vôtre. N'est-ce pas là une ironie teintée de masochisme et dirigée contre votre mère ? Votre acte ne signifiait-il pas : " Tu veux que je reste dans le gratin ; très bien, j'y resterai " ? »

« Je vois l'ironie cachée, mais pourquoi dites-vous qu'elle est teintée de masochisme ? »

« Parce que l'homosexualité signifie toujours des ennuis. »

Je lui dis que toute sa vie avait tourné autour du thème plaisir-dans-le-déplaisir ; ses faibles tentatives de réparation avaient été en elles-mêmes auto-préjudiciables dans leurs résultats finals.

Au cours de son analyse, M. Y... eut l'occasion inespérée de vérifier l'étendue de son masochisme psychique. Son fils, âgé de dix-neuf ans, vint le trouver et lui avoua qu'il était homosexuel et lui demanda son aide. M. Y... choisit la voie raisonnable ; il favorisa un traitement psychiatrique du jeune homme et équilibra cet acte en tentant de se servir du problème de son fils pour ses besoins masochiques personnels.

« Il n'était pas nécessaire de transformer en tragédie une chose qui peut être guérie en quelques mois », lui dis-je.

« Croyez-vous vraiment que je n'ai aucune responsabilité ? », demanda-t-il.

« Votre père n'était certainement pas un homosexuel et les résultats sont identiques. »

« C'est vrai. »

« C'est un autre exemple de jeune garçon fuyant l'image déformée qu'il a créée de sa mère. Il peut naturellement y avoir un motif à vous reprocher, parce que votre mariage n'était pas un bon mariage ; dans un bon mariage, votre femme n'aurait peut-être pas couvé son fils comme elle l'a fait. Il a dû mal comprendre, prendre son attitude comme une menace. Mais où la discussion vous conduirait-elle ? Une fois encore à votre mère qui, apparemment, vous a contraint à une mésalliance. Et il n'est pas nécessaire de vous arrêter là. Vous pourriez faire apparaître votre grand-mère et votre arrière-grand-mère. Bref, le milieu et la responsabilité personnelle des individus qui le composent ne peuvent expliquer la névrose. »

Le dernier maillon de la chaîne de preuves démontrant l'attachement masochique de M. Y... à sa mère avait trait à un sujet qu'il n'avait jamais considéré comme un problème : son excédent de poids. Comme celle de tout être humain, son attitude devant la nourriture était imprégnée par les adaptations qu'il avait réalisées comme bébé face à ce problème aux multiples facettes. Pour le très jeune enfant, nourriture et mère sont synonymes ; l'enfant à peine plus âgé considère la nourriture comme l'instrument de la malveillance maternelle (la méchante mère empoisonne ou affame l'enfant impuissant). La nourriture est également considérée comme le symbole de la dépendance de l'enfant vis-à-vis de sa mère ; l'inévitable rébellion contre cet aspect de la dépendance s'arrête quelquefois au dégoût pour les aliments fades et à un vif désir de sensations gustatives très différentes de la fadeur neutre du lait chaud par lequel débutent tous les régimes. Presque aussi souvent, un « extra » pseudo-agressif est ajouté : une certaine forme de maniaquerie alimentaire qui cache le reproche « la méchante mère m'a empoisonné » ; une gourmandise spasmodique ou conséquente qui cache le reproche « la mauvaise mère m'a affamé ». Cette dernière thèse était celle de M. Y... ; elle constituait la base inconsciente de son habitude de trop manger.

M. Y... renonça à son homosexualité après de longs mois d'analyse. Des changements extérieurs surprenants accompagnèrent ce changement intérieur : il maigrit et perdit son apparence funèbre et vieillotte.

Commentaire : Dans ce cas, la mère était aimante et protectrice, tout en imposant ses propres préjugés à l'enfant. Au lieu d'une identification, elle réalisa une pseudo-rébellion masochique. L'ironie intérieure marquée dans ce cas en fait un exemple. Le patient était séparé de « la jeune fille généreuse » en raison de son milieu social inférieur et il s'attacha à un jeune homosexuel de son milieu. Il agit dans ce cas comme si le « milieu social » était décisif — un cas précis de « réduction à l'absurde ». Une fois encore, la réalité n'est que le matériel brut ; l'avenir de l'enfant est construit sur ses propres élaborations.

CAS 8.

M. N... était un homme de quarante-huit ans, qui paraissait son âge et même davantage. Il présenta son problème par une déclaration d'intention inhabituelle. Il annonça être un homosexuel qui souhaitait le rester. « Mais j'aimerais savoir par expérience ce que ressent " un gars normal " ».

Dans plus de la moitié de ses entretiens préliminaires avec d'éventuels patients, l'analyste trouve nécessaire de se débarrasser d'un certain nombre de confusions. Il s'agit parfois d'une fuite devant des résultats pénibles ; parfois d'une compréhension erronée des termes sur lesquels une psychanalyse peut être entreprise et cela reflète la répugnance de l'individu à aller au-delà des demi-mesures en recherchant une prétendue guérison. Utilisant une technique très voisine de celle de l'archéologue, l'analyste doit creuser sous la surface de ce qui a été dit et passer au crible chaque phrase parmi les affirmations du futur patient, pour trouver des renseignements qui l'orienteront vers la situation réelle. Dans ce cas précis, le défi préliminaire de M. N... révéla plusieurs facteurs cachés.

Pour commencer, il révéla qu'il n'avait aucune idée claire de la fonction de l'analyse. Il tenait pour acquis que sa personnalité (comme une maison d'habitation) était divisée en une série de compartiments indépendants et sans liens, que des réparations pouvaient être faites à l'un de ces compartiments sans aucunement affecter les autres. Il était clair, aussi, qu'il n'avait aucune connaissance précise de la base psychologique de l'homosexualité ; il avait cru au mythe populaire du « bisexuel », qui est également puissant et également satisfaisant pour les deux sexes.

Combiner cette « affirmation de principe » aux autres remarques de M. N... et à l'impression générale qu'il donnait, apportait une preuve supplémentaire — et beaucoup plus importante. Je fis part de mon impression : il me paraissait que son problème réel était la manière de faire face à sa puissance sexuelle faiblissante. Comme beaucoup d'homosexuels vieillissants, il n'attirait plus les jeunes gens et devait avoir recours à des partenaires d'âge mûr, ou bien payer pour ses plaisirs sexuels — deux solutions insatisfaisantes et par conséquent inacceptables.

Cette déduction s'avéra exacte. Le fait de mettre son problème en pleine lumière changea les manières et l'attitude de M. N... ; il abandonna brusquement son abord cynique et arrogant et se fit presque pathétique. « Que dois-je faire ? », demanda-t-il. « Qu'y a-t-il de mal à vouloir se tourner vers l'autre sexe ? Peut-être pourrai-je trouver quelqu'un dans l'autre camp qui me témoignera un peu d'affection ? »

M. N... usait généralement d'une attitude cynique et provocante et ses humeurs suivaient ce schéma. Il était assez déprimant pour lui d'entendre dire que le cynisme n'est pas une preuve de « supériorité » puisqu'il révèle que l'adulte, comme dans la réalité intérieure, est un enfant apeuré qui se déguise en iconoclaste et recherche frénétiquement des alliés.

L'histoire de l'enfance de M. N... n'était pas caractéristique de sa génération. Il était né avant la Première Guerre mondiale mais les méthodes éducatives de ses parents ressemblaient aux théories « progressistes » et « tolérantes » des années 30. « L'éducation de ma mère avait été cruellement sévère ; elle avait solennellement juré de traiter autrement ses propres enfants. J'étais l'aîné ; en fait, je fus un enfant unique jusqu'à l'âge de huit ans. Lorsque ma sœur et mon frère entrèrent en scène, les différences d'âge étaient si grandes qu'il n'y avait pas de raisons pour une « rivalité fraternelle ». On aurait presque pu dire qu'il n'y avait pas de frère et sœur. Je faisais pratiquement ce que je voulais. Ma mère ne punissait jamais ; mon père adopta ses idées. Je n'étais même ni grondé ni sermonné. Lorsque je me conduisais mal, j'étais appelé en " conférence " et ma mère m'expliquait — avec une logique adulte — pourquoi mon comportement était peu pratique ou indésirable ».

Ces faits s'adaptaient à l'évidence déjà découverte dans l'analyse. Au cours d'une séance antérieure, M. N... avait caractérisé une de mes observations comme « un reproche », ce qui illustre l'extrémité à laquelle se laisse aller un enfant masochique dans une ambiance exagérément tolérante dans sa recherche d'une preuve de « mauvais traitement ». On peut aussi légitimement supposer qu'un tel enfant fera de son mieux pour provoquer le châtiment si le châtiment ne fait pas partie du programme éducatif. C'était le cas pour M. N... ; il m'expliqua qu'il devint « un garnement insupportable ».

A mesure qu'il grandissait, ces conférences familiales devinrent plus fréquentes et plus longues. « Chaque fois que j'étais avec mes parents, je les surprenais à échanger des regards exaspérés. Puis finalement nous eûmes une grande scène — une scène que j'avais naturellement provoquée. Je volai quelques centimes dans le porte-monnaie de ma mère. C'en était trop, même pour elle ; elle me gifla... J'en fus indigné et pendant quelque temps je fus sage. Il semble qu'à sept ans — l'âge que j'avais à ce moment-là — j'avais déjà appris à frapper au-dessous de la ceinture. Chaque fois que je montrais les ficelles des méthodes éducatives de ma mère, elle en était profondément blessée. Je savais naturellement que d'autres enfants étaient battus et même cruellement battus. Je ne me souviens pas de les avoir enviés, mais peut-être l'ai-je fait. Mon jeu homosexuel préféré me donne à réfléchir » (le jeu homosexuel préféré de M. N... était d'être battu par son partenaire).

Je lui demandai si, en dehors de ses principes, sa mère n'avait pas été une personne sévère. J'avais vu un grand nombre de femmes comme elle en analyse — des femmes qui avaient été élevées sévèrement et qui élevaient leurs enfants avec une douceur volontaire, mais qui étaient très tentées de répéter leurs expériences passées, faisant de leurs enfants des victimes. Le résultat en est une bonté toute de surface où transparaît une sévérité inévitable.

« Vous décrivez parfaitement ma mère », convint M. N... « J'avais précisément ce sentiment avec elle. J'admets volontiers aussi que je ne l'ai jamais vraiment aimée. Je crois que j'ai dû avoir peur d'elle — sans raison. »

La peur avait certainement existé et existait encore inconsciemment, d'après les traits de la personnalité de M. N... L'hypocrisie était l'un d'entre eux et je lui rappelai un incident prouvant cette tendance. Je poursuivis : « L'expérience montre que les hypocrites viennent de familles où payer de paroles est considéré comme plus important que l'acceptation intérieure des règles familiales. En d'autres termes, ces individus sortent de familles autoritaires. Vous décrivez votre vie au foyer comme étant l'opposé. Conclusion : vous avez dû inconsciemment voir votre mère comme un partisan de l'autorité et par conséquent vous la craigniez. »

M. N... écarta son père d'une phrase : « C'était une nullité plutôt amicale », qui avait adopté sans restrictions les principes éducatifs de sa femme. Sa phrase d'admonestation préférée avait été : « Fais ce que suggère ta mère ! » — « Vous voyez », commenta M. N..., « ils avaient peur de me " dire " quelque chose — ils ne pouvaient que " suggérer ". »

Les renseignements sexuels les plus précoces de M. N... venaient de ses camarades du même âge ; on ne parlait pas de sexualité chez lui et il n'avait pas de souvenirs précoces liés à des malentendus sexuels ou aux relations sexuelles de ses parents. Essayer d'orienter ses souvenirs dans cette voie mit au jour un résultat auquel on aurait pu s'attendre : des impressions persistantes provenant de la période des fantasmes de peur infantiles.

« Un jour, je regardais ma mère pendant qu'elle s'affairait à la cuisine », dit M. N... Elle préparait un plat et coupait de la viande crue. Elle dut saisir une expression particulière sur mon visage car elle me dit : « C'est nécessaire. »

De manière typique, M. N... avait pris ce fait — et sans doute d'autres expériences semblables — comme une preuve que sa mère, et toutes les femmes, étaient capables de « n'importe quelle cruauté ». L'identification inconsciente de l'enfant s'opère avec la « victime », l'animal qui est préparé pour être consommé. C'est dans ce type de peur que se reflète l'idée inconsciente que l'homosexuel a de la femme comme étant tellement dangereuse qu'elle doit être évitée à tout prix ; également, sous une forme atténuée, dans des perversions telles que les fantasmes de rossées. Ces fantasmes relativement bénins sont une négation des désirs masochiques plus profondément enracinés, des désirs issus plus directement des idées erronées des sept peurs du bébé. Ils ont le double avantage d'être moins menaçants pour le bien-être physique que, disons, un désir d'éviscération et leur lien avec des méthodes éducatives ou des avertissements disciplinaires les rendent plus plausibles.

M. N... demanda : « Voulez-vous dire que je suis encore un bébé qui désire être traité de façon conforme aux sept peurs du bébé ? »

« Oui. »

« Et que le fait de me tourner vers l'homosexualité était une façon de me protéger contre la mère qui était capable de telles cruautés ? »

« Oui, encore une fois. »

Ces points avaient été abordés et traités à maintes reprises au cours de l'analyse. A la surprise de M. N..., il s'en pénétra tout à coup et devint émotionnellement conscient de son masochisme. Quelques semaines plus tard, il m'annonça qu'il en avait « fini avec l'homosexualité » ; à sa surprise, une fois encore, je lui dis que cela ne voulait pas dire qu'il était arrivé à bout de son masochisme. Ce que nous devions encore explorer, c'était la raison inconsciente de son intérêt soudain pour l'hétérosexualité. L'espoir plaintif, naïf, exprimé au cours de sa première séance — « une femme pourrait peut-être l'aimer » — ne pouvait résister à un examen analytique minutieux. Le fait est qu'il poursuivait toujours le but de châtiment, exactement comme il l'avait fait dans ses expériences homosexuelles. Puisqu'il cataloguait toujours les femmes comme constituant le danger essentiel, son intérêt pour l'hétérosexualité ne pouvait que signifier qu'il augmentait maintenant les mises masochiques dans le vieux jeu de l'auto-châtiment.

Après cela, l'analyse progressa plus rapidement et avec le temps, M. N... parvint à son but d'une sexualité normale.

Commentaire : Ce cas est important car le patient avait été élevé selon les préceptes tolérants les plus modernes et il était néanmoins devenu homosexuel. On pourrait objecter que sa mère s'était servie de mots tolérants tout en étant « sévère ». Mais si l'enfant projette sa propre agressivité, l'éducateur (parent) le plus clément paraît sévère. Le fait fondamental demeure : lorsque l'enfant a intérieurement besoin d'un poste masochique de fixation il le trouve (si nécessaire en le construisant lui-même), sans égard à la situation.

CAS 9.

M. O... était un homme de vingt-six ans, marié et père de famille. Son problème homosexuel remontait à l'époque où il était à l'université, lorsqu'il avait été séduit par son compagnon de chambre. Leur liaison homosexuelle dura deux années malheureuses. Son compagnon ne faisait pas de distinction entre les sexes ; M. O... était jaloux, se sentait coupable et déprimé. Il expliqua la confusion de la situation : celle-ci ne s'était pas produite en réponse à son désir spontané, mais partiellement comme le résultat du puissant argument contenu tacitement dans les statistiques de Kinsey sur l'incidence élevée de l'homosexualité chez les Américains. (Kinsey prétend qu'un homme sur trois a eu des expériences homosexuelles au cours de sa vie d'adulte.) Le compagnon de chambre de M. O... s'était servi de cet argument. Sans cet argument, M. O... était convaincu qu'il aurait échappé à cette expérience malheureuse et préjudiciable.

Le premier problème était de situer son expérience universitaire dans une juste perspective. M. O... avait naturellement raison en affirmant que le chiffre trompeur de Kinsey (un homme sur trois) fournissait à l'homosexuel endurci un langage persuasif pour aborder des recrues possibles. Mais même « l'homosexuel statistiquement déterminé » (une phrase qu'il citait d'un de mes livres sur l'homosexualité) doit commencer par un certain degré de vulnérabilité à l'argument. L'effet nocif des statistiques de Kinsey s'applique au « cas limite », le jeune qui n'a pas encore franchi le pas décisif hors de l'hétérosexualité. Le fait que la possibilité existe en lui est un foyer de troubles possibles.

L'impossibilité où était M. O... d'oublier cet interlude désagréable était plus intéressant et plus significatif encore. Sa vie sexuelle avait été hétérosexuelle pendant des années ; mais il abordait chaque coït avec appréhension, « hanté » par la possibilité d'être réellement homosexuel. La force inconsciente de ces doutes torturants était telle qu'il en était même parvenu à les augmenter en interprétant mal une affirmation contenue dans mon livre sur l'homosexualité. « Le masochisme *plus* est la base de l'homosexualité », avait-il lu ; il avait pris cela comme signifiant que le masochisme — qu'il voyait nettement opérant en lui — conduisait directement à la solution homosexuelle. Pour parvenir à cette conclusion, il devait ignorer une autre définition nettement exprimée : le « plus » de l'homosexualité ajouté à l'élément virtuellement universel du masochisme psychique appelle « le déplacement à l'homme du pouvoir de torture et de mal conféré à la femme représentant la mère ».

M. O... décrivait ses parents comme « des gens tranquilles, plutôt réservés, qui voyageaient beaucoup et jouissaient de leur fortune ». Il était leur enfant unique. L'ambiance familiale était faite de bonté et de considération. Aucune tentative n'avait été faite pour influencer sa personnalité ou ses ambitions ; mais tout le monde avait considéré comme acquis qu'il travaillerait finalement dans la firme familiale. L'avenir semblait certain et la perspective le satisfaisait.

L'ennui de cette description, c'est qu'elle convenait à une biographie officielle mais pas à une psychanalyse. Le seul détail révélateur avait émergé sous une forme négative ; il me dit que tout ce qui touchait à la sexualité avait été tabou chez lui. Il refusa d'approfondir ce point et ne fournit que de vagues réponses aux autres questions. Il ne pouvait se souvenir de ses rêves. Les faits réels ne commencèrent à transpirer qu'après que je l'eus questionné sur ses manières en demi-teinte et invariablement sérieuses. Il paraissait n'avoir ni sens de l'humour, ni capacité de gaîté. Je lui demandai de me dire qu'elle était sa plaisanterie préférée ; elle concernait une jeune autruche qui revenait chez elle pour trouver toute sa famille debout, la tête enfouie dans le sable. La jeune autruche demande : Y a-t-il quelqu'un à la maison ? Les plaisanteries préférées ne le sont pas pour des raisons frivoles ; elles sont remémorées et répétées à cause de leur lien avec l'inconscient. Dans ce cas précis, la plaisanterie exprimait une accusation inconsciente contre sa famille ; elle signifiait : « Vous répugnez à regarder les faits en face. »

Cet aperçu sous la surface de M. O... conduisait à une déduction importante. Ses manières en demi-teintes, invariablement correctes, s'ajoutant à sa phrase souvent répétée : « Cela ne se fait pas dans notre famille », indiquaient qu'il réalisait l'acting-out d'un geste magique négatif, qui démontrait inconsciemment comme il ne voulait *pas* être traité dans l'enfance. Je lui dis : « Je crois que votre extrême gravité est une façon ironique de réduire à l'absurde les manières tranquilles et douces de vos parents. L'accusation amère — " Voyez ce que vous m'avez fait ! " — transparaît en même temps. »

Après avoir réfléchi à cela, M. O... dit : « La tradition familiale est réellement faite d'une seule règle : sois réservé, ne montre pas tes sentiments, reste ferme. J'ai suivi cette règle sans difficulté ; il me paraissait naturel de se conduire ainsi. Mais je me suis conduit autrement à deux occasions au moins. Pendant ma liaison homosexuelle, j'ai montré une violente jalousie. Naturellement, je ressentais plus que je n'exprimais. Et lorsque la liaison fut rompue, lorsque je commençai à craindre de ne jamais m'en remettre, je fus presque hystérique, quoique encore une fois je le cachai et souffris en silence. Je peux paraître froid, mais ces exemples montrent que je ne le suis pas. Je ne me comprends pas moi-même. »

« Pourquoi ne pas simplement accepter le fait que vous conservez des griefs de votre enfance — un grand nombre de griefs ? Vous cachez vos larmes intérieures par un détachement extérieur et un semblant de sécurité. »

« Mais qu'est-ce qui est vrai et qu'est-ce qui est faux ? »

« Vos penchants masochiques, vos " larmes intérieures " sont le résultat final de votre conflit infantile individuel. L'attitude ferme est une défense secondaire. »

M. O... se souvint peu à peu qu'il y avait eu une époque où il ne s'accommodait pas de faire « ce qui se faisait dans sa famille ». Dans sa première enfance, il s'était irrité et avait critiqué « la maison morte » dans laquelle vivaient ses parents. « J'étais donc " vivant " alors ! », s'exclama-t-il.

« Qui vous a appris l'attitude " bouche cousue " ? », lui demandai-je.

« Personne. Mais certaines ambiances vous dépriment. C'était le cas à la maison. »

« Bref, au lieu de vous révolter contre l'environnement, vous avez utilisé deux défenses très préjudiciables. Vous avez refoulé vos sentiments, ce qui vous a amené à vous servir du geste magique négatif ; et vous avez défié l'enseignement de vos parents en adoptant une pseudo-homosexualité. »

Le pattern de paisible conformisme commencé après que M. O... se fut réconcilié avec sa « maison morte » avait été brisé par la liaison homosexuelle. La jalousie violente dont il fit preuve alors faisait-elle partie de sa technique masochique générale, ou étaitelle liée à un épisode de son enfance ? Cette jalousie pouvait bien avoir été une nouvelle édition d'une histoire ancienne ; il pouvait s'être senti mis au rancart et rejeté lorsque ses parents partaient pour un de leurs voyages.

« Qui s'occupait de vous lorsque vos parents étaient absents ? », demandai-je.

« J'allais généralement camper ; parfois je restais à la maison avec ma gouvernante. »

« Vous en irritiez-vous ? »

« Non. »

« Je ne peux pas croire que vos souvenirs conscients soient précis. »

Il s'avéra finalement qu'ils ne l'étaient pas. Un souvenir très clair émergea après une discussion apparemment hors de propos sur les statistiques, sujet qui avait longtemps fasciné et impressionné M. O... Peu de temps avant de commencer son analyse, il avait lu un livre, *How To Lie With Statistics*, et avait réagi avec colère et indignation devant les faits qu'il contenait. Pour commencer, il ne pouvait comprendre pourquoi les statistiques le fascinaient. La raison pour laquelle il s'était mis en colère à la lecture révélant des mensonges le troublait encore plus puisque l'argument principal dans sa « séduction » homosexuelle était statistique par nature — les statistiques de Kinsey. Puis vint un souvenir qui démêla l'énigme.

Il n'accompagnait pas ses parents dans leurs voyages. La routine habituelle avait été établie pour l'été de ses huit ans. Cette fois-là il se mit en colère et exigea d'être emmené. Ses parents lui expliquèrent que c'était impossible ; le point essentiel de leur argumentation était une statistique montrant qu'un pourcentage élevé de garçons de son âge partaient camper lorsque leurs parents pouvaient se le permettre. Des années plus tard, M. O... retourna ce type d'argument — la moyenne statistique — contre ses parents, raisonnant ainsi : « Si la moyenne statistique est décisive, l'argumentation statistique de Kinsey est irréfutable. »

Je dis au patient : « Vous voyez que j'avais raison de soupçonner que vous preniez en mauvaise part de ne pas être emmené dans ces voyages. Bien sûr, la plaisanterie diabolique que vous avez jouée à vos parents (retourner l'argument contre eux) était masochique. J'ai une fois décrit le cas d'un garçon de quatre ans auquel son père, un professeur de sciences et techniques, apprenait à lire. Le père se plaignait constamment que l'enfant n'allait pas assez " au fond " de ses études. Vingt ans plus tard, lorsque le jeune homme se fit soigner, il était étudiant en sciences et techniques et depuis deux ans refusait de passer ses derniers examens. Cette temporisation rendait le père furieux. " Passe donc ce stupide examen ", le pressait son père. " Je ne suis pas encore prêt ", répondait toujours le fils. C'était là une ironie inconsciente. Il se servait du même bâton — la perfection — pour battre son père. Dans les deux cas, l'ironie inconsciente était très masochique. Tous deux, vous vous faisiez plus de mal que vous n'en faisiez à vos parents. »

Cette découverte marqua un point critique ; la vraie analyse du masochisme psychique de M. O... pouvait commencer. Sa peur de l'homosexualité disparut finalement.

Commentaire : M. O... reconnut de lui-même que ses deux parents avaient été bons et aimants « à leur manière tranquille ». L'enfant avait mal interprété leurs manières réservées comme l'indication d'un manque d'amour — une idée complètement fausse. Il avait, de la même manière, mal interprété l'expérience banale d'être envoyé en camp pour l'été. Ayant acquis inconsciemment — faits ou pas faits — une attitude masochique, il se servait de « l'argument statistique » pour jouer un tour intérieur à ses parents. Et bien entendu, cette plaisanterie lui fut plus préjudiciable qu'à ses parents.

Ceux qui croient que les parents sont à blâmer pour les névroses de leurs enfants, auraient du mal à prouver leur point de vue s'ils devaient prendre ce cas comme exemple. Les deux parents étaient aimants. Et pourtant le jeune garçon considérait leur « attitude réservée » comme une terrible injustice.

CAS 10.

M. U... était un homme de cinquante ans qui semblait appliquer un sens pratique clairvoyant à ses affaires comme à ses heures de loisirs. Il avait de nombreux dadas ; il gérait habilement son héritage ; il avait même imaginé une technique compliquée pour simplifier ses liaisons homosexuelles. Mais cependant un défaut s'était développé dans cette dernière organisation. « Un ennui particulier de toute l'affaire » homosexuelle l'avait amené en analyse.

La spécialité de M. U... était d'amener les jeunes mariés à l'homosexualité. Il écoutait leurs griefs contre leurs femmes prétendues tyranniques, puis capitalisait sur leur insatisfaction dans le mariage pour les convaincre d'une courte liaison. C'est la quantité et non la qualité qui semblait être le but de ces liaisons. Il avait connu l'apogée de sa carrière homosexuelle quelques années auparavant : il fit un voyage en car à travers le pays et coucha avec sept des huit chauffeurs qui avaient assuré les déplacements successifs.

Lorsque M. U... lut un de mes livres sur l'homosexualité, il apprit que des tendances préjudiciables étaient toujours liées à l'homosexualité ; il craignit que son masochisme n'augmente avec l'âge et ne lui joue « de nouveaux tours préjudiciables ». Quoique l'avarice fût un de ses traits manifestes, il décida d'accepter la dépense et de se faire analyser.

Il décrivit ses rapports avec sa mère comme ayant été « favorables ». Cela voulait dire qu'il ne pouvait rien expliquer puisqu'elle n'était jamais intervenue et ne lui avait rien refusé. Mais ses rêves contredirent son jugement conscient. Une femme méchante et cruelle apparaissait dans tous ses rêves, le menaçait, ou du moins le méprisait.

La partie la plus intéressante de cette analyse assez routinière abordait la genèse de la préférence du patient pour ce qu'il appelait « les homosexuels vierges hétérosexuellement mariés ».

Sa mère avait été l'instigatrice du succès de l'affaire familiale. Il avait sept ans (et sa mère quarante ans) lorsqu'elle instaura une nouvelle politique. A partir de ce moment-là, la firme établit un programme pour de jeunes débutants. Ces jeunes, s'ils étaient en nom des apprentis en affaires, étaient traités comme des membres de la famille du propriétaire. Après quelques années de formation, ils étaient placés dans une affaire indépendante, dans diverses régions, et recevaient un capital suffisant pour se lancer ; ils étaient contrôlés. Après la mort de sa mère, M. U... continua cette « tradition familiale » d'aide à des débutants en affaires. Il ajouta quelques variantes au programme établi. Il séduisait ces jeunes gens avant qu'ils ne deviennent des apprentis qualifiés. A la fin de leur apprentissage, il faisait d'eux des co-propriétaires et des gérants d'une chaîne de magasins de détail nouvellement créée.

Le maintien de ce que le patient appelait « une tradition familiale » était directement lié à l'une de ses défaites infantiles les plus profondes. Il avait sans doute été gravement blessé par l'intérêt que sa mère portait à la succession éternellement changeante des jeunes gens. Les fantasmes masochiques de sorcières émergeant encore à la surface de ses rêves avaient dû aussi exister dans son enfance. Consciemment, M. U... ne se souvenait pas d'avoir soupçonné sa mère de porter un intérêt sexuel à ces jeunes gens ; mais ce soupçon pouvait être déduit de ses actes ultérieurs. Lorsqu'il reprit le programme de formation, il dama le pion à sa mère. Voici son raisonnement inconscient : « Toute femme peut séduire un garçon inexpérimenté. C'est ce qu'a fait ma mère. Je peux faire mieux. Je séduirai des hétérosexuels et des hommes mariés, j'en ferai des homosexuels pour le temps qu'il me plaira, puis je les renverrai avec mépris à leurs femmes. Ces garces découvriront que leurs maris ne seront plus jamais ce qu'ils étaient avant que je m'occupe d'eux ! »

M. U... avait trouvé à ses problèmes une solution intérieure compliquée. Il échappa à la « sorcière » menaçante, sa mère, en devenant homosexuel. Il se vengea de cette même « sorcière » d'une manière pseudo-agressive en lui damant le pion en tant que « dévorateur » de jeunes gens. Il améliora même la façon qu'elle avait eue d'exploiter les apprentis, en supprimant la coutume de les établir dans leurs affaires personnelles ; il s'arrangea pour conserver des intérêts dans les magasins de détail qu'ils géraient après avoir terminé leur programme de formation.

En dépit de toutes ces ramifications, le problème primitif de M. U... restait clairement visible. La base de toutes ses défenses était son attachement masochique à sa mère et la crainte qu'il avait d'elle — un schéma qui remontait à sa toute première enfance.

Commentaire : Dans ce cas, un fait concret — le programme de formation établi par la mère — était inconsciemment mal employé pour des besoins de vengeance. Il serait naïf de supposer que le programme de formation agissait *per se* comme « expérience traumatisante ». Au contraire : c'était le catalyseur qui amenait en surface un conflit intérieur *plus précoce*. En outre, il n'y avait aucune preuve objective que la mère du patient couchait en fait avec ses protégés.

Il ne faut pas négliger ce point : les rapports du jeune garçon avec sa mère étaient favorables ; elle était aimante, elle cédait à toutes ses exigences. Néanmoins l'insatiabilité de l'enfant en fit un cas dressé contre elle. L'histoire de la vie de M. U... montre bien à quel point la réalité compte peu dans le développement d'une névrose masochique.

CINQ EXEMPLES DE MATÉRIEL INFANTILE DANS DES CAS DE DIVORCES

Les cinq cas suivants traitent tous de personnes venues en analyse essentiellement pour des problèmes conjugaux. Toutes avaient divorcé ou étaient en instance de divorce. Toutes avaient déjà fait cette expérience, certaines d'entre elles plusieurs fois. Toutes avaient pris pour acquis que le fait de mettre fin à un mariage malheureux ouvrirait la voie à une vie nouvelle, sans problèmes et sans complications. (Des comptes rendus détaillés de ces cas se trouvent dans *Divorce Won't Help Neurotics*, Harper & Bros., New York, 1948.) Le fait est, naturellement, qu'un échec *répété* dans le mariage témoigne de la présence d'un conflit intérieur grave et que le partenaire du mariage n'est pas la cause des difficultés, mais simplement l'instrument permettant de les exprimer.

On admet que tous les divorces ne sont pas névrotiques. Un jeune homme ou une jeune fille sans expérience peut choisir de manière semi-névrotique le mauvais partenaire et corriger ultérieurement son erreur.

Le divorce névrotique est caractérisé par un conflit intérieur immuable. Le second, le troisième et le nième mariage seront une répétition du premier. Divorcer ne résout pas les conflits névrotiques ; c'est simplement reconnaître l'incapacité de les surmonter. Les névrosés peuvent divorcer de leurs partenaires, mais ils ne peuvent divorcer de leur névrose. On peut dire paradoxalement que le jugement de divorce d'un névrosé est simplement le renouvellement de la licence de mariage qui le lie à la névrose.

Voici ce qui se passe dans un mariage névrotique : le mari ou la femme qui a été inconsciemment choisi pour s'adapter aux besoins du conflit intérieur du partenaire reçoit le rôle d'antagoniste et de bourreau, alors qu'en réalité l'ennemi est un ennemi intérieur, le bourreau, un bourreau intérieur. (Dans ces luttes conjugales, le rôle secondaire est généralement une version édulcorée du rôle principal ; les névrosés tendent à épouser des névrosés.) Sans qu'il y ait conscience de ce qui a été fait, un problème intérieur intolérable a été projeté, de sorte que le partenaire devient une partie du réseau d'alibis et de défenses du névrosé.

Il faut tout d'abord comprendre que le malheur dans le mariage n'est pas un défaut pour le masochiste psychique. Un tel mariage ne commence à se rompre que lorsque le tyran intérieur refuse d'accepter le pot-de-vin de la souffrance consciente, en échange du plaisir masochique inconscient fourni par les conflits extérieurs. Une fois que le tyran intérieur a rejeté le pot-de-vin et a signalé que le prétendu malheur extérieur n'a pas empêché le plaisir intérieur, un nouvel alibi doit être construit. Cet alibi déclare : « Ce mariage est trop douloureux, je ne peux plus le supporter. » Si le tyran intérieur insiste pour avoir des preuves, l'alibi va au-delà des menaces et la procédure de divorce est entamée. Cela signifie que le partenaire du mariage en cours est sacrifié pour conserver la possibilité de répéter tout le processus avec quelqu'un d'autre.

CAS 11.

Un homme d'une quarantaine d'années me consulta dans le but de mettre de l'ordre dans son conflit conjugal. Il était marié depuis seize ans. Pendant près de quatorze ans sa femme ne l'avait pas « intéressé sexuellement ». Cela signifiait qu'il avait été impuissant avec elle, tout en étant puissant avec d'autres femmes.

C'était une industriel brillant, extérieurement très sûr de lui. Il discutait de ses problèmes conjugaux sans émotion mais avec un regret poli. Après avoir échangé quelques remarques, il devint clair qu'il ne se souciait pas de rétablir son mariage. Il croyait être amoureux d'une autre femme et avait décidé d'obtenir le divorce. « Ce n'est pas facile de briser un foyer après seize ans », dit-il. Je découvris que l'idée de me consulter ne lui appartenait pas. Il était venu parce que sa femme lui avait demandé de consulter un psychiatre avant de prendre l'ultime décision.

Je lui dis que s'il avait réellement voulu divorcer il n'aurait pas été aussi obligeant. Peut-être n'était-ce pas la première fois qu'il avait à peu près décidé de divorcer ?

Il s'avéra que c'était bien le cas. La crise présente était la quatrième en quinze ans. Chaque liaison antérieure avait été rompue par la maîtresse lassée d'attendre qu'il prenne une décision définitive.

L'homme décrivait sa femme en des termes peu enthousiastes, comme une personne amicale, plutôt soumise, qui acceptait tout ce qu'il disait, ou le faisait sans commentaires ou sans faire d'opposition ; une femme « pas laide » mais malheureusement sans charme. Par ses attributs, elle ne ressemblait à aucune de ses quatre rivales. Elles étaient toutes sophistiquées et enchanteresses ; elles s'habillaient avec élégance et dominaient leurs maris.

Je demandai au patient s'il n'avait jamais pensé que ces femmes l'auraient dominé lui aussi au cas où l'un de ses projets de divorce aurait abouti. Il me dit que cette possibilité ne l'avait pas frappé.

« Que soupçonnez-vous ? », demanda-t-il.

« Que vous avez peur de choisir une de ces quatre dames. »

« Je n'ai jamais pensé à elles comme étant agressives. »

« Cela ne prouve rien ».

« Voulez-vous dire que des difficultés m'attendent ? »

« Il pourrait y en avoir — que vous divorciez ou non. »

Tout cela avait été dit au cours d'un entretien préliminaire. Cela se passait six semaines avant que le traitement puisse réellement commencer et que nous puissions aborder l'exploration du milieu de l'enfance du patient.

Une grande quantité de matériel se fit jour, confirmant le soupçon apparu au cours de notre entretien préliminaire. Dans l'enfance, il avait détesté une mère tout à fait instable qui l'avait dominé. Dans la réalité intérieure, ce mépris représentait sa défense contre un attachement masochique inconscient. Sa mère avait été une personne hystérique, une hypocondriaque qui passait généralement ses journées au lit à soigner des maux imaginaires. Il voulait inconsciemment une répétition des « scènes » de son enfance ; il avait choisi sa femme pour qu'elle corresponde à cette défense. Ce qu'il voulait réellement, inconsciemment, c'était une femme aussi dissemblable que possible de sa femme, une femme qui ne serait ni bonne, ni soumise, ni douce, mais agressive et très émotionnelle. En d'autres termes, il voulait le plaisir masochique d'être maltraité.

Son insistance sur « le charme » pouvait être ramenée jusqu'à l'enfance. En analyse, il se souvint d'un éclat inhabituel de son « faible » père. Dans un moment d'exaspération, il avait crié à sa femme : « Crois-tu être quelqu'un de particulier et de mieux que les autres, pour agir toujours comme une princesse ? » Le second maillon était plus défensif que purement descriptif ; il se rapportait au milieu social plutôt humble de sa mère. En s'attachant à ce qu'il considérait comme un niveau social élevé, il se procurait un alibi à utiliser lorsque le tyran intérieur accusait ironiquement que ces quatre femmes « chics » et « sophistiquées » étaient identiques à sa mère. Du fait de leur « charme », elles n'étaient *pas* identiques.

La contradiction intéressante était ici que le mariage reflétait et renforçait sa défense inconsciente ; ce n'est qu'après son mariage qu'il en était revenu à son intérêt réel pour les femmes agressives. C'est en raison de l'utilité de sa femme comme témoin vivant de son alibi défensif qu'il ne pouvait jamais se résoudre à divorcer. Sans elle, il aurait été submergé par la passivité, victime d'une nouvelle femme qui l'aurait dominé. Mais toute défense a ses inconvénients ; il ne pouvait être sexuellement puissant qu'en étant agressivement maltraité.

Il s'arrangeait indirectement pour tirer aussi un plaisir masochique de la façon dont se terminait chacun de ces épisodes. Lorsque chacune de ces femmes fascinantes et sophistiquées le quittait, dégoûtée par son « indécision », il sentait qu'il avait été injustement trompé et rejeté — une excellente excuse pour le plaisir-dans-le-déplaisir.

La psychanalyse guérit cet homme de son désir névrotique d'être maltraité et il revint à sa femme. Ce résultat étonna cette dernière ; elle fut encore plus étonnée de découvrir que sa puissance sexuelle était revenue.

Commentaire : Ce cas est remarquable parce que le patient avait commencé sa vie conjugale par une attitude pseudo-*normale*. Ayant eu une mère dominatrice, il avait tenté de corriger une situation infantile défavorable au lieu de la perpétuer névrotiquement. Il choisit donc d'épouser une femme bonne et aimante. Mais — et le « mais » est décisif — il n'y avait aucune solidité dans sa tentative pour se sauver de son attachement masochique précoce. Peu après son mariage, il était revenu à son véritable type, la femme agressive sur laquelle il pouvait compter pour lui faire du mal.

Si les efforts défensifs de cet homme avaient été solides, et non faux, il serait un exemple de ce qui a été constamment souligné dans ces pages : le fait qu'une situation infantile défavorable peut être corrigée — à condition que l' « aimant » masochique psychique n'intervienne pas.

CAS 12.

Une femme approchant de la trentaine rapporta que son mariage avait vacillé pendant dix ans avant de s'effondrer finalement. Au cours de cette période elle avait par quatre fois quitté son mari, chaque fois parce qu'elle avait découvert son infidélité. Il avait chaque fois promis d'être « sage » et elle lui était revenue. Les suites de ces rébellions avortées suivaient un programme régulier. Il y avait quelques semaines de trêve après lesquelles son mari devenait maussade et agité. Cette agitation signifiait qu'il était en quête de son antidote standard, une autre femme. La nouvelle liaison battait son plein pendant quelques mois puis se rompait. Paix et repentir régnaient jusqu'au cycle suivant.

Le schéma fut finalement rompu lorsque le mari écrivit à sa femme au cours d'un voyage d'affaires qu'une dramatique expérience avec une autre femme l'avait laissé impuissant et qu'il avait donc décidé qu'il en avait terminé avec la sexualité. Puisqu'il n'avait plus besoin d'une femme, lui accorderait-elle le divorce et lui offrirait-elle ses meilleurs vœux ? Exaspérée, elle se demanda pourquoi elle avait passé dix ans à supporter de telles « bêtises ». Elle n'était pas sans avoir certaines connaissances de la littérature psychiatrique ; elle soupçonnait qu'elle n'avait pas été dans l'ensemble la victime innocente du mariage et décida donc de se faire soigner.

L'analyse mit au jour la base inconsciente du rôle de victime consentante qu'elle avait joué pendant dix ans. Au lieu de surmonter la déception de la défaite œdipienne lorsqu'elle découvrit qu'il était vain de tenter de supplanter sa mère dans l'affection de son père, elle s'était servie de cette déception pour renforcer son schéma masochique préexistant. (Elle admit en cours de traitement que ses deux parents avaient été bons et aimants à son égard dans l'enfance.) Ayant résumé dans ces termes la situation : « Papa n'aime que Maman ; je reste en dehors », elle incorpora inconsciemment ce rejet dans un grief plus général : « Je veux être l'enfant déçue négligée par mes parents qui sont heureux sans moi. » Naturellement, ce but masochique ne pouvait être poursuivi sans faire un marché inconscient et elle avait payé le prix standard de souffrance consciente pour son plaisir inconscient.

C'est précisément ce schéma qui prévalut inconsciemment dans son mariage. L'enfant déçue, toujours « laissée en dehors » par un mari qui était manifestement « heureux » sans elle, était consciemment malheureuse et inconsciemment satisfaite. Lorsque sa satisfaction inconsciente devenait trop évidente pour son tyran intérieur vigilant (le surmoi), elle organisait une de ses rébellions et quittait son mari. Ces rébellions étaient des alibis inconscients, niant son but de plaisir-dans-le-déplaisir ; lorsque ces alibis étaient acceptés par le tyran intérieur, elle revenait pour recevoir une nouvelle ration de satisfaction masochique.

L'observateur sympathisant et mal informé pourrait conclure de cette description du mari qu'il était le vilain de l'histoire et qu'elle était la victime innocente. Loin d'être la victime, elle était en fait une collaboratrice. Cela fut prouvé peu après la fin de leur mariage. Sa liaison suivante concernait un homme qui paraissait être un excellent parti pour un mariage normalement heureux. C'était, disait-elle, un « vrai délice » d'être avec quelqu'un qui parlait si éloquemment de son idéal de satisfaction conjugale. Mais des contradictions dans le comportement de l'homme la rendirent soupçonneuse ; elle découvrit que c'était un imposteur. Son schéma masochique inconscient l'avait trompé dans cette nouvelle liaison ; le mariage avec un homme de ce type aurait signifié une nouvelle contribution de malheur conscient, dont elle avait encore besoin. La psychanalyse changea cette tendance inconsciente. Le mariage suivant fut une réussite.

Commentaire : Ce cas montre que des parents même « bons et aimants » ne peuvent empêcher l'enfant de développer des penchants masochiques. Ici, le crime des parents était de s'aimer et d'aimer leur enfant. Manifestement, tous les enfants doivent supporter certaines déceptions et celles-ci ne doivent pas être utilisées masochiquement. Si cela est impossible pour certains enfants, la faute ne doit pas en incomber aux parents.

CAS 13.

Une jolie femme d'origine française, âgée d'une quarantaine d'années, était mariée depuis dix-huit ans. Pendant six ans, elle avait su (parce qu'il le lui avait dit) que son mari, un artiste, avait une liaison avec sa meilleure amie. Elle en avait eu des soupçons quelques années avant l'annonce officielle. Cela ne l'avait pas empêchée d'offrir l'hospitalité de sa villégiature d'été à l'autre femme. (L'amie fit une fausse couche au cours d'une de ses visites ; la patiente avait également été consciente que son mari était le père de l'enfant.)

Au cours du premier entretien, elle me dit qu'elle me consultait poussée par une requête formulée par son mari. Il voulait que « l'amie » vienne habiter dans leur appartement ; pour céder aux convenances, il proposait qu'elle devienne leur « sous-locataire ». Telle qu'il voyait la situation, seuls les « bourgeois » trouveraient cette proposition choquante ; il proposait simplement que les mensonges soient exclus de leurs rapports. « Je ne puis supporter cela », dit la patiente. « Ai-je tort ? »

Son mari refusa tout ce qui avait trait à la psychanalyse, déclarant qu'il n'y avait rien à discuter. Mais elle revint et, au cours des séances suivantes, il apparut clairement qu'elle n'était pas essentiellement intéressée par sa soumission dans le mariage. Tout en se considérant une victime de la cruauté de son mari, elle était terrifiée par ses propres impulsions cruelles : elle avait « une peur bleue » de couper les organes génitaux de son mari pendant son sommeil.

Je lui expliquai qu'elle n'avait pas besoin de craindre ses impulsions vengeresses ; puisqu'elle en était consciente, elles devaient représenter des défenses et non de vrais désirs impulsifs. (Ce qui apparaît dans la conscience n'est jamais un désir inconscient directement exprimé, mais seulement une défense intérieure secondaire contre ce désir.) Son vrai problème était nettement une profonde passivité névrotique et un profond masochisme psychique. La pulsion vengeresse consciemment perçue devait être une défense pseudo-agressive. L'analyse poussée plus avant prouva qu'elle était un exemple quasi-extrême de ce que le masochisme psychique peut faire à un individu.

Elle répétait toujours un schéma inconscient élaboré dans la toute première enfance. Son vrai conflit visait sa mère qui l'avait également « exclue » en lui préférant une sœur. Cette source de plaisir masochique (né d'une haine interdite suivie d'un sentiment de culpabilité inconsciemment aimé) fut poussée à l'arrière-plan à mesure qu'elle grandissait et la jeune fille commença à se servir de son père comme instrument d'auto-torture. Elle avait su très tôt qu'il était infidèle à sa femme ; elle entendait souvent leurs scènes. Dans ses fantasmes, elle s'imaginait dans le rôle « impossible » de sa maîtresse. Elle ne pouvait le faire qu'en payant — d'avance — le salaire psychique de la culpabilité et du châtiment.

Par la suite, « la situation impossible » devint sa façon émotionnelle de vivre. Elle pouvait se permettre de s'attacher à un homme — une situation qu'elle considérait inconsciemment comme « impossible », tout comme l'avaient été ses fantasmes infantiles — à la seule condition que cet attachement la fasse souffrir. Cela expliquait son acceptation volontaire de sa douloureuse situation conjugale. Le fantasme dans lequel elle mutilait son mari dans son sommeil lui fournissait la défense pseudo-agressive nécessaire. Elle quitta son mari après l'analyse.

Commentaire : Le conflit de la patiente avec sa mère, qui lui avait préféré une jeune sœur, n'avait pas commencé par un facteur de réalité, mais par une attitude provoquée par la patiente elle-même. Elle avait été tellement intolérante vis-à-vis des soins accordés au nouveau-né qu'elle avait suscité la colère de sa mère. Bref, les « injustices » masochiques avaient été inaugurées par la patiente elle-même ; si les provocations durent assez longtemps, même la mère devient impatiente. Secondairement, l'impatience peut être névrotiquement élaborée et présentée comme preuve de « Maman est méprisable ».

Elle était fixée sur le rejet, répétant le même processus dans la phase œdipienne et plus tard dans son mariage fantasmatiquement masochique.

CAS 14.

Cette patiente était une femme de quarante ans. Après treize ans de mariage, son mari lui annonça qu'il voulait divorcer ; il était malheureux chez lui et avait rencontré quelqu'un qu'il aimait. Dans la mesure où il se trouvait concerné, la situation était claire ; il était dominé par « des forces qu'il ne pouvait contrôler », mais par ailleurs il désirait rendre financièrement les choses aussi faciles que possible à sa femme et à son fils. Elle fut tout d'abord « paralysée par la peur et le choc » ; après la « paralysie » vinrent les larmes convulsives. Elle refusa de divorcer et son mari la quitta. Huit mois plus tard elle n'était pas moins déterminée à lui refuser le divorce ; il revint donc. Tout en vivant sous le même toit, il refusait de lui parler et passait ses soirées à lire. Il ne lui fit aucune avance ; il n'y avait entre eux ni contacts amicaux ni contacts sexuels.

Il est clair qu'un mécanisme inconscient lui avait dicté sa réaction à l'annonce du mari. Qu'est-ce qui expliquait son empressement à sacrifier sa fierté, son amour-propre, tous les avantages du mariage, simplement pour sauver les apparences d'avoir un mari ?

Aux yeux de la famille du mari, le père de la patiente avait été « une personnalité faible » ; c'était évidemment l'euphémisme officiel servant à cacher le fait qu'il était un joueur sur lequel on ne pouvait compter pour le pain quotidien et dont on disait aussi qu'il était un coureur de jupons. Mais malgré cela, le mariage avait tenu ; la patiente considérait cela apparemment comme une réalisation triomphante. Elle avait été très attachée à son père car elle avait été sa préférée.

La nature généralement insatisfaisante du mariage de ses parents fournissait à l'enfant un alibi tout fait à utiliser à l'apogée de la période œdipienne ; elle pouvait inconsciemment s'excuser de rivaliser avec sa mère en disant : « De toute façon, Papa veut quitter Maman. » Comme défense intérieure auxiliaire, elle se disait qu'elle voulait réellement que ses parents restent ensemble et elle développa un attachement conscient à sa mère.

Trente-cinq ans plus tard, lorsque son mari lui demanda inopinement de divorcer, l'ancien sentiment de culpabilité réapparut. Le tyran intérieur, le surmoi, saisit l'occasion de lui reprocher le « crime » passé et le lia au présent en accusant : « Tu voulais que ton père abandonne ta mère ; maintenant ton mari veut te quitter pour une autre femme. » Dans cette crise, elle résista avec l'ancien alibi : « Je veux que mes parents restent ensemble. » Pour renforcer cet alibi elle refusa d'accorder le divorce à son mari.

En fait, son mariage avait été une répétition du schéma établi dans l'enfance. Le vide du mariage de ses parents avait été sa justification de rivaliser avec sa mère pour obtenir l'amour de son père ; adulte, elle s'était punie en s'accrochant à la « coquille vide » du mariage et avait tiré inconsciemment satisfaction de son malheur conscient.

Après un certain temps de traitement, elle consentit au divorce. Elle resta seule quelques années, déplorant toujours en partie son sort. A ma grande surprise, j'ai reçu il y a quelques années une lettre d'elle m'annonçant son remariage et que « tout allait bien ».

Commentaire : Le mauvais mariage de ses parents encouragea cette patiente, enfant, à espérer qu'elle pourrait capter l'affection de son père. Cet attachement accru conduisit à une culpabilité accrue. Plus tard, lorsque son mari voulut la quitter, elle ne réagit pas à la situation réelle mais au vieux conflit infantile. C'est exactement ce que signifie la névrose. C'est aussi le sens exact de l'affirmation que la réalité n'est que le matériel brut. Si la patiente, enfant, avait été le tiers d'un bon mariage au lieu d'un mauvais, cela n'aurait pas amoindri le conflit. (Voir cas 12.) Nous en revenons toujours à cette question : Comment le moi inconscient élabore-t-il à partir d'une situation donnée ? Cela est vrai, que la situation soit favorable ou défavorable.

CAS 15.

Une jolie femme de quarante ans épousa un homme connu par ses amis pour être « un célibataire né ». Il était froid et détaché, mais avec un certain charme et un certain esprit. Comme mari, on ne pouvait pas « compter sur lui », me déclara sa femme lorsqu'elle vint me trouver peu de temps après avoir découvert sa correspondance amoureuse secrète. Elle l'accusa ; il se défendit. L'atmosphère de la maison devint pesante et le resta. En ce qui concerne le mari, la découverte de sa femme n'était pas perturbante pour lui. Il déclara franchement qu'il ne croyait pas à la monogamie et qu'elle savait en se mariant qu'il n'était pas un « bon sujet » pour le mariage. Il demanda le divorce. Elle refusa et devint hystériquement coléreuse. Elle me décrivit ses « crises » ; elle reprochait sa froideur à son mari d'une façon complètement irrationnelle.

Elle se décrivait comme le produit d'une éducation totalement impersonnelle et détachée. Sa mère, entretenue à regret par son père, avait cru qu'un comportement froid et réservé fournissait le meilleur mode d'éducation. L'enfant se conforma extérieurement à l'attitude froide qui lui était ordonnée ; intérieurement, elle avait été pleine de haine. Cette haine était apparue dans les nombreuses aventures sexuelles qu'elle avait eues avant son mariage tardif ; chacune de ces aventures lui fournissait inconsciemment un triomphe pseudo-agressif sur sa famille puritaine. Et en même temps, bien entendu, chaque expérience alimentait son masochisme psychique. Aucune de ces aventures ne lui apporta bonheur ou satisfaction. Le choix d'un « célibataire endurci » comme mari s'adaptait à son schéma masochique. Comme la mère cruelle du passé, il était froid, détaché et incapable d'amour. En d'autres termes, il représentait sa mère.

La relation mère-enfant était imitée dans les scènes entre la patiente et son mari. Dans ces scènes, la « mère-mari » se servait de mots cruels pour exercer des représailles sur « l'enfant-femme » impuissant. D'autre part, son mari alléguait souvent que les reproches qu'elle lui adressait dans ses moments plus calmes étaient « froids et cruels ». Elle jouait à ces moments-là le rôle de la mère trompée ; ce n'était que dans les moments d'hystérie qu'elle jouait le rôle de l'enfant.

Les scènes n'étaient cependant *pas* des imitations exactes de sa situation infantile. Deux amendements inconscients étaient incorporés à sa dramatisation. Le premier prenait le forme d'un reproche : « Maman, je ne peux pas supporter ta froideur ; même ta haine et ta colère seraient plus agréables. » Cette correction devenait possible après que ses éclats hystériques avaient pénétré la froideur habituelle de son mari, le laissant au désespoir. Le second amendement était en rapport avec son « interprétation » du rôle de la mère cruelle. Elle jouait ce rôle en se plaignant de manière colérique, annulant ainsi la froideur réelle de sa mère.

Au bout d'un certain temps, la patiente dissocia la situation infantile de la situation conjugale ; un certain compromis était réalisé.

Commentaire : Dans ce cas, le fantasme infantile de la « méchante mère » était réel et non imaginaire. Cependant, la réalité ne justifiait pas la névrose ultérieure. Pourquoi cette femme n'avait-elle pas corrigé sa déception précoce en cherchant un mari bon et aimant ? Pourquoi devait-elle perpétuer sa froideur ? A moins de comprendre le processus d'élaboration masochique, on est simplement dupe des « indices implantés » par le névrosé.

CINQ EXEMPLES DE MATÉRIEL INFANTILE DANS LE JEU PATHOLOGIQUE

Le joueur compulsif — qu'il faut différencier de l'individu qui joue occasionnellement pour son plaisir ou par sociabilité — est généralement considéré comme un individu qui a imaginé une combinaison pour gagner de l'argent sans avoir à travailler. Ce n'est certainement pas un but très louable, mais c'est certainement un but rationnel malgré ses risques et ses déconvenues.

Mais un examen analytique minutieux du joueur pathologique éclaire d'une lumière nouvelle le point considéré précisément comme acquis et comme allant de soi : le but réel du joueur. Mon expérience clinique montre que le joueur est un névrosé mû par un désir inconscient de perdre. En d'autres termes, c'est un masochique psychique qui a choisi le jeu comme l'instrument principal qui lui permet d'obtenir son quota nécessaire de rejet et de défaite.

Les extraits suivants décrivent brièvement l'histoire de joueurs guéris par la psychanalyse (extraits de *The Psychology of Gambling*, Hill & Wang, N. Y. 1957 ; les initiales primitivement utilisées pour identifier les cas sont conservées ici).

CAS 16.

Ce que j'ai d'abord su de M. A... était loin d'être prometteur. Sa femme prit un rendez-vous pour lui par téléphone ; puis le rendez-vous fut annulé. Deux semaines plus tard, un second rendez-vous fut pris et annulé; une fois encore M. A... avait refusé à sa femme de se faire traiter. Un troisième rendez-vous fut pris. Cette fois, Mme A... y vint à la place de son mari.

Elle me dit que M. A... était son quatrième mari, un être « impossible » qui buvait, jouait et se rendait désagréable d'une façon générale. Il volait de l'argent dans son porte-monnaie (bien garni car elle avait fait un gros héritage) et dernièrement il avait imité sa signature sur des chèques. Un spectateur aurait pu classer ce dernier exploit comme amusant. Lorsque Mme A... tenta de se garantir contre ces faux en demandant à la banque de garder les chèques d'une valeur supérieure à cinquante dollars jusqu'à ce qu'elle reçoive confirmation écrite de sa part, il contrefit sa signature sur dix chèques de cinquante dollars en une seule journée. Mme A... n'était décidément guère amusée. Au cours de la scène orageuse qui suivit la découverte, il y eut des larmes et un échange de coups. Cyniquement, M. A... lui rappela qu'elle ne pouvait se permettre un quatrième divorce mais qu'elle était suffisamment secouée pour accepter « définitivement » de se faire psychanalyser.

Puis l'entretien tourna en un examen préliminaire — de l'analyste. M. A..., expliqua sa femme, avait une haute opinion de lui-même en tant qu'historien amateur, spécialisé en criminologie politique ; avant de commencer son traitement, il voulait être sûr que je connaissais suffisamment l'histoire politique américaine et ses rapports avec le crime pour le comprendre. Elle passa assez vaguement sur son explication du rapport qu'il voyait entre son jeu et le tableau politique du passé : « Le crime en politique n'est pas inhabituel et le jeu, faisant partie du tableau criminel, n'est pas contre nature. Son exemple préféré est Boss Tweed. » Mme A... et moi-même commençâmes à rire, mais au bout d'un moment son rire se mua en larmes et nous oubliâmes tous deux l'absurdité de la situation.

Il se trouvait que je pouvais me qualifier comme historien du crime ; j'avais beaucoup lu sur la période de Tweed et j'ai toujours été intéressé par l'histoire. Et mieux encore, j'avais écrit à propos de Talleyrand comme escroc politique. Dans l'analyse de M. A..., son plaisir d'apprendre tous les faits concernant les événements politiques scandaleux fournit des indices importants quant à ses processus inconscients. Cela n'est, naturellement, pas inhabituel ; les individus ne choisissent pas leurs dadas par hasard ou pour suivre la mode, mais parce que ces activités renforcent d'une certaine façon leurs défenses inconscientes.

Comme promis — mais sans beaucoup y croire — M. A... vint le lendemain. C'était un homme d'aspect sardonique, profondément déprimé sous un extérieur flegmatique. Son assurance s'étendait à ses remarques ; il paraissait cyniquement certain de pouvoir continuer à extorquer de l'argent à sa femme et naïvement certain qu'il était obligé d'être un joueur, qui gagnerait en temps voulu si seulement il possédait un capital suffisant pour travailler. Il était également convaincu que l'analyse était vaine et inutile. Il se considérait néanmoins comme un « prisonnier analytique » condamné à la prison par sa femme et condamné, sans choix, à passer par les mécanismes du traitement.

Je lui dis : « Cela signifie que vous voulez abuser du traitement pour apaiser temporairement Mme A... et non pour un changement réel. Ou bien il sera possible de vous convaincre qu'inconsciemment vous êtes près de vous rompre le cou, ou bien vous devrez interrompre le traitement parce qu'il sera sans espoir. L'analyse ne peut vous aider qu'à une seule condition : que vous compreniez à quel point vous êtes malade. »

M. A... décida de poursuivre l'analyse à titre d'essai, dans une large mesure parce que cela lui apportait un argument efficace à utiliser dans ses disputes avec sa femme. « L'analyse changera tout cela », pouvait-il lui dire lorsqu'elle lui faisait des reproches.

Pendant ses premières séances, les contributions du patient au traitement consistaient surtout en passes d'escrime verbale. Il comprenait intuitivement qu'il ne pourrait sauver sa névrose qu'aussi longtemps qu'il garderait fermée la porte sur son passé. Il tentait sans cesse de m'attirer dans des discussions sur la « justification morale » du jeu. Sa thèse, qui s'appuyait lourdement sur des textes empruntés à Boss Tweed et à son pillage spectaculaire des biens de la ville de New York, était absolument cynique.

J'expliquai l'arrière-plan psychologique de cette attitude. Le cynique, lui dis-je, est un enfant apeuré, déguisé en iconoclaste, cherchant frénétiquement des alliés. Lorsqu'il se livre à ses exposés irrévérencieux ou même blasphématoires, il s'offre à son auditoire comme un modèle d'identification, demandant à ses auditeurs d'admettre qu'ils sont secrètement d'accord avec lui. Lorsqu'ils le rejettent, il les raille pour leur manque « d'humour » — ne pouvaient-ils s'apercevoir qu'il était « seulement taquin » ? Ce recul offre une autre preuve des peurs non digérées du cynique.

M. A... abandonna momentanément Boss Tweed et revint à ce qu'il appelait son « argument principal ».

« Je vous ai dit qu'en jouant au poker, on y arrive souvent presque... »

« Des déceptions à un pouce de la victoire, pourrait-on dire ? »

« Exact. Éliminez ces déceptions en interrompant les mises — à supposer qu'il y ait un capital suffisant et que la loi des probabilités opère encore — et on gagnera en fin de compte. »

« La proposition est absolument impossible. Il est naturellement vrai qu'en jouant davantage il y a davantage d'occasions de séries heureuses. Mais même en supposant que les chances de gagner ou de perdre soient égales (ce qui n'est pas le cas), il y a le désir *intérieur* de se mettre dans le pétrin en perdant. C'est précisément cette tension malheur-bonheur qui donne son attrait au jeu... Ce que vous sous-estimez, c'est l'infra-structure psychologique du " plaisir dans la peur " élaborée masochiquement. C'est là le point décisif. Les manques approximatifs ne sont que l'amorce d'autres défaites déguisées en d'autres victoires. »

« Ne le croyez pas. S'il n'y avait eu la petite erreur de Tweed en désignant le mauvais auditeur, rien ne lui serait arrivé. »

Cette affirmation aurait pu être acceptée par les contemporains de Tweed ; c'était une piste douteuse pour un auditeur informé du XXe siècle. La connaissance de l'inconscient nous a appris à nous méfier des « petites erreurs », en particulier lorsqu'elles conduisent à de grandes défaites. La raison évidente, c'est que ces petites erreurs sont inconsciemment programmées par des individus qui recherchent masochiquement leur propre chute. J'expliquai cela assez longuement à M. A... et ajoutai : « Pourquoi placez-vous Tweed si haut ? Qui est-il ou que représente-t-il pour vous ? »

« Eh bien, je suis un vieux républicain. Espérez-vous me voir choisir un républicain véreux comme exemple ? »

« Adroit, cynique et faux. Vous admirez Tweed. Votre distinction entre les partis politiques ne colle pas. »

« J'avais besoin de l'exemple d'un certain défaut dans l'histoire heureuse d'un politicien véreux ; Tweed convenait. Vous direz, bien sûr, qu'il est une " image du père ". »

« Une petite connaissance est un danger. Je ne revendique pas cela, mais le contraire. Tweed vous représente, idéalisé, magnifié, embelli. »

M. A... arborait un air de vaincu lorsqu'il arriva à la séance suivante. Il ne fit aucune remarque cynique, mais me demanda de lui expliquer davantage la psychologie du cynisme. Je le fis, me servant d'un incident de la carrière de Talleyrand pour illustrer les différents points.

Je lui dis : « Si je ne savais pas que derrière votre intérêt pour Tweed et Talleyrand se cache votre propre problème, je refuserais de les discuter. Les choses étant ainsi, il me semble que c'est la première approche — tangentielle bien entendu — à la compréhension du " gars faible " dont le camouflage est une pseudo-supériorité. »

A partir de cet instant, l'analyse progressa plus rapidement. M. A... fournit davantage de matériel, d'abord en se plaignant que l'analyse le déprimait et le rendait maussade (un grief qui ouvrait la voie à une explication du schéma de la collecte d'injustices qu'il suivait dans le transfert), et plus tard en parlant réellement de son enfance et du milieu familial.

Il avait été un jeune garçon malheureux. « Des préjugés victoriens et une moralité amère » avaient assombri sa jeunesse. Ses parents avaient été ses éducateurs hypocrites et « prêcheurs » contre lesquels il s'était révolté en jouant au truand et en volant des gros sous. « Ils me mataient toujours, d'abord avec des mots, puis avec des coups et je continuais toujours. » Il concédait qu'il provoquait les mots et les coups, mais que pouvait-il faire d'autre avec « une mère puritaine et un père moraliste » ? Cette justification cachait à peine le but masochique apparent de l'enfant ; il n'avait été découragé ni par les sermons ni par les rossées, mais provoquait de nouveaux châtiments en répétant ses fautes et ses vols. Ce n'était pas son avis ; il avait simplement « testé » ses parents, espérant « un mot de compréhension ».

Rétrospectivement, M. A... considérait les « notions moralistes » de ses parents comme la *bête noire* de son enfance. Très tôt il avait commencé à détester tout ce qui était lié de façon lointaine à « l'ordre moral des choses ». Pour le ramener dans le droit chemin, ses parents avaient une fois appelé son grand-père, « le grand vieil homme de la famille », pour appuyer leurs idées. M. A... écarta le « grand vieil homme » en me le décrivant comme un « ex-politicien de pacotille », ce qui fournit un autre maillon de la chaîne conduisant à Boss Tweed. Le patient se souvint soudain que le vieil homme s'était servi de Tweed comme d'un avertissement au cours de ses sermons et l'avait menacé du sort final de Tweed. Le résultat fut que le petit garçon de cinq ans prit Tweed comme son héros personnel ; cette identification persista jusque dans sa vie d'adulte.

Quelques séances plus tard, je demandai au patient : « Lorsque je suppose que le temps écoulé entre la perpétration d'un méfait infantile et l'espoir d'un châtiment pour ce méfait peut avoir développé une " tension agréablement douloureuse ", cette hypothèse vous paraît-elle toujours aussi insensée ? Et l'émotion du jeu n'est-elle pas identique ? Substituez le temps qui s'écoule entre le moment où vous placez votre mise et l'issue du jeu. »

« Pas si vite, s'il vous plaît. Si vous rattachez mon jeu à mes crises infantiles d'ordre moral, je ne puis être franchement d'accord. Mais vous allez plus loin. Vous affirmez que la crise et la révolte sont truquées et qu'elles recouvrent précisément le désir d'échouer,

Cette partie, la pseudo-agressivité dans le but de recevoir une ruade masochique, est ce que je trouve inacceptable. »

M. A... continua pendant de longs mois à trouver cette interprétation « inacceptable ». Avec le temps, la théorie pénétra sous la force de démonstrations renouvelées montrant la base masochique de ses attitudes et de sa conduite en tant qu'adulte. Par exemple, ses vols d'enfant, qui semblaient réaliser son « désir d'obtenir », avaient été en fait une défense contre le désir — masochique — intérieurement interdit d'être refusé. Cela avait été un message au tyran intérieur, disant : « Ce n'est pas vrai que je veuille être refusé ; je veux obtenir. » Son besoin de jouer, à l'âge adulte, représentait réellement une version revue de cette affirmation identique.

Pendant toute sa vie, M. A... s'était représenté comme la victime innocente — d'abord de ses parents qui refusaient de lui accorder « un mot de compréhension » lorsqu'il volait à maintes reprises et jouait au truand ; et plus tard de sa femme qui s'offensait inexplicablement des vols et de l'imitation de sa signature sur des chèques. Dans le monde plus impersonnel des affaires, M. A... utilisait la même technique préjudiciable avec ses clients ; il les provoquait dans des différends et perdait ainsi leur clientèle.

Après de longs mois, M. A... comprit finalement qu'il était encore un « enfant névrosé en maillot » derrière son masque de joueur, fait d'amoralité et de cynisme. Il apprit à comprendre les buts infantiles qu'il poursuivait ainsi. Il perdit son intérêt pour le jeu et ne vit plus en Boss Tweed un personnage fascinant ou héroïque. Sa vie conjugale s'améliora ; on peut en juger par le fait que Mme A... ouvrit un compte joint avec son mari.

Commentaire : M. A... est un exemple typique de la tendance à transformer en ogres des parents sans malice mais naïfs. La ruse est réalisée au moyen de provocations répétées. D'une façon générale, il faut se garder d'accepter pour sa valeur apparente la description qu'un individu fait de ses jeunes années. Les souvenirs sont fréquemment déformés. Même s'ils sont exacts, ces souvenirs négligent le préambule auto-créé : les provocations de l'enfant.

Dans le cas de M. A.., la solution masochique de son conflit infantile venait tout d'abord et les oppositions des parents n'étaient qu'un aboutissement. Comme tous les masochistes psychiques, M. A... proclamait que tout ce qu'il voulait était : « amour et compréhension ». Cet alibi commode et universel n'a pas de base dans le masochisme psychique. Les moyens par lesquels les masochistes psychiques réalisent l'amour prouvent que le désir est faux (« amour contrefait »). Seule l'infrastructure masochique est authentique.

CAS 17.

M. B... vint à son premier rendez-vous en arborant un air insouciant, amusé. C'était un homme de trente-cinq ans environ, sans profession et marié à une femme riche. Il déclara me consulter parce que sa femme pensait qu'il avait des problèmes et non parce qu'il était d'accord avec elle. Après un interrogatoire, l'histoire réelle fit surface.

M. B... avait rencontré sa femme lorsqu'ils étaient tous deux à l'université. Ils s'étaient lancés dans une liaison qui s'avéra « difficile » parce que la jeune fille semblait « frigide et cependant insatiable ». Il était sur le point de rompre lorsqu'il découvrit à quel point sa famille était riche ; cela modifia son attitude envers elle et il la poussa à un mariage rapide. Ils quittèrent l'université et pendant un certain temps vécurent simplement pour le plaisir. Mais sa femme et son « tyran de mère » espéraient de lui autre chose qu'une vie de loisirs. Sur leurs instances il accepta d'entrer dans les affaires — mais seulement après une année de voyages. Il observa le marché, mais ironiquement ; lorsque la famille lui acheta une participation dans une affaire, il s'arrangea pour qu'elle perde rapidement son capital. C'est à ce moment-là qu'il se mit à jouer. Son idée était de se servir de l'argent de sa belle-mère pour payer son apprentissage de joueur, puis de vivre en joueur professionnel une fois qu'il aurait appris toutes les ruses du métier.

Dès cet instant toute idée d'une carrière d'homme d'affaires avait été abandonnée. Sa femme et lui vivaient d'une pension. Sa femme était opposée à son jeu et à un certain moment elle avait menacé de divorcer. Une grossesse était heureusement survenue pour la faire changer d'avis. Cette fois-ci, elle était « à nouveau sur le sentier de la guerre » parce qu'il avait compliqué sa vie par une infidélité venant s'ajouter au jeu.

Le but de M. B... en se faisant analyser était clair : il voulait un alibi qui lui permettrait de continuer à vivre aux crochets de sa femme tout en continuant à jouer et à entretenir une maîtresse. Je lui dis que je ne pouvais le soigner et il fit de son mieux pour me faire changer d'avis en avançant toute une série d'arguments. Ces arguments, qui comprenaient le fait qu'il était impuissant avec sa femme mais non avec sa maîtresse, renforcèrent ma conviction qu'il était névrotiquement malade et avait besoin d'être soigné ; ils renforcèrent aussi mon impression qu'il n'était pas candidat au traitement. Je consentis cependant à voir Mme B...

Mme B... introduisit un nouvel élément dans la situation. Elle semblait vivre dans un autre monde (un monde psychotique).

Elle parlait avec charme de ses déceptions et de ses hallucinations ; il devint clair que sa mère avait dû avoir une raison pour lui permettre d'épouser un homme sans valeur et un parasite. Indubitablement, il s'était agi soit de lui laisser faire ce qu'elle voulait, soit de l'amener peu à peu à l'hôpital psychiatrique. J'eus aussi l'impression que la rupture de son mariage ferait d'elle directement la proie de sa névrose.

Cependant, en parlant de son mari elle paraissait tout à fait rationnelle ; elle le décrivit comme un scélérat et un parasite. En raison de son état évident, je travestis mon attitude à l'égard de M. B... Je lui dis que je m'étais engagé délibérément dans une action à retardement pour le rendre plus docile au traitement. Quoique je la prévienne qu'il était impossible de prévoir les résultats, elle fut reconnaissante et pleine d'espoir ; elle était certaine que le traitement serait une réussite.

La requête de M. B... que je voie sa femme avait été un argument sans réplique ; il avait su que je percevrais son état pré-psychotique et que je réagirais médicalement. Après qu'il eut admit cela à contrecœur, je lui dis que je lui accordais un traitement d'essai de quatre à six semaines ; ce qui arriverait ensuite dépendrait entièrement de lui. Sans une indication nette de sa part montrant qu'il souhaitait être aidé et non pas recevoir un alibi, son analyse se terminerait aussitôt.

Tout comme M. A..., M. B... était convaincu qu'un « capital suffisant » ferait finalement de lui un gagnant. Je lui demandai pourquoi il voulait continuer à jouer s'il avait un capital suffisant, et pour la première fois il parut mettre en question le plan de vie qu'il avait établi. Son but dans la vie était soi-disant le plaisir et la paresse. Si cela était son but réel, comment justifiait-il les risques qu'il prenait ? Sa femme l'avait menacé une fois de divorcer. Il avait pris le contre-pied en la rendant enceinte et le divorce avait alors été oublié. Plus tard, il avait fait en sorte que sa femme découvre sa liaison extra-conjugale. (Il avait « ordonné » à sa maîtresse de les rejoindre à Rio.)

« Quel est votre second chef d'accusation ? », demanda M. B..., montrant qu'il y avait plus de culpabilité dans son inconscient que dans ses manières extérieures.

Il y *avait* un autre point, quoique l'emploi par M. B... du mot « accusation » ne s'appliquât qu'à l'idée inconsciente de lui-même en tant que « victime ». Ce second point avait trait à la psychose de sa femme. Je lui dis qu'il minimisait la maladie de sa femme en la qualifiant d' « excentricité », de façon à pouvoir se poser en bon mari. Si à l'avenir son état se détériorait, si elle devait être hospitalisée, il aurait la charge des enfants et devrait agir comme curateur des biens de sa femme. Je lui dis que si tel était réellement son but conscient, il était certain de son échec. Joueur et adultère connu, comment pouvait-il espérer que la famille de sa femme lui permettrait d'être le tuteur des enfants et le curateur de leurs biens ?

M. B... n'avait jamais songé à cette éventualité. La conclusion logique — que son but conscient d' « avoir du bon temps » était contredit par son désir inconscient de préjudice — lui fut signalée, mais il en nia énergiquement la validité. Cependant les faits étaient contre lui et le fait de les additionner brisa une partie de son assurance superficielle. Il devint craintif et pour la première fois je commençai à espérer un succès analytique de son cas.

Pendant quelques séances, M. B... m'attaqua : j'étais « vindicatif », un conspirateur qui le poussait sournoisement à abandonner l'analyse, un « sadique ayant des motifs inavoués ». Ce fut le point de départ de la période de transfert ; il m'avait clairement attribué le rôle d'ennemi puissant. C'était naturellement une répétition d'une image infantile et je lui demandai : « Qui était le modèle de cette projection ? Avez-vous le sentiment que votre mère était tellement mesquine à votre égard ? »

L'histoire infantile du patient était simple. Il avait eu le sentiment que sa mère le repoussait, lui l'aîné de ses enfants, en lui préférant ses jeunes frères et sœurs. Son père avait été un être insignifiant, un personnage « qui ne comptait pas, même comme pourvoyeur ». C'était la mère énergique qui avait fait vivre la famille ; elle était courtier d'assurances. C'était une personne sévère et souvent emportée, ne supportant ni gaîté ni rires, peut-être à cause de sa vie difficile ou peut-être pour des raisons névrotiques. Encore très jeune, M. B... était devenu un petit voleur. Sa malhonnêteté une fois découverte, elle fit de lui un paria. Ce n'était là qu'un de ses actes de provocation lorsqu'il était enfant ; il se révolta contre sa mère de bien d'autres façons. Un de ses griefs contre elle était basé sur sa prétendue avarice ; en fait, elle se sacrifia pour sa famille. Malgré sa déception, elle proposa de l'envoyer à l'université. Il accepta — et continua à se plaindre d'elle.

M. B... affirma que les circonstances de son enfance expliquaient pourquoi l'argent de sa femme « lui ouvrait un monde nouveau ».

Je lui dis : « Un individu qui veut corriger les déceptions de son enfance devrait penser par deux fois avant de mettte en péril sa règle de sécurité financière. Mais vous semblez inconsciemment déterminé à perpétuer les privations de votre enfance. Essayez d'expliquer cela logiquement. Vous ne le pouvez pas. »

« A vrai dire, j'ai toujours senti que j'étais quelqu'un de particulier. »

« Ce sentiment de mégalomanie, d'être l'élu, est un paravent commode pour vous battre. N'avez-vous pas le même sentiment lorsque vous jouez ? »

« A un certain degré oui. Comment expliquez-vous que je sois tellement convaincu que je vais gagner ? »

« Ce sentiment est du masochisme déplacé. Vous savez que votre adversaire va être « injuste » envers vous en vous laissant perdre. Votre certitude inconsciente que la mère protectrice sera malfaisante est déplacée sur la certitude consciente que vous allez gagner. C'est là un des attraits les plus puissants pour le joueur. »

Vers la fin de la séance M. B... proposa son interprétation personnelle : « Ne m'avez-vous pas dit que le jeu est une façon de faire fi des préceptes moraux du milieu ? Si j'étais vous, je dirais que c'est exclusivement la continuation de ma révolte infantile. »

« C'est là une couche superficielle. Il y a au-dessous le désir massif d'être puni, masochiquement amplifié. »

M. B... resta sceptique. Sa philosophie hédoniste consciente, disait-il, reflétait exactement ses buts réels. Il restait sur cette position, malgré les preuves contraires fournies par ses rêves, dans lesquels il apparaissait invariablement comme la victime fuyant la persécution ou les mauvais traitements. Il déclara que les rêves ne signifiaient rien ; les interprétations analytiques des rêves ne signifiaient rien non plus — sauf qu'elles donnaient à l'analyste une chance de jouer « de vilains tours » au patient.

Je lui demandai : « Comment expliquez-vous le fait que vos rêves masochiques coïncident si exactement avec l'interprétation de vos tendances préjudiciables ? Si vous être un " super-hédoniste ", comme vous le proclamez, pourquoi vos rêves sont-ils tellement douloureux ? Pour utiliser votre expression, pour le même argent vous pourriez faire d'agréables rêves de " succès ". »

« Je ne sais pas et n'en ai cure. »

« Choisissons une facette dont vous ne vous moquiez pas. Vous souffrez de jalousie dans votre liaison amoureuse. Cette situation aussi a été provoquée par votre choix d'une fille frivole et agressive. De toute façon, votre désir conscient est qu'elle vous soit fidèle. Comment justifiez-vous vos rêves concernant cette fille, des rêves dans lesquels elle est toujours infidèle, décevante, méchante ? »

« Je crois que je finirai par réaliser votre désir et abandonner l'analyse. »

Cette remarque et le bref échange qui suivit (au cours duquel je lui dis que je commençais à modifier mon pronostic pessimiste sur son cas) montrèrent que M. B... avait atteint un cap important. L'analyse qu'il avait acceptée comme un outil qu'il pourrait manipuler, avait commencé à menacer ses tendances psychopathes. Il y avait là un dilemme qu'il devait résoudre et qu'il résolut d'une façon masochique caractéristique.

Il annonça qu'il allait prendre trois semaines de vacances et qu'il reprendrait l'analyse à son retour. Je lui expliquai que ce n'était pas conforme au processus standard. S'il voulait conserver ses rendez-vous, il devrait payer pour les rendez-vous intermédiaires puisqu'ils lui seraient conservés et ne pourraient être utilisés pour d'autres patients. M. B... ne voulait pas payer pour ces rendez-vous intermédiaires et il discuta amèrement sur « l'injustice » de mon attitude. L'ironie de la situation était très grande : tout d'abord, il n'avait pas besoin de vacances et en outre sa femme payait pour ses séances. Il décida finalement qu'il voulait ses vacances et qu'il paierait pour les séances intermédiaires.

A son retour, M. B... minimisa notre « petit malentendu », tout en l'utilisant comme base d'une autre attaque :

« Pourquoi vous aurais-je demandé, indirectement, de financer mes vacances — vous qui êtes un de ces fous qui vivent de leur travail ? »

« Votre mépris du travail est charmant. Ou dois-je me sentir provoqué ? Est-ce là votre intention ? »

« Comme vous voulez. De toute façon, ma demande immodérée prouve une chose : je suis encore un bébé parasite qui veut obtenir. De sorte que vos déductions concernant mon prétendu besoin d'être refusé dans la vie, l'amour et le jeu, s'effrondrent tout simplement. »

« Je dois avouer que nous n'avez pas accumulé beaucoup d'arguments pendant ces trois semaines. Qu'avez-vous produit ? Tout d'abord une pseudo-supériorité. Vous êtes un parasite " pur " qui ne travaille pas ; moi, je suis un de « ces fous » qui travaillent. Ensuite, un faux argument qui a la prétention de prouver votre désir d'obtenir et non d'être refusé. Pourquoi cet argument est-il faux ? Manifestement parce que vous avez présenté votre désir d'obtenir d'une façon qui rendait évident que vous seriez refusé. Était-il vraisemblable que moi, " le fou qui travaille ", je sois refusé ? Était-il vraisemblable que moi, " le fou qui travaille ", je finance les vacances d'un " parasite de génie " ? Sous l'apparence de vouloir obtenir, vous vouliez être refusé. Avant que vous ne me contredisiez, laissez-moi ajouter que l'exemple du transfert est une duplication parfaite de votre penchant au jeu. Ici aussi, officiellement, vous voulez gagner. Mais, officieusement, vous voulez perdre. »

Des semaines passèrent à élaborer ce matériel avec des développements favorables et de nombreuses périodes de dépression. M. B... se libéra de sa maîtresse croqueuse d'hommes et répondit à mon « pourquoi ? » par une autre question : « Pourquoi aurais-je une vie misérable ? » Plus tard, il se surprit à mal interpréter ses donnes au poker et, partagé entre l'excitation et le désespoir, il me demanda : « Est-il vrai que je veuille perdre ? » Plus tard encore, il eut une idée positive : Pourquoi n'abandonnerait-il pas le jeu et ne se lancerait-il pas dans une aventure commerciale « excitante » ? C'était possible, lui dis-je — s'il pouvait réellement renoncer à son désir inconscient de perdre.

Dès cet instant les choses progressèrent rapidement. M. B... entra dans une affaire foncière et réussit si bien que sa fortune dépassa celle de sa femme. Il perdit tout intérêt pour « le jeu pur » et agit même correctement à l'égard de sa femme. Dans l'ensemble, l'analyse était parvenue à des résultats favorables chez cet homme, quoique le pronostic initial ait été nettement défavorable.

Commentaire : Comme un grand nombre d'autres patients, M. B... se méprit sur le sacrifice maternel et le considéra comme de la « méchanceté ». Sa pauvre mère se sacrifia pour ses enfants et tout particulièrement pour son fils aîné. Ce fils la récompensa par la haine et plus tard par un comportement masochique provocateur.

Sous l'apparence de « vouloir obtenir », M. B... gâchait masochiquement ses propres « buts hédoniques ». Cela était vrai (« dans les piques », aurait-il dit) dans son mariage parasite, dans lequel il se comporta d'une manière qui menaçait dangereusement sa « sécurité ».

CAS 18.

Le mari de Mme C... planait au-dessus de sa femme lorsqu'elle vint pour la première fois dans mon cabinet. Elle garda son visage caché derrière un mouchoir et ce fut lui qui m'expliqua les problèmes de sa femme. Elle était maussade et déprimée, me dit-il ; elle avait des crises de larmes officiellement diagnostiquées comme « nerveuses ». Cela durait depuis un an et Mme C... ne pouvait expliquer ses difficultés. Il résuma la situation en affirmant que leur mariage était « parfait », demanda que sa femme soit immédiatement soignée et quitta la scène avec tact.

Dès qu'il fut parti, le mouchoir de Mme C... regagna son sac et je vis une jolie femme d'une trentaine d'années. Ayant demandé le secret professionnel et étant assurée de l'obtenir, elle me conta son histoire. Le mariage « parfait » était triste et son mari était un « raseur », ce qui justifiait sa décision d'améliorer la situation en ayant quelques liaisons. Frigide dans le mariage et à peine moins dans ses expériences extra-conjugales, elle en avait conclu, quel que soit le « facteur plus » dans ses liaisons, qu'il n'avait rien à voir avec les hommes eux-mêmes mais avec l'élément de danger qu'elles comportaient. Pendant ce temps, son mari avait assez bien réussi pour lui rendre leur mariage plus précieux ; cela dicta ses actes lorsqu'il eut quelques soupçons de ses liaisons et menaça de divorcer. Elle avait assez adroitement nié pour le convaincre en partie ; pour éliminer tout à fait ses soupçons, elle avait adopté une attitude de « nervosisme ». Ses crises étaient si convaincantes qu'elle parvint même à tromper ses médecins.

Arrivée à ce point, Mme C... me posa une question assez surprenante : « Quel est mon problème, Docteur ? »

Pour des motifs thérapeutiques, je n'insistai pas pour qu'elle y réponde elle-même. Des pistes qu'elle avait fournies dans la première partie de son histoire (naturellement plus détaillée que dans le résumé ci-dessus), il était possible de tirer une liste d'alternatives logiques et d'en éliminer d'autres moins adéquates. (Le problème ne pouvait pas être sexuel, par exemple, puisqu'elle avait spontanément reconnu ses liaisons. Cet empressement constituait une assurance que la « lascivité » n'était pas son « vrai » crime. Si cela avait été le cas, elle n'aurait admis que ses défenses contre lui.)

Après avoir exclu la toxicomanie, ma conclusion fut que Mme C... s'était compromise criminellement au jeu et qu'elle devait plus d'argent qu'elle ne pouvait payer. C'était le cas. Mme C... avait perdu quarante mille dollars. Elle couvrait ses dettes par des reconnaissances. Depuis qu'il les avait en sa possession, le joueur qui avait reçu ses reconnaissances la traitait comme un gangster traiterait sa maîtresse, l'obligeant à lui servir d'hôtesse dans son club de jeu très fermé et la soumettant à d'autres humiliations. Elle vivait dans la terreur de ses menaces et dans la terreur d'être reconnue dans la maison de jeu. Il lui était arrivé de le désintéresser sexuellement, mais il était impuissant. Un avocat lui avait conseillé de tout dire à son mari, mais elle ne l'avait pas fait.

Je lui dis que ce refus témoignait de son amour du danger. Elle avait consenti à tenter une psychanalyse uniquement parce qu'elle avait un vague aperçu de son masochisme. Nous nous mîmes d'accord pour un traitement d'essai dans lequel tous ces problèmes seraient discutés — de même que sa frigidité qui était liée à son désir masochique d'échec.

Le début de l'analyse de Mme C... fut compliqué par son dilemme extérieur ; il fallait faire quelque chose au sujet de ses dettes de jeu et du maître-chanteur qui gardait ses reconnaissances. Pour gagner du temps, Mme C... souffrit d'une « dépression nerveuse » qui nécessita un séjour en Floride. C'était en partie sur le conseil de son avocat et en partie son idée. Grâce à la coopération d'une amie en Floride, le joueur reçut la « preuve » que ce séjour était réel et sa contrainte sur Mme C... se trouva allégée. Sauf pour venir à ses séances, elle ne quittait jamais sa maison. (Le grand espoir que le joueur envoie des pièces à conviction à l'adresse de Floride ne se matérialisa jamais.)

Le sujet de ces séances d'analyse — le seul sujet qui l'intéressa — était : « ce que *nous* allons dire à mon mari ». Le « nous » éclairait un autre aspect de son empressement à entrer en analyse ; elle avait de sang-froid calculé de se servir de l'analyste comme protecteur et comme intermédiaire.

C'est précisément ce qui arriva. Ce fut moi qui avertis M. C... de la situation de sa femme. Je ne lui dis pas toute l'histoire ; le simple fait d'apprendre la situation financière fut un choc suffisant.

Le même soir, M. C... alterna « les reproches terribles et l'avilissement ». Mme C... resta très calme, contrecarrant les reproches en disant qu'elle était « névrotiquement malade » et par conséquent qu'elle ne pouvait être tenue pour responsable. Mais maintenant que le problème était ouvertement posé, il fut rapidement résolu. L'avocat de Mme C... conclut un accord pour un règlement de dix mille dollars contre lesquels le joueur remit toutes les preuves de la dette. A la grande surprise de Mme C..., le maître-chanteur terrifiant se révéla très humble dès qu'il se vit menacé de mesures judiciaires.

Les suites de ces événements furent curieuses. M. C..., qui ne pouvait se décider pour ou contre le divorce, ne parla plus à sa femme et parut rarement aux repas. D'autre part, Mme C... se sentit convaincue qu'il ne la quitterait pas et commença à parler à son mari en termes froids et plutôt méprisants. Elle se comportait en général comme si elle avait prouvé sa supériorité sur les faits et sur les êtres. Son mari et le maître-chanteur furent évincés comme des « femmelettes » et l'analyse — maintenant qu'elle avait virtuellement servi son but conscient — était aussi virtuellement abandonnée. Mme C... commença à manquer des séances. Lorsqu'elle se présentait, elle agissait comme si elle se livrait à une routine irritante et dépourvue de sens.

Cela ne pouvait naturellement pas continuer. Je tentai de faire comprendre à Mme C... que son masochisme devait inéluctablement l'entraîner dans des situations plus graves encore que celle à laquelle elle venait à peine d'échapper. Sa réponse surprenante fut qu'elle songeait à divorcer, avec l'assurance, expliquait-elle, que le masochisme de son mari lui garantirait un divorce discret et une pension généreuse.

Mme C... avait appris par l'analyse à détecter le masochisme chez les autres, mais elle restait convaincue que son capital masochique était purement « normal ». Elle interprétait sa tension masochique de façon erronée, elle la prenait pour de l'ennui et écartait sa frigidité qui était le point de départ de tous ses ennuis. Heureusement pour elle, une discussion approfondie de sa situation réelle la pénétra dans une certaine mesure et elle commença à contre-cœur à coopérer avec l'analyste.

Mme C... blâma sa mère «déçue» pour son enfance malheureuse. Il y avait eu au foyer une apparence de futilité, née du fait que sa mère repoussait froidement son père. Elle aussi s'était sentie rejetée par sa mère. Elle avait été très tôt dégoûtée par la « divine soumission » de son père à son inaccessible épouse. En ce qui la concernait elle-même, son père aussi lui était inaccessible. Il ne s'intéressait qu'à sa femme et ne prêtait aucune attention à l'enfant qui tentait de gagner son amour. Elle détestait sa mère pour son détachement affectif et sa froideur ; elle la détestait d'être un obstacle bloquant toute relation affective entre le père et la fille. Elle se résigna finalement à posséder des parents « particuliers » et devint cynique en ce qui concernait sa vie au foyer. Mais elle se surprenait encore par moments à faire des choses « pour plaire à maman » ; le résultat était inévitablement une déception. Elle faisait alors des reproches à sa mère et éclatait en larmes. Mme C... conclut ce récit par le commentaire suivant : « Vous devez admettre avec moi que seul un enfant malheureux pouvait sortir de ce milieu. Prouvez-moi maintenant que j'en ai fait un gâchis masochique. »

Cette preuve demanda un grand nombre de séances analytiques. Souvent des questions trompeusement simples ponctuaient les rationalisations qui avaient servi à cacher les buts réels de Mme C... Pourquoi, demandais-je, avait-elle perpétué sa malheureuse situation infantile au lieu de la corriger ? Pourquoi avait-elle adopté l'attitude de réserve et d'ennui de sa mère ? Pourquoi ses liaisons pré-conjugales avaient-elles toutes été réalisées avec des hommes froids et désagréables ? Était-ce là un renversement de la situation parentale et avait-elle poursuivi humblement comme son père des objets sexuels inaccessibles comme sa mère ? Si elle avait raison et si son intérêt pour ces hommes reflétait son désir d'un « homme fort » et non un but masochique d'humiliation, pourquoi n'avait-elle rien appris de l'expérience au lieu de répéter sans cesse le même échec ? Son mariage avec le « gentil » M. C... aurait pu signifier qu'elle avait cessé d'user de sa formule habituelle pour atteindre la déception, sauf que l'histoire de son mariage prouvait qu'elle avait simplement adopté une autre méthode pour s'assurer du rejet masochique.

Quant à sa frigidité, cela avait été un moyen de se prouver à elle-même qu'elle ne pouvait rien trouver que le rejet et la déception. Cela avait été vrai également du jeu ; son ennui dans le jeu d'argent symbolisait « la méchante mère refusante ». Même dans son analyse elle persistait dans sa technique de collecteur d'injustices.

Plusieurs mois furent nécessaires pour élaborer ces résistances. Mme C... changea progressivement jusqu'au jour où elle m'informa qu'elle n'allait plus « vivre selon son inconscient ». Comme elle l'avait prévu, son mari lui accorda le divorce et une pension confortable. Depuis lors elle s'est remariée avec bonheur. Elle a cessé de jouer ou — comme elle le dit elle-même — elle a cessé « de jouer avec des poupées remplies de dynamite ».

Commentaire : La mère de Mme C... avait été névrosée et inaccessible. Au lieu de corriger sa déception — ce qui était la solution normale —, Mme C... choisit inconsciemment de la perpétuer masochiquement et sans fin. Par la suite, toute sa vie fut une fête masochique.

Le comportement de Mme C... illustre aussi cette technique du névrosé : *il est soumis à une personne plus forte et d'une cruauté sans merci envers une personne plus faible.* Le gangster « fort » devint faible lorsqu'il découvrit qu'il devait traiter avec un avocat ; Mme C... traita durement son mari dès qu'elle comprit qu'il n'allait pas la « jeter dehors », dettes de jeu ou pas dettes de jeu. Sa patience était construite comme une « faiblesse ».

Le comportement de Mme C... envers sa mère inaccessible prouve un autre point de la psychologie des enfants névrosés. *Ils restent liés à la déception, réelle ou imaginaire, au lieu de s'en détacher.* Mme C... déclara précisément qu'elle s'était surprise dans l'enfance « à faire des choses pour plaire à maman », uniquement pour se heurter à l'indifférence. Pourquoi avait-elle conclu que rien ne pouvait être fait ? Cette question échappait à une conclusion ; l'élaboration masochique la bloquait.

CAS 19.

M. D... était un avocat qui avait réussi. Il était âgé d'une trentaine d'années et me consulta pour des troubles de la puissance. Sa femme ne l'intéressait pas et il regrettait son mariage. Il concéda cependant qu'elle « était un cas » et il était disposé à « faire quelque chose » à son sujet.

D'après son histoire récente, il apparaissait clairement qu'il avait d'autres problèmes que son impuissance. Il s'était marié — ou avait été capturé, disait-il — pendant une période de dépression, alors qu'il travaillait trop, fumait trop et perdait sans cesse de l'argent au poker. Il n'avait éprouvé aucune difficulté sexuelle avant son mariage, mais alors la sexualité ne l'intéressait pas beaucoup. C'était là le seul secteur où il considérait avoir besoin d'une réparation analytique, quoiqu'il n'émît aucune objection si le traitement devait le guérir de l'habitude de trop fumer. Quant à son jeu, c'était « parfaitement O.K. ».

Je corrigeai sa vision compartimentée de la psychanalyse et lui expliquai qu'elle traitait la psyché dans son ensemble et non pas en tranches indépendantes. Son jeu, par exemple, était une tendance qui, lorsqu'elle était exagérée, pouvait représenter un symptôme névrotique ; comme tel, il ferait partie de la psychanalyse. Il avait la certitude qu'il pourrait préserver de nos discussions le sujet tabou du jeu. Je lui affirmai, avec une égale assurance, que tôt ou tard il discernerait les interconnexions et mettrait lui-même le sujet en avant.

Un traitement d'essai fut décidé et la demande de rendez-vous pour Mme D... acceptée.

Mme D... vint me voir le lendemain. Ni son apparence ni sa personnalité ne me frappèrent comme étant séduisantes. Il était difficile de comprendre pourquoi un homme intelligent l'avait épousée. Son attitude à mon égard combinait une ostentation de vertu et de dédain — un abord incompréhensible envers une personne à qui l'on a demandé son aide. Mais l'histoire qu'elle me conta expliquait les deux énigmes.

Mme D... était par vocation un « sauveur d'âmes ». Elle avait épousé M. D... pour le sauver du jeu. Son premier mariage avait été lui aussi une croisade, mais une croisade manquée : elle avait été incapable de guérir son premier mari de l'ivrognerie. M. D... avait été son avocat au cours de son divorce et il l'avait frappée comme étant un sujet acceptable pour une croisade future. Deux ans plus tard, pendant la dépression qui suivit ses pertes au jeu, il capitula devant l'argument qu'elle lui était indispensable et il l'épousa.

Elle devait maintenant avouer cette nouvelle défaite et qu'elle avait été contrainte de « passer son cas » à quelqu'un d'autre. Cela expliquait le ressentiment qui imprégnait tout ce qu'elle dit au cours de notre entretien.

Les motivations intérieures de Mme D.., qui entrent dans une catégorie connue (un grand nombre de femmes masochistes psychiques se spécialisent dans « le fantasme du sauvage »), ne sont qu'accidentelles dans son histoire. Ses évaluations conscientes à propos du problème de son mari comprenaient cependant quelques perceptions intéressantes. Elle considérait, par exemple, que le jeu était la vraie clé de la situation. En ce qui concernait son impuissance, elle pensait qu'elle n'avait aucune importance :

un aveu involontaire de frigidité. Elle s'était néanmoins servie de l'humiliation narcissique de M. D... pour le pousser au traitement, qui, espérait-elle, pourrait agir sur le jeu.

L'analyse de M. D... ne débuta pas favorablement. Tout d'abord son attitude n'avait pas de sens : il se conduisait comme s'il affrontait un témoin et non un médecin. Il y avait inconsciemment un but protecteur à ce procédé ; son inconscient avait reconnu les signaux de danger et savait que l'analyse menaçait sa chère névrose. « Démasquer » le médecin-témoin aurait été une façon dépourvue de culpabilité d'abandonner le traitement.

Une description très rapide du milieu familial de M. D... dessina l'image d'une mère qui s'était « obstinément » cachée derrière son hypocondrie, un père qui avait été naïvement déçu par les plaintes de sa femme, un frère aîné qui était une nullité violente et une jeune sœur qui était une réplique de la mère. Tous ses parents, disait-il, étaient des parasites qui venaient à lui avec leurs problèmes.

Avant que j'entende cette triste parodie d'une histoire personnelle, le patient m'avait donné une clé à sa personnalité cachée : il révéla un narcissisme criant et insistant, un narcissisme qui devait être un produit sans consistance puisqu'il ne lui fournissait aucune protection contre les coups de son milieu. De cette qualité il était possible d'en déduire d'autres. Une extrême sensibilité cachait nécessairement une passivité intérieure, plus une culpabilité extrême née de cette passivité. Sa collection d'injustices montrait la probabilité qu'il ait inconsciemment mal jugé l'égoïsme névrotique de sa mère (né de son hypocondrie), comme un refus méchant d'amour et de soins.

M. D... combla peu à peu ce tableau imprécis. A sa surprise, il produisit quelques souvenirs démontrant la froideur de sa mère. Il avait préféré croire que son jugement adulte la montrant comme une gêneuse inoffensive reproduisait exactement son idée infantile. Il révéla aussi qu'il y avait eu une très grande rivalité entre lui et ses frère et sœur. Son frère, particulièrement, était un ennemi redoutable, se servant avec dédain de ses cinq ans de supériorité pour exclure son jeune frère du cercle de ses amis. Sa mère avait été certaine des succès futurs de son fils aîné et n'avait perdu aucune occasion de le louer. M. D... disait maintenant avec joie que son frère était un fruit sec, alors que lui-même avait réussi. Quant à sa jeune sœur, elle était le rival traditionnel, le bébé qui captait toujours l'attention de sa mère.

En parlant de son père, M. D... avait paru dessiner le tableau composite du père et du frère déplaisant. Je suggérai que cette combinaison avait dû être un développement relativement tardif et que les deux images étaient restées distinctes jusqu'à ce que le sentiment d'être exclu, qui appartenait primitivement aux parents, ait été déplacé sur le frère qui le tenait en dehors du cercle de ses amis.

Cette hypothèse s'avéra exacte. Le schéma masochique qui appartenait primitivement à la mère de la première enfance avait été répété sous une forme identique avec le trio père-frère-sœur. Un nouvel élément entra alors dans le tableau de ce défaitisme empreint de masochisme : le jeune garçon souffrait de la comparaison entre son petit organe sexuel et ceux de son père et de son frère. Il résolut ce problème en imaginant qu'il était une femme. Il se regardait dans la glace, cachant son pénis entre ses jambes. Il décrivait cette solution comme ayant été à la fois réconfortante et terrifiante. Les fantasmes de s'être porté préjudice en se masturbant (fantasmes entretenus par les parents) renforcèrent cette peur. Lorsque je lui dis que sa culpabilité naissait d'une passivité intérieure, il rattacha rapidement cette explication à sa peur d'être efféminé. A son avis, il avait certains traits féminins et ses troubles de la puissance lui rappelaient ses tendances féminines enfouies.

C'était là un aveu important, bien que ce ne fût qu'un début. Son aveu révélait des fragments du « complexe d'Œdipe négatif », stade de la vie que connaissent tous les jeunes garçons. Dans sa rivalité sans espoir avec son père pour obtenir la mère, le jeune garçon renonce généralement à l'organe prétendûment criminel. Psychologiquement, dans le complexe d'Œdipe négatif, il devient une femme qui a droit à l'amour de son père. Cette phase est typiquement brève, mais M. D... l'avait définitivement maintenue car elle pouvait être utilisée comme « un aveu du moindre crime ». Se défendant contre un reproche inconscient de passivité masochique, il niait l'accusation, admettant à la place une passivité *féminine*.

L'importance des « tendances féminines » comme alibi expliquait pourquoi M. D... avait retenu dans sa conscience le souvenir de son « Œdipe négatif ».

Il trouvait tout cela « trop douloureux » à croire ; il qualifiait de « fantastique » le lien complexe entre son alibi intérieur et ses troubles de puissance. Il tenta plusieurs fois de discuter ces déductions et ces confirmations. Un jour il annonça triomphalement une réfutation.

Il déclara que ses tendances passives étaient liées au jeu, ajoutant que je lui dirais sans aucun doute qu'il jouait et perdait pour admettre le moindre crime ; le désir d'être écrasé par l'identification féminine, dans le but de nier le plus grand crime du masochisme psychique. Il en concluait que c'était naturellement idiot : tout le monde veut gagner.

M. D... avait finalement soulevé la question du jeu et il avait réellement établi les rapports réciproques avec précision, tout en croyant qu'il les avait simplement affirmés sur un plan ironique. Quant au désir du joueur de perdre, une expression symbolique de son désir inconscient d'être humilié et privé, je lui demandai d'écouter une explication assez longue, d'y penser pendant quelques jours, puis de me donner son avis.

« Tous vos discours tonitruants et vos cris ont commencé au moment où vous vous êtes aperçu que vos tendances féminines conscientes n'étaient que des défenses intérieures superficielles contre des tendances masochiques plus profondément refoulées », lui dis-je. « La raison pour laquelle un être intelligent défend son hypothèse d'un diagnostic préjudiciable n'est compréhensible qu'à condition que ce diagnostic couvre quelque chose de plus désagréable encore. »

Je poursuivis : « Pourquoi vous êtes-vous marié après que vos pertes de jeu eurent augmenté pendant une période précise ? Ces pertes n'étaient nullement dangereuses ; vous avez pourtant réagi par une dépression profonde et des idées de suicide. Quel était votre remède ? Vous vous êtes marié. Que s'est-il passé ensuite ? Vous vous êtes révélé impuissant ; vous vous êtes trouvé prisonnier d'un mariage dont vous ne vouliez pas réellement. La succession des événements n'est-elle pas suspecte ? Supposez, pour les besoins de la discussion, que le jeu soit basé sur une passivité masochique inconsciente très profonde et les troubles de la puissance de votre type sur une identification féminine inconsciente. N'est-il pas possible que la succession des événements soit exactement ce que j'ai suggéré comme interprétation — prendre le blâme pour le moindre crime ? »

Je ne vis pas M. D... pendant une semaine. Lorsqu'il revint, il me dit calmement qu'il croyait mon interprétation exacte. Il avait été convaincu par deux faits dont il n'avait jamais parlé.

L'un d'eux concernait le jeu. Il avait classé les joueurs de poker en types forts et faibles, types destinés à gagner ou à perdre. A la période de ses lourdes pertes, il évitait les joueurs plus faibles qui « l'ennuyaient » et choisit de ne jouer qu'avec des joueurs plus forts, tout en sachant qu'ils gagneraient. Il comprenait maintenant que son vrai but avait été une satisfaction masochique.

L'autre facteur était un souvenir revenu en mémoire au cours de cette semaine. A quatre ans, il s'était constamment soucié de savoir si son pénis, lorsqu'il était flasque, « grandirait » à nouveau. Il avait peur que la masturbation ait endommagé son pénis et qu'il n'ait plus jamais d'érection. A la table de poker, une donne faible lui rappelait « la petite taille » de l'organe, une bonne main signifiait « tout n'est pas encore perdu ». Pendant la semaine passée à discuter en lui-même de mon interprétation, il avait compris qu'identifier une main perdante avec « la petite taille » et une main gagnante avec la « grande taille » avait été l'expression, en termes génitaux, d'un but prégénital : le désir de torture masochique de soi-même.

Ces déductions étaient excellentes et encourageantes ; elles montraient qu'une grande partie du travail analytique avait déjà été réalisée. Après une période d'élaboration, M. D... fut guéri à la fois du jeu et de son impuissance. Il divorça finalement d'une femme qu'il n'avait épousée que pour des raisons masochiques.

Commentaire : La mère de M. D... était égoïste et névrosée. Il prit son hypocondrie pour de la méchanceté, justifiant ainsi l'attachement masochique qu'il répéta fidèlement avec le trio père-frère-sœur.

Son narcissisme secondaire, compensatoire, devint une couverture, exactement comme sa prétendue féminité devint un « aveu du moindre crime intrapsychique ». Dans la réalité intérieure, il était mû par l'attrait masochique de l'échec perpétuel dans le jeu, le mariage, la carrière.

CAS 20.

Mme E... vint en analyse pour sa peur croissante en scène, mais ce n'était là qu'un des facteurs qui la rendaient malheureuse. Malgré de modestes succès comme actrice, elle voyait sa vie comme une série d'échecs. Et c'était ainsi dans chaque secteur, sauf dans son travail. Son premier mariage avec un homosexuel avait été malheureux ; son mariage actuel était malheureux : au bout de deux ans, son mari s'était attaché à une autre femme et la traitait avec « une froideur et une cruauté » inexorables.

Elle était certaine que son mariage pouvait encore être sauvé, que tôt ou tard son mari se fatiguerait de sa « garce » de maîtresse, comme il s'était fatigué de sa « garce » de première femme, qu'il reviendrait à son « vrai type » — la femme gentille dont elle était l'exemple. En attendant, elle était restée chez elle à pleurer ; lorsqu'elle avait été rassasiée de pleurer, elle s'était mise à jouer par distraction, répétant le schéma qu'elle avait suivi lorsqu'elle attendait de divorcer de son premier mari.

Les rendez-vous furent pris, mais le but réel de Mme E... en entrant en analyse restait obscur. Elle considérait son jeu comme un sujet mineur ; elle considérait sa peur en scène comme un hasard chronique et normal dans sa profession et qui se trouvait maintenant temporairement à un stade aigu ; elle considérait son malheur conjugal, première et seconde édition, comme un sort tragique échappant à son contrôle. Elle rejetait complètement toute idée qu'elle avait affaire à des problèmes névrotiques.

Aux premiers stades de son analyse, elle se comportait comme si elle discutait avec le responsable d'un service de conseils conjugaux qui pourrait lui donner des indications précieuses sur la façon de retrouver un bonheur perdu. C'était pitoyable et naïf. Cela exprimait les limites auxquelles elle pouvait aller pour conserver ses visées masochiques. Elle était prête à entrer dans la « zone dangereuse » de l'analyse, dans l'espoir qu'elle l'aiderait à conserver sa source d'injustices.

Étant donné l'idée fausse qu'elle avait de la psychanalyse, je proposai de commencer le traitement en explorant les motivations de son mari tout au long de cette situation. Ne comprenant pas que cette approche éclairerait aussi les siennes, Mme E... accepta avec enthousiasme. Mes déductions — qu'*il* était un masochiste qui préférait inconsciemment des femmes autoritaires et qui s'était tourné vers la « gentille » Mme E... pour se procurer un alibi intérieur, et qu'*elle* aussi était une masochiste qui se servait du mariage comme d'une voie sûre vers le rejet et la déception — déplurent à Mme E... Son attitude ultérieure me conduisit à lui demander si elle souhaitait réellement poursuivre l'analyse. A ce stade, le mari découvrit qu'elle était en traitement et comme il exigeait qu'elle cesse immédiatement, elle « montra son indépendance » en devenant un champion de l'analyse. Puis M. E... me demanda un entretien. Sa femme espérait beaucoup de cette rencontre.

Le comportement extérieur et l'apparence de M. E... m'étonnèrent : il me frappa comme étant un homosexuel. J'écartai temporairement cette impression et cherchai d'autres épithètes, tout en écoutant ses remarques préliminaires qui consistaient en une attaque assez banale de ma profession et de la science qu'elle sert. Il pensait que j'avais le charme d'un play-boy vieillissant et fané, avec un air d'instabilité, de fausseté et d'artifice.

En dehors de sa requête que je mette fin à l'analyse de sa femme parce qu'elle lui portait préjudice dans sa profession (il était producteur de théâtre), une grande partie de ce qu'il me dit était intéressant et d'une façon tout à fait inattendue. Il semblait que le reproche préféré de Mme E... à son endroit était son homosexualité ; elle ne m'avait jamais dit cela. Quant à son mariage, il n'avait fait aucune tentative pour y mettre légalement fin parce qu'il craignait la colère de sa femme et n'avait aucun désir de voir sa vie privée étalée dans les journaux. Il disait qu'un divorce discret serait le bienvenu. Sa révélation la plus intéressante concernait le jeu de sa femme. « C'est réellement dangereux », me dit-il. « Elle perd énormément d'argent, plus vite qu'elle n'en gagne. »

Je proposai qu'il cesse d'intervenir dans le traitement de Mme E..., lui disant : « Il est de votre intérêt que toute l'affaire soit résolue discrètement, d'une manière ou d'une autre. » Nous nous mîmes d'accord pour une « trêve » de deux mois et il rentra chez lui raconter notre conversation à sa femme.

Elle arriva de très bonne humeur au rendez-vous suivant, ravie de la « bonne impression » que j'avais faite sur son mari. Mais elle fut choquée et refroidie lorsque je lui donnai la liste des omissions et des erreurs contenues dans l'histoire qu'elle m'avait contée. Elle comprit pour la première fois que l'analyse traitait de faits qu'on ne pouvait fausser lorsqu'ils étaient désagréables.

Mme E... modifia le tableau de son enfance : c'était un paradis d'amour et de compréhension. Sa mère était « un amour », mais qui ne voyait que son père au point que l'enfant se sentait exclue. Un nouveau personnage entra alors en scène : l'oncle de l'enfant, un homme tout de charme et sans vertu. L'enfant ne le vit jamais, mais entendit assez parler de lui pour être fascinée par son histoire d'escroqueries grandioses ; l'une d'elles se termina par une peine de prison de longue durée. Elle avait vu une photographie de lui, ce qui lui permettait de se servir plus facilement de lui comme héros d'une légende glorieuse, et d'en faire l'objet de fantasmes libidinisés de petite fille. Cette image avait un double but : il devint la base d'un reproche contre sa mère qui avait cruellement « trahi sa chair et son sang ».

Malgré son enfance heureuse, Mme E... avait inconsciemment construit une théorie névrotique des faits biologiques et de l'environnement, se servant de l'oncle désavoué pour symboliser et justifier son sentiment que ses parents l'avaient exclue et négligée. En son nom, elle avait attaqué sa mère d'une façon pseudo-agressive et en même temps s'était identifiée à cet oncle et à son triste sort. (Il était significatif qu'elle me l'ait décrit comme « charmant », le même adjectif qu'elle utilisait pour ses maris. Mme E... se souvint ultérieurement qu'une des accusations qui avaient envoyé son oncle en prison avait été l'homosexualité — un autre trait qui liait ces trois hommes.)

Le fantasme de l'oncle de Mme E... avait établi le schéma inconscient de ses mariages malheureux et je le lui montrai en lui donnant les raisons de mes déductions. Elle était amère mais pas assez irritée pour être incapable de me suivre et de poser une question raisonnable : Comment son choix justifiait-il le malheur de ses mariages ?

Je lui expliquai que sa préférence reflétait à la fois la pseudo-agressivité contre sa mère et l'attachement masochique — tous deux sous la pression de la culpabilité intérieure qui conduit au préjudice de soi. Le préjudice de soi était le but de son mariage. La pitié qu'elle imaginait être une motivation majeure avait été un déguisement superficiel, adopté à la fois comme alibi contre les accusations inconscientes du masochisme psychique et comme moyen de « prouver » que si l'attitude de sa mère envers l'oncle avait été différente, toute sa vie aurait été changée. Inconsciemment, les deux maris et l'oncle de Mme E... la représentaient.

« D'après vous, je dois réorienter toute ma vie émotionnelle », dit Mme E... C'était exact. Mme E... devait cesser de se voir comme la victime éternelle et commencer à construire sur des fondations solides — non masochiques.

Nous passâmes à l'étude de sa peur de la scène, qui entraîna une étude de ses tendances exhibitionnistes.

Mme E... devait admettre que l'exhibitionnisme était l'un de ses traits dominants ; elle s'en servait utilement en scène et masochiquement en affichant ses problèmes conjugaux. L'exhibitionnisme est la défense inconsciente standard de l'enfant contre le voyeurisme chargé de culpabilité. « Qui veut voir ? », dit l'alibi. « Je veux m'exhiber. » Du fait que de nombreuses formes d'exhibitionnisme sont encouragées et applaudies par le milieu, l'alibi est excellent.

Mme E... confirma cette déduction en rappelant un incident longtemps oublié (refoulé). A trois ans et demi, elle regarda par le trou d'une serrure et vit l'intimité d'un couple qui rendait visite à ses parents. Sa mère la surprit et la gronda sévèrement. L'enfant répondit innocemment : « Qu'y a-t-il de mal ? Je voulais seulement regarder comment ils jouent. Est-ce que tu ne me regardes pas quand je joue avec mes cubes ? »

J'ai analysé un grand nombre de gens de théâtre et j'ai découvert que cette sorte de scène de voyeurisme chargée de culpabilité revient régulièrement dans les histoires de leur enfance. Dans chaque cas, la culpabilité a été tellement dominante qu'ils l'attaquaient, disant que c'était « irréel », un simple « jeu ». L'alibi de l'irréalité devenait leur modèle d'orientation. Ajouté à leur alibi standard d'exhibitionnisme, il les conduisait au monde du trompe-l'œil, la scène. Jouer sur scène est une occupation normale, positive, approuvée par le milieu environnant et c'est par conséquent une arme défensive dans la lutte intérieure de la conscience.

Le trac appartient superficiellement à l'exhibitionnisme : l'acteur a peur d'oublier son rôle et de se rendre ridicule devant son auditoire. A un niveau plus profond, sa peur est masochique ; ce qui arrive à la surface dans le conscient représente la culpabilité acceptée comme moindre crime. Accusé de masochisme psychique, l'acteur souffrant de trac plaide coupable de pseudo-agressivité et prouve sa lutte en imprégnant de culpabilité sa raillerie « agressive » de l'ordre éducatif de ne pas s'exhiber.

Au fond de chaque peur masochique se trouve une des sept peurs du bébé présentes chez chaque enfant. La peur précise peut souvent être montrée avec exactitude si l'on analyse un cas précis de trac.

Tout cela laissait dans l'ombre une question importante pour Mme E... Pourquoi son trac avait-il augmenté pendant ses conflits conjugaux ?

« Simplement parce que l'exhibitionnisme qui avait été antérieurement utilisé comme une défense sublimée normale devenait suspect pour votre conscience intérieure. Vous avez l'intention de vous en servir masochiquement », lui dis-je. « Rappelez-vous " le linge sale conjugal lavé en public " et comment vous avez fait parade de votre malheur conjugal ».

L'analyse du trac de l'actrice demanda de nombreuses semaines. Pendant ce temps, ses dettes de jeu avaient terriblement augmenté. Elle ne pouvait plus soutenir que son penchant au jeu était « insignifiant ». Il était temps, lui dis-je, de rechercher les raisons intérieures qui l'avaient conduite à choisir cette dangereuse diversion du jeu comme distraction à son malheur conjugal.

L'histoire des défaites qu'elle s'était créées ne révéla pas seulement le masochisme psychique, mais aussi une croyance infantile persistante dans sa propre toute-puissance. Elle ne pouvait se cramponner à cette illusion qu'en payant le prix d'une souffrance consciente. Par ses deux mariages elle avait tenté la tâche impossible de recréer l'image de son oncle. Mais l'illusion infantile de pouvoir absolu comme motivation inconsciente de l'adulte garantit finalement la défaite extérieure ; par conséquent l'échec (rendu agréable par le masochisme) devint son schéma dominant. Cela justifiait ses mariages désespérés et son penchant au jeu d'argent. La roulette impersonnelle (elle avait perdu la plus grande partie de son argent à ce jeu) était pour Mme E... le substitut de la « méchante mère refusante ». Chaque fois qu'elle perdait, elle confirmait sa conviction intérieure que maman était « injuste ».

« D'après vous, la roulette est mon troisième mari », dit Mme E...

« Vous finissez par comprendre. »

« Où intervient ma mégalomanie ? En prédisant la défaite ? »

« En partie, en partie dans le maintien de la mégalomanie *per se*, possible seulement dans des conditions de préjudice de soi. »

Dès que Mme E... comprit émotionnellement la folie de ses buts préjudiciables, elle commença à changer. Après quelques mois d'élaboration, elle accepta de divorcer. Elle trouva le jeu « idiot » et y renonça. Plusieurs succès à la scène et à l'écran suivirent, ainsi qu'un troisième mariage apparemment heureux.

Commentaire : Les parents de Mme E... étaient heureux en mariage; tous deux aimaient l'enfant. Elle se sentait pourtant exclue — parce qu'ils s'aimaient. Elle trouva de bonne heure un point d'attaque approprié dans la personne de l'oncle homosexuel et escroc qui était alors en prison. Elle reprocha à sa mère d'avoir trahi « sa chair et son sang ». Négligeant librement les facteurs de réalité (que doit faire la famille d'un parent criminel ? Accrocher son portrait en tenue de prisonnier à la place d'honneur au salon ?), elle idéalisa l'oncle homosexuel. Elle provoqua ainsi sa mère. Mme E... mit en œuvre une connotation pseudo-morale appropriée : Maman ne lui avait-elle pas appris à aimer sa famille et ses amis ? Le masochisme psychique devint le schéma déterminant de la vie de Mme E..., comme le montrèrent ultérieurement ses deux mariages avec des homosexuels instables.

Il y a dans ce cas un autre détail intéressant. Dans le deuxième mariage de Mme E..., elle et son mari tentèrent de fuir leur masochisme mais ne réussirent qu'à s'y plonger plus profondément. Avant et pendant son mariage avec Mme E..., M. E... était amoureux d'une « garce » — son vrai type. Après l'effondrement de son premier mariage, Mme E... se sauva dans « l'amour » seulement pour se trouver de nouveau face à face avec son faux amour réel — le masochisme psychique.

Rappelons au lecteur ce qui a été dit au début de ce chapitre : ces cas ont été choisis dans un grand nombre de résumés (rédigés pour illustrer des thèmes totalement différents du sujet de ce livre) inclus dans quatre de mes récentes publications. Ils ont tous été considérablement abrégés.

Ils apportent une preuve clinique au fait qu'*aucune conformité directe* n'existe entre le comportement parental et la réaction de l'enfant à ce comportement.

Ce groupe de cas présente des portraits de toutes sortes de parents : aimants et bons, névrotiquement froids et détachés, facilement provoqués et difficiles à provoquer. En dépit de la grande variété de parents et d'éducateurs, un dénominateur commun relie tous ces portraits. C'est l'abus masochique de la réalité par les enfants névrosés. Ainsi, le mobile est toujours la solution *spéci-*

fique de l'enfant à son conflit infantile *spécifique*, qui utilise le comportement *spécifique* des parents comme point de départ et *non* comme le négatif d'une photographie à reproduire.

La meilleure preuve que les enfants névrosés abusent tendancieusement de la situation au foyer est le fait que ces névrosés ont été guéris par traitement psychanalytique et psychiatrique. C'est en soi une indication. Le traitement analytique met le névrosé au niveau de santé psychique qu'il aurait atteint de lui-même si son masochisme psychique n'était pas intervenu.

La chasse aux répétitions névrotiques n'est pas un sport qui se termine avec la découverte de la logique. La recherche elle-même a une « histoire ». On doit trouver chez l'enfant le conflit intérieur particulier qui a précédé et provoqué cette répétition.

La schématisation n'a pas de sens. S'il est vrai que chaque névrosé, dans ses répétitions de transfert, est semblable à l'homme qui possède un disque et recherche perpétuellement un tourne-disques sur lequel il puisse le jouer (et il le trouve chez des amis, des relations et même chez des étrangers), le disque est toujours « fait » par lui-même.

Le problème principal *semble être la tendance de l'enfant névrosé à s'attacher aux « déceptions » précoces au lieu de s'en détacher.* Ces prétendues déceptions sont fréquemment auto-créées ; tout enfant qui demande « trop » aux parents moyens s'arrangera toujours pour réaliser « déceptions », « rejet » et « manque d'amour ». Ce que l'enfant ne veut pas comprendre, dans son égoïsme total, c'est que même les bons parents ne peuvent donner à leurs enfants qu'une partie de leur énergie. Ils ont leur vie.

En outre, les provocations constantes de l'enfant névrosé rendent impatients et colériques même les parents les plus coopérants. Plus tard, ces provocations sont commodément refoulées et la mémoire ne garde que l'image de « parents minables ».

Bref, *l'élaboration masochique est la contribution de l'enfant au processus éducatif. Si l'on déplace le blâme, les parents deviennent les « coupables ».*

CHAPITRE VI

LES ESPOIRS DES PARENTS ET L'ENFANT « RÉEL »

Interrogez sur ses espoirs un couple de gens sur le point de se marier et qui se font une fête de devenir parents. Leur réponse sera probablement lyrique, sur le thème de « bébé gentil, adorable ». Leur imagination ne se pourvoit pas pour l'avenir ; les gens oublient que les bébés gentils et adorables deviennent des enfants énervants.

Il n'y a pas de doute qu'un instinct procréateur existe, même si des raisons psychologiques intérieures l'inhibent et y mettent obstacle. Le Dr Johnson, qui épousa prudemment une femme beaucoup plus âgée que lui, témoignait de telles craintes lorsqu'il disait à Boswell en 1776 : « Je n'aurais jamais eu beaucoup de tendresse pour un enfant à moi. Du moins, je n'ai jamais souhaité avoir un enfant. »

Il y a d'autre part une cuirasse psychologique complexe superposée au désir normal d'avoir des enfants.

Il y a d'abord une tendance à placer sur les enfants les espoirs qui ne se sont pas matérialisés dans la carrière d'un individu. Cette reduplication par identification explique en partie les sacrifices vraiment fantastiques que font les parents.

Ensuite, et cela est moins conscient, la paternité fait disparaître un conflit infantile d'envie datant du temps où le fait d'avoir des enfants était une prérogative que les parents se réservaient. Ils peuvent maintenant se voir adultes.

Le troisième élément est totalement inconscient. « La répétition inverse » (voir chapitre Ier) est en action ; c'est la répétition active d'expériences subies passivement, déracinant une lésion du narcissisme subie antérieurement.

Quatrième élément, également inconscient : l'adulte amasse une certaine quantité de masochisme « normal » dans ses problèmes prévisibles liés à l'éducation de ses enfants : gêne, soucis, sacrifices, adaptations, dépenses inévitables de la paternité.

Ces quatre points expliquent pourquoi les arguments logiques contre le fait d'avoir des enfants n'ont aucun effet sur de futurs parents.

Voici quelques autres déclarations représentatives :

Un bourreau inventa les enfants et j'approuve Euripide qui dit que ceux qui n'ont pas d'enfants sont heureux d'être malheureux de ne pas en avoir. (Boèce, *Philosophiae Consolationis*, 524 av. J.-C.).

D'aucuns veulent des enfants ; ceux qui en ont pleurent ou les souhaitent morts. (Francis Bacon, *Life*, 1600.)

Quand je considère combien peu rares sont les enfants — chaque rue et chaque cul-de-sac fourmille d'enfants — les plus pauvres en ont en abondance — combien souvent ils tombent malades et déçoivent les tendres espoirs de leurs parents, suivant les voies du vice aboutissant à la misère, la disgrâce et les galères, etc... — sur ma vie je ne peux dire ce qui cause la fierté qu'ils ont à en avoir (Charles Lamb, « A bachelor's Complaint of the Behavior of Married People », dans *Essays of Elia*, 1823.)

Les enfants sont un tourment et rien d'autre. (Tolstoï, *La sonate à Kreutzer*, 1890.)

Comme toutes les autres, la relation parents-enfant peut être faussée par la névrose. Certains parents névrosés torturent leurs enfants en répétant la torture qu'ils imaginent que leurs parents leur ont infligée. D'autres exploitent leurs enfants pour des raisons névrotiques ou les mêlent à des querelles de famille. L'attitude d'un parent cache souvent un labyrinthe de motivations inconscientes.

Un patient, père d'une petite fille de deux ans, essayait de convaincre sa femme d'avoir un second enfant. Son raisonnement comprenait l'histoire familière des difficultés psychiques qu'un enfant unique est voué à rencontrer — difficultés qui peuvent être éliminées en ajoutant d'autres enfants à la famille. Il faisait, en outre, une rationalisation nostalgique : il voulait un garçon parce qu'il se rappelait la joie qu'il avait éprouvée à jouer avec son frère lorsqu'il était enfant. Lorsque enfin sa femme accepta d'avoir un autre enfant, sa puissance virile lui fit défaut.

Ce patient avait été l'aîné de sa famille, d'un an seulement l'aîné de son frère. Il croyait avoir été sevré prématurément du fait de la naissance de son frère et paraissait se souvenir d'avoir détesté que le bébé tète le sein de sa mère. Il était évident que son désir d'avoir un second enfant se rattachait à cette situation : il voulait inconsciemment répéter activement ce qu'il avait lui-même enduré passivement étant bébé, dans le but d'annuler son humiliation infantile. En d'autres termes, il voulait voir son enfant soumis à la même déception que celle qu'il avait expérimentée. C'était le désir dynamique inconscient que cachaient ses arguments plausibles. Mais lorsque sa femme y consentit, le bourreau intérieur entra en scène, opposant son veto au désir. Pour établir l'alibi normal, l'impuissance s'instaura comme défense.

Inévitablement, les parents abordent la paternité avec des espoirs narcissiques intérieurs. Cela ne permet pas une transition facile pour accepter le fait que chaque enfant a une personnalité qui lui est propre. Dans les cas favorables, les parents l'acceptent ; dans les cas défavorables, ce fait lui-même devient un champ fertile pour la collecte d'injustices. D'une façon générale, les griefs des parents sont centrés sur « l'ingratitude » de leurs enfants.

Pour le parent, tout paraît simple. Un courant régulier de bienfaits a coulé vers l'enfant ; le bienfaiteur ne demande pas que la direction du courant soit inversée, mais seulement qu'il soit admis, témoignant ainsi de la générosité du bienfaiteur. Mais pour l'enfant, ce n'est pas aussi simple.

Les parents peuvent enseigner les formes extérieures de la gratitude, le « merci » correct et même les expressions moins superficielles d'appréciation. Mais la gratitude spontanée et sincère n'est pas un sujet de convenances ; elle a une base génétique inconsciente.

Le bébé mesure le monde et tout ce qu'il contient d'après sa propre mégalomanie, son illusion de pouvoir magique. A mesure qu'il grandit et acquiert de l'expérience, cet étalon s'ajoute à d'autres, mais il garde une grande partie de son influence sur ses jugements. Dans une certaine mesure, il aura encore tendance à penser en des termes définis par son illusion de pouvoir absolu et à voir le « bon » comme un don qu'il se fait à lui-même et le « mal » uniquement comme une action entièrement contrôlée par le monde extérieur. Puisque tout ce qui est « mal » englobe les restrictions imposées pour son bien, cela fait un maigre point de départ pour la gratitude.

Lorsque l'enfant parvient au stade où il tente de transiger entre le besoin de sauver la face et de céder aux restrictions et aux interdits, il s'identifie à certaines parties du code des parents et adopte certains de leurs interdits ; il accepte « de son propre gré » certaines règles de conduite. Cette identification peut développer chez l'enfant une aptitude à accepter en les appréciant les dons que lui fait le monde extérieur. La manière dont il est prêt à reconnaître ces actes comme des dons et à en être reconnaissant, dépend de la façon dont il est disposé à s'adapter à la réalité et à abandonner les malentendus de la toute première enfance.

Mais l'enfant qui a complètement réussi cette adaptation est rare. La plupart des enfants se conforment dans une certaine mesure, mais avec leurs réserves personnelles et secrètes. Ce qui rend inévitable la continuation du conflit avec les parents. Puisque la restriction est l'une des armes essentielles de l'éducation, l'enfant névrosé aura d'amples occasions d'interpréter les actes de ses parents comme de la méchanceté. Il se sentira vraisemblablement justifié à user de représailles contre ces « tyrans cruels ». La frustration née de la première rencontre avec l'interdit est rapidement suivie de haine. Il n'a alors que deux façons de lutter contre cette haine. Si l'interdit s'adapte dans le marché personnel d'identification qu'il a réalisé et arrive à s'harmoniser avec ses restrictions nouvellement intériorisées, la haine peut être dissipée. Sinon, il doit suivre la voie de la névrose, du masochisme, pour sortir de son dilemme et payer le prix de la souffrance en échange du privilège de continuer sa vieille révolte esclavagiste sous une forme déguisée.

C'est cette coulée névrotique chez l'enfant, et plus tard chez l'adulte, qui étouffe la gratitude. Plus l'individu est névrosé, plus il est ingrat de lui faire du bien ; dans les cas extrêmes, un acte de bonté semble déclencher une réaction désagréable ou même agressivement méchante. Ce qui se passe ici, c'est que la bonté « frappe » le bienfaiteur comme un substitut parental. La compulsion de répétition névrotique (« répétition inverse ») entre en action et contraint le névrosé à prendre sa « revanche » pour les prétendues injustices qui lui ont été faites lorsqu'il était enfant. Le fait que le bienfaiteur ne soit pas le parent réel et qu'il n'ait rien à voir avec le déception fantasmée n'a aucune importance. Pour mettre en mouvement le mécanisme inconscient, il suffit d'une identification initiale du bienfaiteur avec le parent.

Une autre attitude infantile caractéristique règle l'aptitude à montrer de la gratitude. Le désir d'amour et de soins du jeune enfant est sans limite ; plus il obtient et plus il veut. Et dans le cercle magique de la répétition névrotique, les standards de la réalité ne s'appliquent pas, pas plus qu'ils ne le font dans l'enfance. L'acte de bonté du bienfaiteur, une fois qu'il fait partie du processus de répétition névrotique, intervient comme partie du tableau infantile de prétendues négligences et de refus d'amour. Comme tel, il ne peut être plus qu'un petit paiement pour équilibrer cette dette énorme.

Le masochisme psychique joue aussi un rôle dans l'aptitude à ressentir et à exprimer la gratitude. Typiquement, le masochiste psychique est soumis à ceux qu'il classe comme étant plus forts que lui ; il est agressif en traitant avec plus faibles que lui. Le bienfaiteur ayant contribué par un acte de bonté entre dans la catégorie des « faibles » ; comme tel il est agressivement attaqué. Sans la donnée prétendument fournie par l'acte de bonté, le masochiste psychique n'avait aucun moyen de décider si le bienfaiteur était « faible » ou « fort » ; il l'abordait donc prudemment, économisant son agressivité intérieure pour un certain but. Le degré auquel cette tendance se révèle varie naturellement selon l'étendue des tendances auto-préjudiciables de l'individu.

Si tous ces processus inconscients opèrent dans les relations du névrosé avec des étrangers et des connaissances, ils doivent être encore plus gênants dans les rapports de l'enfant névrosé — ou d'un adolescent névrosé — avec ses parents. Le parent n'entre pas incidemment dans le cercle magique de la répétition névrotique ; il y est dès le commencement. Les zones d'amour et de bonté prétendument dues au névrosé sont les péchés par omission des parents. Le fait que dans chaque cas le crime supposé soit enfoui dans un passé nébuleux et ne soit pas d'abord un crime, n'est pas pris en considération.

Même le parent qui s'est résigné à l'ingratitude de ses enfants, ressent une certaine irritation lorsque l'enfant exhibe, comme il le fait souvent, une gratitude inattendue et spontanée pour un acte de bonté d'un autre adulte. Ici, le mécanisme ressemble étroitement au processus inconscient sous-jacent au geste magique. L'acte de bonté d'un étranger fournit à l'enfant névrosé un reproche tout fait à transmettre à ses parents : « Vous n'avez jamais rien fait pour moi et voici un étranger qui se met en quatre pour me rendre heureux ! » La gratitude à l'égard d'un étranger signale la morale : « Voyez comme j'aurais pu vous être reconnaissant, si seulement vous m'en aviez donné l'occasion ! »

L'ingratitude de l'enfant est une vieille histoire dont les auteurs d'aphorismes ne se fatigueront jamais. Voici quelques-unes de leurs conclusions :

> Avoir un enfant ingrat
> est plus aigu que la dent d'un serpent.
> (*Le Roi Lear*, Shakespeare.)
>
> Les enfants tètent leur mère lorsqu'ils sont petits
> Et sucent leur père lorsqu'ils sont vieux. (Proverbe anglais.)
> La première enfance n'aime rien... Gredin d'enfant —
> Cet âge est sans pitié. (La Fontaine.)
> Les enfants sont toujours ingrats. (Napoléon à Ste-Hélène.)
> Les enfants commencent par aimer leurs parents ; puis ils les
> jugent ; ils leur pardonnent rarement, sinon jamais.
> (Oscar Wilde.)

Au cours des dernières décennies, l'augmentation du nombre des divorces a créé un problème nouveau et important : comment les enfants réagiront-ils au divorce ?

Il a été démontré que les divorces entrent dans deux catégories bien définies. Il y a le divorce qui corrige une erreur due à l'inexpérience. Ici, il est vraisemblable que les partenaires ne sont pas trop névrosés, qu'ils sont capables d'apprendre quelque chose de leurs erreurs et qu'ils ont une bonne chance de corriger ces erreurs dans un second mariage. Il y a aussi le divorce névrotique dans lequel l'échec du mariage reflète l'incapacité où se trouvaient les partenaires de renoncer à leurs buts inconscients, infantiles, névrosés.

Ce n'est bien entendu pas l'avis de la divorcée névrotique (pour considérer la partenaire comme caractéristique). Elle conserve fermement son illusion que tous ses problèmes seraient résolus si seulement elle pouvait changer de mari. Comme elle choisira le mari suivant pour compléter sa névrose, les chances d'une telle solution sont nulles.

Le but inconscient de tous les mariages névrotiques est le plaisir masochique. Cela demande une façade de malheur conscient pour servir d'alibi à la gratification inconsciente fournie par le mariage. Lorsque la tension intérieure devient trop grande ou que l'alibi de « malheur » ne sert plus comme paiement au tyran intérieur, la conscience, une retraite stratégique est organisée. Le « malheur » augmente jusqu'à devenir « intolérable » et le divorce — toujours en perspective — met fin au mariage. Mais ce n'est pas une reddition ; ce n'est qu'un ajournement. Le but masochique, exprimé en termes de mariage, reste constant et le divorce n'est donc que le préambule à une autre union triomphalement ratée.

Pendant ce temps, puisque même les individus les plus névrosés ont certains secteurs normaux, tous les parents divorcés, ou sur le point de divorcer, se préoccupent de l'effet qu'un foyer brisé peut avoir sur leurs enfants. Il n'y a aucun doute que l'enfant réagit fortement, mais cela ne veut pas dire qu'il réagira en devenant névrosé. Un mariage malheureux est également un facteur inquiétant pour le développement de l'enfant. Aucun milieu — même favorable — ne peut garantir que l'enfant *ne* développera *pas* des traits névrotiques.

Le mieux qu'un environnement puisse faire est de fournir une situation qui encourage les attitudes saines et minimise les occasions d'attitudes malsaines.

Le problème œdipien de l'enfant est simplifié dans un mariage harmonieux. Dans la rivalité du jeune garçon avec son père, une limite est automatiquement mise à son fantasme par le fait évident que ses parents s'aiment et qu'il n'a pas de place dans leur union. Puisqu'il est inutile de continuer à demander l'impossible, le jeune garçon modifie son fantasme et s'adapte à la réalité. Mais dans un mariage malheureux, le but du jeune garçon ne semble pas être inaccessible. Il ne voit nulle part de preuve que ses parents forment une unité indissoluble ; il ne voit que conflit. Dans un divorce, lorsqu'un parent disparaît de la scène, les désirs interdits semblent être encouragés.

Le schéma général du divorce où les enfants restent avec la mère peut augmenter le conflit de l'enfant, renforçant l'attachement du jeune garçon à sa mère, ou l'antagonisme de la fille à son égard. Et cela est vrai pendant la puberté, lorsque ces désirs inconscients revivent temporairement comme dans la première enfance. La séparation des parents peut parfois aider à faire basculer l'équilibre lorsque l'enfant est intérieurement incapable de résoudre son problème.

Un mariage heureux élimine le danger et procure à l'enfant une base plus solide pour résoudre le problème. Tout d'abord, des parents heureux donneront plus vraisemblablement que des parents névrosés un amour tendre à leurs enfants. C'est l'amour des parents qui donne aux enfants la protection dont il ont besoin pour supporter les privations douloureuses de la première enfance : perte de leur cher fantasme de toute-puissance, nécessité de renoncer à la longue liste des désirs interdits. Humilié, blessé, dépouillé de ses buts les plus chers, l'enfant heureux peut encore sauver la face en disant : « Si je renonce à certains désirs " impossibles ", mes parents continueront à m'aimer. Cela vaut la peine, alors je le ferai. »

Un enfant explique les motifs de la séparation de ses parents dans les termes de ses propres malentendus. Comme il voit les choses, le parent qui est parti n'a pu partir que parce qu'il a cessé d'aimer l'enfant. Cherchant une raison pour expliquer cette perte d'amour, l'enfant la trouve dans ses méfaits et dans les dépôts inconscients de culpabilité née d'autres sources. La culpabilité est donc augmentée et la perte d'un des parents est prise comme preuve que la culpabilité est justifiée et que l'enfant a séparé ses parents.

Le divorce n'est pas le seul facteur que l'enfant voit à travers un rideau d'idées préconçues et de malentendus. Pour lui, le monde extérieur tout entier est un instrument ne servant que ses propres fantasmes. Plus ceux-ci sont loin de la réalité, plus il est difficile de les conserver et plus il est facile de céder aux nécessités de la réalité. Un foyer heureux est moins favorable à ces fantasmes auto-préjudiciables qu'un foyer menacé par le divorce. Lorsqu'il y a conflit entre les parents, l'enfant est pourvu d'une abondance de matériel brut pour tisser ses fantasmes. Il prend le parti de l'un ou de l'autre de ses parents, en partie parce qu'il entre involontairement dans leurs querelles et en partie parce qu'il projette ses propres conflits affectifs dans leur situation. Cela devient net si nous prenons comme exemple le garçonnet de quatre ou cinq ans à l'apogée de sa rivalité œdipienne avec son père. L'enfant assiste à une scène violente entre ses parents. La mère fait des reproches au père. Le garçonnet est mal à l'aise parce que ses désirs inconscients l'ont inondé de culpabilité. Mais à cause de la scène il se sent mieux d'une manière inattendue. Il s'en sert pour diminuer son propre sentiment de culpabilité, en s'assurant : « Papa est mesquin à l'égard de Maman, mais je ne le serai pas. » Mais avec le temps, naturellement, ces scènes produisent l'effet inverse puisque le résultat total des arguments d'auto-justification du garçon est de fortifier son attachement à sa mère. Cela signifie qu'il s'accroche à un désir irrationnel, chargé de culpabilité, au lieu d'y renoncer.

Il n'y a pas de compromis : tout enfant doit surmonter et digérer psychiquement les liens pré-œdipien et œdipien, à la fois libidinaux et agressifs. Si sa situation de réalité lui fournit une excuse pour refuser d'accepter la défaite qui est en même temps la solution de son problème, il peut très bien se servir de cette excuse. Cela ne veut naturellement pas dire qu'il doit le faire ou qu'il le fera.

Un remariage des parents laisse sans aucun doute une empreinte sur l'enfant, même si les résultats restent invisibles pendant des décennies.

Le stéréotype du « malheureux enfant du divorce » appelle une image qui ressemble étrangement à un appel à la charité : l'enfant malheureux n'est pas seulement pitoyablement solitaire et sous-privilégié, il est généralement très jeune. Personne ne se représente la malheureuse victime marchant sur le parent offenseur et lui demandant des comptes d'une voix aussi grave que celle de son père. Cependant, une grande proportion d'enfants de foyers brisés sont des adolescents et il ne faut en aucun cas ignorer l'effet que le divorce produit sur eux.

J'ai fréquemment rencontré cette situation en analysant des hommes d'âge mûr traversant la période de « révolte de la maturité » (*The Revolt of the Middle-Aged Man*, Hill & Wang, N. Y., 1954). Ces patients sont violemment mécontents du schéma de leur vie et sont convaincus que leur femme, également mûre, fournit la clé de leur mécontentement.

Dans cette situation, le divorce et « un nouveau commencement » sont virtuellement le but de chaque révolté. Son principal souci est son bien-être personnel. Il admet avoir un certain devoir pécuniaire envers sa femme et ses enfants, mais il est trop absorbé par sa crise personnelle (et c'est pour lui une période profondément malheureuse, infiniment troublante) pour qu'il lui reste de grandes ressources affectives pour eux. Il rationalise sa froideur sans trop de difficultés, en étant disposé à faire des concessions matérielles pour ses absences et en s'en tenant solidement à quelques arguments provocants. Les affirmations typiques sont : « Je ne veux pas être pénalisé toute ma vie parce que j'ai pris une fois cinquante pour cent de responsabilité pour un enfant », ou : « Légitime défense d'abord ; mon devoir de parent peut attendre. »

Ce à quoi il n'est pas préparé et ce pourquoi il n'a pas de défense prête, c'est une situation dans laquelle ses enfants prennent vivement parti dans la querelle de leurs parents.

Un patient m'a dit : « J'ai affronté aujourd'hui quelque chose que je n'avais pas prévu. Mon fils âgé de dix-neuf ans est en vacances en ville pour Noël et m'a demandé un entretien particulier. Nous avons parlé. Il s'est comporté d'une façon très supérieure et assez indignée. Sa mère l'avait informé de "mon comportement scandaleux ". Ce sont là ses termes exacts. »

Après une sévère réprimande, le garçon « changea de ton » et demanda poliment à son père de lui donner sa version de l'histoire.

Le patient poursuivit : « Je lui dis qu'un enfant n'a pas à se faire le juge de ses parents. J'ai fait assez de sacrifices pour mon fils ! Si cela ne lui plaît pas, il n'a qu'à faire son chemin à l'université comme je l'ai fait. Ou il peut la quitter et travailler... Il a manifestement été pris par surprise ; il s'apprêtait à sermonner un pécheur repentant. Il a été d'abord furieux ; il m'a accusé de nuire à son avenir, d'être irresponsable, d'être un mauvais père, et ainsi de suite. J'étais prêt à quitter la pièce. Puis vinrent les larmes et les excuses. Puis, très humblement et timidement, il me demanda : " Pourquoi rends-tu Maman malheureuse ? " »

« Avez-vous répondu ? »

« Je lui ai dit qu'il n'était pas en âge de comprendre. Je lui ai aussi demandé pourquoi il tenait pour acquis que je rendais sa mère malheureuse, pourquoi ce n'était pas l'inverse. Savez-vous pourquoi ? " Parce que Maman est un tel amour ! "... Je lui dis que sa mère pouvait être un amour et que je pouvais trouver qu'il était impossible de vivre avec elle. Même les amours peuvent être inconciliables. »

« Espérez-vous qu'il comprenne cela ? »

« Non. La situation tout entière est ridicule. Et son attitude est agaçante. " De toute manière tu es vieux " ; c'est ce que je lisais sur son visage. " Pourquoi faire tant d'histoires pour les quelques années qui te restent ? " »

« Espérez-vous qu'un garçon de dix-neuf ans comprenne les problèmes d'un homme de votre âge ? »

« Naturellement non. Mais pourquoi pense-t-il qu'il a le droit d'intervenir ? »

« N'est-il pas directement ou indirectement impliqué ? »

« Écoutez-moi. J'ai fait assez de sacrifices pour ce garçon. Ce serait différent s'il était encore un enfant. Il ne l'est pas, c'est tout. Il ne peut être psychologiquement lésé à son âge. Il doit affronter les faits.

Cette dernière affirmation était la plate-forme officielle du patient, mais il n'y était pas aussi solidement en équilibre qu'il l'aurait souhaité. Au lieu de traiter les griefs de son fils comme il aurait traité une autre situation moins difficile, par une conversation « d'homme à homme » ou « copain-copain », il était devenu furieux, hautain, distant. Cela signifiait que les reproches du jeune homme avaient éveillé sa culpabilité intérieure, une culpabilité trop forte pour céder à une simple répétition du point de vue officiel du patient sur le sujet.

L'enfant adolescent apparaît parfois inopinément comme le supporter de la rébellion au lieu d'être le défenseur du statu quo. Il a naturellement ses raisons et celles-ci sont étroitement et exclusivement liées à ses problèmes particuliers.

Un autre patient disait : « Je suis déprimé et perplexe. Plus perplexe que déprimé. Quelque chose s'est passé hier. »

« Vous ressemblez à quelqu'un qu'on aurait frappé avec une brique. »

« Attendez d'écouter ce qui s'est passé. Mon fils, un étudiant typique, m'a incité à déjeuner avec lui. »

« A vos frais ? »

« Bien entendu. J'étais naturellement sur mes gardes ; que voulait-il ? une avance sur sa mensualité, une mensualité augmentée, avait-il enlevé une jeune fille, avait-il une maladie vénérienne, avait-il besoin d'argent pour un avortement, avait-il joué aux courses ?... J'ai épluché toute la liste. Mais c'était très différent. »

« Différent comment ? »

« C'était un déjeuner cérémonieux. Je pourrais presque dire une visite officielle de condoléances. »

« Voulant dire quoi ? »

« Mon jeune ami, comme il s'intitulait lui-même, m'informa qu'il était très au courant de mon conflit conjugal. Il sympathisait avec moi. Pourquoi ? Sur un terrain sociologique et religieux. »

« Curieuse formulation. »

« Je le croyais aussi. Il citait ces auteurs à l'appui de son opinion. Fait particulier, ces auteurs sont généralement cités par le parti adverse. Saint Augustin et I Corinthiens VII. »

« C'est intéressant ».

« N'est-ce pas ? Il semble que lui et ses amis aient discuté de la valeur du mariage ; leur conclusion est que le mariage n'est rien d'autre qu'une « institution anti-sexe ». Voici leur preuve tirée de I Corinthiens : " Pour éviter la fornication, que chaque homme ait sa propre femme et que chaque femme ait son propre mari. " Et de saint Augustin : " Le mariage n'est pas un bien, mais c'est un bien comparé à la fornication. " Puis, probablement pour varier, ils ont déterré cette phrase de George Sand : " Le serment du mariage est une absurdité imposée par la société. " Que pensez-vous de cela ? »

« J'apprécie l'humour de la situation. Vous, le révolté *pro tem* contre le mariage, mis dans la position de défendre le mariage ! Quelle ironie ! »

« Je devais le faire. C'était mon rôle de père. »

« Rôle qui vous a fait revenir à votre position de conservateur. Et votre fils est devenu le révolté contre l'autorité établie. »

« Situation folle. »

« Pas si folle. La farce est que la première adolescence représentée par votre fils faisait face à la seconde adolescence, c'est-à-dire vous et, vite, vous êtes redevenu un adulte mûr — du moins temporairement... Ce qui vous a frappé le plus durement lorsque votre fils a bénignement autorisé votre révolte, c'était le fait que vous sembliez être d'accord avec sa conclusion ».

« Êtes-vous sûr qu'il a tort ? »

« J'en suis sûr. Le mariage a de profondes racines émotionnelles ».

Je lui expliquai comment le concept de monogamie — un père et une mère — se fixe solidement et de façon immuable dans l'esprit de l'enfant pendant les bouleversements de la période œdipienne.

« Très impressionnant », dit le patient. « Mais je ne vois pas comment il dispose de l'argument selon lequel le mariage est une institution anti-sexe ».

« Si, si vous savez lire entre les lignes des citations de votre fils. L'idée infantile de la sexualité est pleine de malentendus et de mystères. Pour l'enfant, le sexe est toujours le tabou mystérieux. Cette connotation — sexe = interdit — est normalement abandonnée. Mais chez les névrosés, elle garde la commande. Les conséquences sont dramatiques : les névrosés trouvent que le mariage légal rend la sexualité indigne d'eux puisqu'il élimine l'élément d'interdit. »

« Je vous accorde ce point. Mais il ne dispose pas de l'argument que le mariage diminue l'intérêt sexuel chez *tout le monde*. »

« Les buts des autorités ecclésiastiques (et de révoltés comme George Sand) ne sont pas identiques aux buts de ceux qui interprètent des faits psychologiques et médicaux. Le mariage — la dualité — est une solution normale pour l'individu relativement sain. Le mariage normal — et je peux, moi aussi, citer la Bible —

est " bâti sur un roc solide ", sur une infrastructure solide, mais insoupçonnée, psychologique. La promiscuité entre les sexes est une des solutions *névrotiques* possibles à la sexualité. Le mariage a été un « schibboleth » dans le but de limiter la promiscuité et d'éluder les pires problèmes qui l'accompagnent. Les moralistes ont indubitablement leurs raisons pour leur propagande anti-sexe, qui n'a rien à voir avec le fait qu'un individu sain sait par expérience que le coït avec une personne qu'il aime est meilleur que le coït sans amour. »

« Mais n'est-il pas suspect que le groupe anti-sexe et le groupe dit sain parviennent à la même conclusion ? »

« Seulement si vous jugez un argument d'après la personne qui le met en œuvre, au lieu de le juger d'après son contenu. Deux groupes différents peuvent arriver aux mêmes résultats, même si leurs raisons sont différentes. Prenez par exemple une secte puritaine qui interdit à ses membres de consommer une certaine nourriture impie. Pendant ce temps un groupe de chimistes de la nutrition découvrent que cette nourriture particulière est préjudiciable à l'appareil digestif des individus normaux. Il ne s'ensuit pas que les chimistes ont été achetés par la secte puritaine. »

« La déduction sent la ruse du juriste. »

« Demandez-vous plutôt si vous n'avez pas des raisons particulières pour ne pas croire à ce que vous appelez une ruse. N'est-il pas vrai que vous souhaitiez prouver votre point de vue — le " shibboleth " de la promiscuité — et que vous rejetiez donc la preuve clinique comme argument ? Êtes-vous, vous-même, un observateur impartial ? »

« Partial ou non, je pense toujours qu'il faut fermer une voie particulière au plaisir. »

« C'est une réaction compréhensible — pour un adolescent seconde édition. Tout adolescent pense que le plus sûr moyen de découvrir la vérité est de supposer que les choses sont exactement le contraire de ce que ses maîtres et ses aînés lui ont dit. Cette violence contre l'autorité n'est-elle pas la philosophie dominante dans la crise de maturation ? Et ne vous semble-t-il pas étrange que les résultats du raisonnement de votre fils soient identiques aux vôtres ? »

« Je peux maintenant me servir de votre argument contre vous. Ne venez-vous pas de dire que deux groupes raisonnant différemment peuvent encore parvenir à la même conclusion ? »

« C'est là une autre technique de l'adolescent : la réduction à l'absurde. Dans votre exemple, les deux groupes sont différents — votre fils et vous-même ; le raisonnement est exactement le même. Votre raisonnement d'adolescent mûr n'est que le duplicata du raisonnement de l'étudiant adolescent qu'est votre fils. L'idée que quelques femmes dans votre vie signifient quelques plaisirs et qu'un grand nombre de femmes signifie un grand nombre de plaisirs est tout simplement une idée névrotique. Le loup n'est pas un homme qui a découvert un racourci vers le Paradis. Il court tout simplement d'une femme à l'autre comme mesure préventive ; il veut être certain de ne pas révéler sa puissance réduite. Il est un névrosé poussé à son comportement par des forces intérieures qu'il ne peut contrôler. »

On ne peut s'empêcher de ressentir une certaine sympathie pour ce père perplexe dans cette situation. Son fils avait un âge suffisant pour être à demi libéré de la protection et de l'influence parentales. En même temps, le père était pleinement conscient qu'il devait encore à son fils influence et protection et cette réaction automatique entra en jeu lorsqu'il se trouva défendre le mariage contre les attaques de son fils. Il n'y a aucun doute que le jeune homme aurait pu prendre et aurait pris la même position de révolte contre la coutume établie sans l'aide de l'exemple de son père, et le père en était pleinement conscient. Mais une question agaçante persistait : « Avais-je le droit de lui donner un précédent aussi péremptoire ? » Il n'y a naturellement pas d'autre réponse à cette question que la culpabilité.

Le fait est que dans la responsabilité parentale il y a une nécessité à long terme aussi bien qu'à court terme. La responsabilité à court terme s'applique pendant les années de croissance de l'enfant ; elle comporte la régularité de la vie des parents pour le bien des enfants, l'assurance des besoins matériels, de l'amour et d'une vie familiale stable. La responsabilité à long terme — l'appui moral, l'encouragement, la bonté, l'amour, l'aide matérielle si besoin est — ne cesse jamais.

Cela ne veut pas dire que le parent n'ait pas besoin de se protéger. Il serait par exemple déraisonnable de se sacrifier pour un enfant névrotique, une fois passées les incertitudes de la jeunesse. Mais la protection de soi-même ne justifie pas un détachement glacial.

La majorité des parents normaux aiment, protègent et soignent leurs enfants et aiment le faire. Mais le névrosé déclaré ou le parent pris dans une crise névrotique projettera son propre conflit névrotique sur tous les siens, sans excepter ses rapports avec ses enfants. Ce comportement ne créera pas automatiquement la névrose chez les enfants ; il leur offrira simplement quelques points de fixation pour leurs conflits intérieurs personnels nés d'autres sources. L'enfant n'abuse pas nécessairement des attitudes névrotiques du parent, mais il *peut* en abuser.

Le schéma du mariage précoce et de plusieurs enfants rapprochés pendant que le mariage en est encore à ses débuts, a été largement adopté dans ce pays depuis la guerre. Les avantages sont indéniables pour les parents et les enfants — aussi longtemps que le mariage est heureux. Mais l'épouse, prisonnière d'une union malheureuse, voit en un sens ses enfants comme des geôliers qui la gardent liée à son mari. Le refrain est toujours le même : « Comment divorcer ? Peu d'hommes épouseront une femme ayant des enfants ! »

Mais il y en a. Un pourcentage étonnamment élevé de divorcées avec enfants trouvent des maris qui leur sont assortis.

Ce fait semble confondre expérience et bons sens. Un homme qui aime les enfants veut des enfants à lui ; un homme qui n'aime pas les enfants ne sera vraisemblablement pas attiré par une famille toute faite. Et même lorsque les besoins matériels des enfants d'un mariage antérieur son pleinement assurés par un arrangement juridique, le nouveau mari assume automatiquement une responsabilité à l'égard des enfants en épousant leur mère. Pour un grand nombre de divorcées, cette responsabilité, même si elle n'est qu'affective et nullement financière, apparaît comme un fardeau que « tout homme normal doit fuir ».

Peut-être « l'homme normal » fuirait-il si ses actes dépendaient uniquement des considérations de bon sens. Mais dans des situations émotionnelles, l'influence de l'inconscient dépasse celle du bon sens. J'ai analysé un grand nombre d'hommes en passe d'épouser des divorcées avec enfants et j'ai été convaincu que dans un grand nombre de cas l'existence des enfants était le facteur inconscient poussant ces hommes à se décider en faveur du mariage. Les motifs de cette réaction paradoxale ne sont pas toujours uniformes. On peut distinguer trois types principaux : l'homme à la recherche d'une femme aimante ; l'homme effrayé d'avoir des enfants à lui ; et l'homme qui « ne fuit pas » parce qu'il n'a pas d'attitude normale ni à l'égard du mariage ni à l'égard des enfants. Ces derniers appartiennent à la catégorie que j'ai appelée le « play-boy névrosé » (*Money and Emotional Conflicts*, deuxième édition, Pageant Books, Inc., 1959).

Commençons par le troisième type. Toutes les divorcées fortunées savent que l'imposteur drapé dans la respectabilité n'est pas un mythe et qu'elles sont la proie du play-boy névrosé qui vit en vendant ses avantages physiques et sa « charmante froideur » contre espèces. Analytiquement, ces infirmes affectifs sont des psychopathes dont la maladie a une base intérieure complexe.

Les enfants de la divorcée ne sont pour le play-boy névrosé ni un obstacle ni un objet de considération. Il a uniquement le souci de son bien-être. Il veut savoir si la divorcée l'entretiendra dans le confort et de préférence dans l'oisiveté, combien de temps elle supportera sa froideur et son infidélité. Invariablement, il vivra en parasite et sera agressif dans ses rapports avec sa femme ; il s'attache généralement à une maîtresse qui l'exploite agressivement. Dans le mariage, le play-boy prend de l'argent en échange de mauvais traitements ; dans sa liaison avec sa maîtresse, il donne de l'argent et accepte la cruauté avec soumission.

La psychologie de ces êtres peut être illustrée par le cas suivant :

Un homme qui pensait ouvertement que le monde lui devait de quoi vivre, non en paiement du travail effectué, mais en reconnaissance de son sex-appeal, me consulta pour une dépression et parce qu'il « buvait trop ». Il commençait à se soucier de son léger penchant à l'alcoolisme parce que c'était nuisible à sa réputation. Cet euphémisme signifiait qu'il était perturbé parce que son habitude de boire menaçait le succès de son programme de mariages commercialisés. Il avait à maintes reprises essayé de « diminuer », mais il était incapable de le faire.

A vingt-sept ans, il était deux fois divorcé. Il ne considérait pas son record conjugal comme inhabituel et ne me consultait pas parce qu'il avait besoin de dissiper des difficultés émotionnelles nées de ces fiascos. Il insistait sur le fait qu'il était simplement venu pour être guéri de son alcoolisme.

Je lui demandai : « Quelle est votre profession ? »

Il répondit évasivement : « J'ai travaillé dans différentes branches. »

« Par exemple ? »

« Eh bien, j'ai d'abord été à l'université. Après l'université j'ai cherché... »

« Que cherchiez-vous ? »

« Un travail. Puis je me suis fiancé avec une jeune fille dont le père possédait une grande installation industrielle de métallurgie. Après notre mariage, j'ai finalement été travailler dans les bureaux de son père. »

« A quoi le mot " finalement" fait-il allusion ? »

« Il n'y a pas de véritables raisons pour que je travaille. Ma femme avait des revenus provenant de la propriété de sa grand-mère. Au début, nous avons simplement voyagé et pris du bon temps ; puis son père a commencé à lui monter la tête et elle m'a influencé. Je n'étais pas très heureux à la perspective d'être attaché à un bureau — qui s'intéresse d'ailleurs à la métallurgie ? — mais j'ai finalement cédé. Malheureusement, le fait que nous buvions a gêné mon travail. Comment peut-on travailler avec un reste d'habitudes ? »

« Quel genre de mari souhaitait votre première femme ? Voulait-elle que vous soyez un compagnon de beuveries ou un travailleur acharné ? »

« Vous posez la question avec précision. Je lui ai dit : ou tu me laisses travailler et tu te passes de moi comme compagnon de boîtes de nuit, ou tu me laisses quitter ce bureau idiot pour que nous puissions avoir du bon temps. »

« A-t-elle compris ce que vous vouliez dire ? »

« Eh bien, vous savez comment sont ces filles qui ont de l'argent. Elle est montée sur ses grands chevaux et m'a traité de play-boy et de parasite. Elle était elle-même un parasite, mais lorsque je le lui ai dit, elle a enfourché ses grands chevaux et m'a dit : « Personne ne peut *me* demander de travailler — pour un homme c'est différent ". »

« Et la fin ? »

« *C'était* la fin. Je ne suis pas allé au bureau pendant deux jours et elle a demandé le divorce. Une garce déraisonnable, pour dire les choses aimablement. J'ai continué avec elle, faisant ce qu'elle me demandait de faire ; puis elle m'a traité de play-boy et elle est partie. Je pense que son vieux fou de père lui en a donné l'idée. Elle s'est débarrassée de moi simplement pour masquer son penchant à la boisson. »

« Que s'est-il sexuellement passé dans le mariage ? »

« Elle était froide — tout en m'accusant de froideur. Elle a eu une liaison avec un autre homme et elle l'a épousé par la suite. J'ai eu une grande satisfaction en apprenant que son second mariage avait été aussi un échec. »

« Et vous ? »

« Je suis resté sans rien. Après un certain temps je me suis accroché à une autre fille du même genre. Toute l'histoire a recommencé. Cette fois, l'affaire familiale était un chantier de construction. Il me fallait apprendre quelque chose de nouveau et je dois admettre que je n'étais pas à la hauteur. Ma seconde femme ne buvait pas tant, mais elle était d'une jalousie folle. »

« Lui avez-vous donné des raisons de l'être ? »

« Eh bien, je ne dis pas que je l'ai épousée par amour. Mais elle croyait que j'étais sa propriété. Elle est devenue plus violente et finalement elle est partie pour Reno. Je ne répéterai pas les noms dont elle m'a qualifié. Tout ce que je peux dire, c'est qu'en épousant une fille riche on n'épouse que l'avarice et les griefs. »

« Pourquoi vous êtes-vous marié pour de l'argent ? »

« Je n'ai pas exactement fait cela. Je n'ai jamais eu une très grande confiance dans ma capacité à travailler. J'aime avoir du bon temps et j'imaginais que ces femmes riches seraient heureuses d'avoir un mari séduisant. Et qu'ai-je obtenu de ce marché ? Rien, sauf d'être catalogué comme play-boy. Ces deux garces ont fait de moi un alcoolique. Je devais boire pour oublier ce qu'elles m'avaient fait. »

« Et maintenant ? »

« Eh bien, j'ai réussi à économiser un peu d'argent. »

« Comment ? »

« Eh bien, en quelque sorte indirectement, par ma seconde femme. J'ai vu venir Reno, alors j'ai réussi à économiser un peu de *son* argent — vous savez, des petits cadeaux, et ainsi de suite. »

« Je vois. »

« Rien de spectaculaire, comprenez-moi. Elle était furieuse lorsqu'elle l'a découvert. Elle a menacé de me poursuivre et j'ai riposté en la menaçant. Je savais qu'elle ne pouvait pas se permettre un scandale. »

« Dans l'ensemble, une affaire aventureuse sans grand succès. »

« Succès raisonnable — aucune affaire ne marche bien à notre époque. »

« Et maintenant ? »

« Maintenant, j'en ai fini avec cette foule de parasites fortunées. Tout ce qu'elles veulent c'est du bon temps ; mais si un gars le leur donne, elles sont pleines d'indignation vertueuse et le traitent de play-boy. Sinon, elles le traitent de raté. Le monde est dur. »

« Avez-vous jamais envisagé la possibilité de subvenir vous-même à vos besoins ? »

« Quelles sont mes chances ? Un travail à cinquante dollars par semaine ? Est-ce ma faute si je ne suis pas doué pour les affaires ? »

« Votre future troisième femme est-elle déjà entrée en scène ? »

« Non. Je vous ai dit que j'en avais fini avec ce genre de public. Je veux jouir de ma liberté aussi longtemps que possible — c'est-à-dire aussi longtemps que j'aurai de l'argent. »

« Pourquoi voulez-vous vous débarrasser de votre habitude de boire ? »

« Trouvez-le pour moi. »

« Je l'ai trouvé. C'est une condition préalable à votre prochain marché conjugal. »

« Vous savez, on ne peut vendre que ce que l'on a. Dans mon cas, il se trouve que c'est mon visage et ma personnalité. »

« Pas d'illusions sur vous-même ? »

« Je n'en ai plus. J'en avais, il y a quelques années ; elles étaient agréables et consolantes. Mais maintenant, elles se sont évaporées. »

« Et qu'en est-il resté ? »

« Une évaluation précise de mes chances. Vous pouvez appeler cela du cynisme ou un calcul à froid ; je suis immunisé contre ce genre de critique. Ce que je veux, c'est tirer le maximum d'un maigre marché. »

« Avez-vous pensé que vous étiez émotionnellement malade ? Que votre attitude vous interdit tous les sentiments qui donnent un sens à la vie ? »

« Ne me servez pas cela. Je ne crois pas aux sottises romanesques concernant l'amour. »

« Vous n'avez apparemment jamais pensé que votre alcoolisme ne pouvait être isolé du reste de votre personnalité. La psychanalyse d'un trait de caractère doit, par nécessité intérieure, introduire tous les autres. Et le fait de changer votre personnalité peut modifier votre optique sur la sexualité et le mariage, qui sont, selon vous, des affaires où les articles sont achetés et vendus. »

« Ecoutez, toubib, regardons les faits. Je n'ai besoin ni d'une ridectomie ni de morale. Je veux que vous me débarrassiez de ma compulsion à boire, c'est tout. Tout le reste se soignera tout seul. Et croyez-moi, il n'y a rien qu'un solide compte en banque ne puisse guérir. »

« Vous avez dit, tout à l'heure, que vous étiez immunisé contre la critique, c'est-à-dire le reproche. Vous découvrirez que vous êtes très sensible aux reproches intérieurs : votre dépression et votre alcoolisme sont étroitement liés à cela. »

« Pas possible. »

« Et vous découvrirez que votre cynisme peut s'expliquer psychologiquement, de même que votre froideur émotionnelle. »

« Faites simplement votre travail et nous nous entendrons bien. »

« Je vous le dis simplement pour l'enregistrement. Et un jour je vous rappellerai mon avertissement. »

« Soyez tranquille. Vous m'avez " averti " et je le sais. Et je vous le certifierai par écrit. »

La divorcée peu névrosée passera au large de cet homme, à condition que son désir inconscient personnel de souffrir ne commande pas. Si ce désir inconscient est suffisamment fort, elle préférera le play-boy névrosé aux autres hommes parce qu'elle est sûre que le play-boy lui fournira la ration masochique souhaitée de mauvais traitements et de malheur.

Le mariage d'un play-boy est une aventure ; l'homme sincèrement en quête d'une femme aimante veut des rapports ayant une valeur affective.

Dans une série d'analyses masculines, j'ai traité des patients du type suivant : un homme arrivé par lui-même, homme d'affaires travailleur et qui réussit, ou un membre d'une profession libérale ayant passé la trentaine qui s'est libéré d'un mariage malheureux avec une mégère qu'il avait curieusement mal jugée et qu'il croyait être « une gentille fille. » Pendant les années du mariage, il avait été plus ou moins indifférent à l'égard de ses enfants, ne s'en approchant temporairement que lorsque la froideur de sa femme devenait prononcée.

Quelque temps après le divorce, l'homme rencontre une divorcée avec enfants. Il remarque qu'elle est bonne et aimante avec eux. « D'une certaine façon » (invariablement vague quant au comment et au pourquoi) son attitude est si rassurante qu'il écarte ses scrupules concernant l'éducation des enfants d'un autre père. Il se concentre sur ses rapports satisfaisants avec elle et l'épouse. Ces mariages sont fréquemment heureux.

C'est précisément le point qui reste toujours inexpliqué qui apporte la clé à l'état de choses réel, inconscient. Trois facteurs intimement liés dans l'homme lui permettent d'accueillir favorablement la divorcée avec enfants comme future épouse.

Tout d'abord la conscience intérieure de l'homme le tient pour responsable de l'échec de son premier mariage : il a découvert la « nature acariâtre » de sa femme lorsqu'il était trop tard. En réalité, naturellement, il avait découvert ce qui était pleinement visible aussitôt que ses besoins intérieurs l'avaient poussé à reconnaître les faits. Inconsciemment, il voulait toujours être maltraité. Il avait inconsciemment épousé sa première femme pour sa « cruauté » et non en dépit de sa cruauté. Consciemment, il était naturellement tout à fait ignorant de son désir caché. Consciemment, maintenant, il rejette ce désir et cherche une nouvelle partenaire avec laquelle il puisse réaliser une relation de tendresse et de confiance.

Une telle réadaptation chez un homme après le divorce est en grande partie une tentative pour réduire le poids de sa culpabilité intérieure. D'une certaine façon, il doit produire la preuve qu'il n'était pas coupable, qu'il ne demandait pas à être battu. C'était *sa* faute *à elle*, plaide-t-il inconsciemment ; si *elle* avait été bonne et aimante le mariage aurait été un succès. Si *elle* avait été comme ... ; le nom de la divorcée avec enfants fait alors partie de l'argument inconscient. La bonté et l'amour dont la divorcée fait preuve à l'égard de ses enfants sont révélateurs. Elle est indubitablement la femme qu'il a toujours proclamé chercher. Cette défense intérieure apparaît dans la conscience comme amour.

Le second facteur est également inconscient. L'homme s'identifie aux enfants de la divorcée. A côté de la naïveté qu'il proclame être responsable de son mariage malheureux, l'homme de ce type peu névrosé est influencé, dans le choix primitif d'une femme, par une image infantile déformée et refoulée que l'on peut faire remonter jusqu'à la toute première enfance. C'est dans la nursery qu'il était devenu un glouton inconsciemment avide du châtiment. Si tout désir inconscient réprouvé par la conscience intérieure tyrannique doit être consciemment désavoué au cours de l'édification d'une défense, l'homme n'est consciemment averti que de son désir d'être aimé — le contraire (et par conséquent alibi pour) du désir de souffrir. Ce désir conscient d'être aimé est sa défense contre l'accusation de préférer inconsciemment être malheureux. Pour se conformer à cette défense, il raccommode son cadre infantile et s'imagine être l'enfant chéri de la divorcée.

Troisièmement, une grande partie de sa culpabilité intérieure liée à ses propres enfants est incluse dans son approbation de la famille de la divorcée. Qu'il l'admette ou non, ses propres enfants sont perdus pour lui. Le fait de les voir une fois par semaine ou pendant quelques semaines au cours de leurs vacances d'été, ne peut changer le fait amer qu'ils seront à tout moment influencés principalement par la personne avec laquelle ils vivent de façon permanente. Cette personne est, naturellement, son ex-femme. Pour apaiser cette culpabilité, l'homme exécute un déplacement : il accepte les enfants de la divorcée, souvent avec un attachement sincère.

Les prétendants de la divorcée comprennent parfois un homme qui aime les enfants mais qui a évité de devenir père pour des raisons qui n'ont rien à voir avec la responsabilité matérielle et autres considérations d'ordre pratique. De tels hommes aussi appartiennent à un type reconnaissable : le fait devient net lorsque leurs rationalisations ont été démontées. Souvent les raisons réelles ont leurs racines dans un conflit infantile non résolu. Au lieu de la solution normale à la rivalité œdipienne, l'homme de ce type émerge du conflit avec des conséquences particulières : la peur d'engendrer. Le fait de se refuser ce privilège constitue la méthode inconsciente de l'homme pour prouver à son tyran intérieur qu'il a réellement abandonné les ambitions de la période œdipienne et qu'il est devenu « un bon garçon ». Il s'attache plus tard à des veuves ou à des divorcées qui ont déjà des enfants. Il fait alors partie d'une situation familiale lorsqu'elle est un fait accompli ; de cette façon il évite ses peurs intérieures.

Cette peur intérieure, elle aussi, agit à l'avantage de la divorcée avec enfants.

Il serait naturellement faux de supposer que tous les hommes qui acceptent les enfants de mariages antérieurs de leurs épouses soient déterminés par des raisons peu névrotiques d'hommes en quête d'une femme aimante et d'hommes ayant peur d'avoir des enfants à eux. Il y a d'autres raisons, reflétant des conflits profondément névrotiques, qui favorisent aussi cette attitude d'approbation. J'applaudis à la prudence d'un nombre toujours croissant de divorcées qui viennent chez les psychiatres en demandant « un travail de réparation pré-conjugale » sur leurs futurs maris.

CHAPITRE VII

LORSQUE L'ENFANT FAIT FAUSSE ROUTE

Apprendre qu'un enfant — ou un adolescent ou un post-adolescent — a des difficultés provoque une seule réponse, nette et sèche, de l'environnement : « Les parents sont coupables. » Et les parents acceptent le blâme, se sentent coupables, se font des reproches à eux-mêmes et l'un à l'autre.

Ces aveux de culpabilité sont dépourvus de sens. Les parents pourraient tout aussi bien se reprocher la Seconde Guerre mondiale.

Un enfant qui « fait fausse route » peut être impliqué dans l'une ou l'autre des difficultés de cette longue liste. Il (ou elle) peut :

a) Echouer dans un travail scolaire, faire l'école buissonnière, souffrir de déficience pseudo-mentale.

b) Etre un menteur ou un chapardeur.

c) Etre un délinquant juvénile.

d) Etre mêlé à une grossesse illicite.

e) Etre homosexuel.

f) Etre toxicomane.

g) Faire preuve d'imposture.

h) Etre impliqué dans un crime.

Toutes ces diverses façons masochiques de résoudre des conflits (chaque subdivision particulière montrant ses caractéristiques individuelles) dépassent le niveau de l'influence parentale.

Une étude de l'arrière-plan de ces techniques montre où s'arrête l'influence parentale et pourquoi on ne peut espérer qu'elle soit décisive.

Dans les pages suivantes, cinq de ces traits seront choisis comme objet d'une discussion détaillée.

1. DÉFICIENCE PSEUDO-MENTALE

La littérature psychanalytique contient une longue série d'études de l'inhibition partielle de l'intellect. La plupart de ces études traitent des difficultés que les enfants ont à lire, à apprendre, à mémoriser. Depuis Freud, des autorités en la matière ont signalé le lien existant entre les conflits intérieurs et les attitudes extérieures. Voici un exemple simple d'un tel lien : une association inconsciente est suggérée par l'étude approuvée de la situation géographique des villes et l'étude non autorisée de la « géographie » sexuelle du corps. Un tabou inconscient devient opérant sur des connaissances anodines et le résultat qui en découle est que le travail scolaire de l'enfant en souffre. On a généralement admis cette cause et cet effet de caractère banal.

Lorsque le tabou inconscient n'est pas limité et que l'effet final est de présenter l'image d'une idiotie tellement prononcée qu'elle apparaît comme une déficience mentale, parents et analyste affrontent une situation qui demeure encore relativement inexplorée.

Il y a plus de trente ans, j'ai traité avec succès un patient souffrant de déficience pseudo-mentale ; grâce à cette expérience clinique et aux expériences semblables qui l'ont suivie, j'ai acquis des connaissances qui m'ont permis de tracer les grandes lignes de l'explication théorique et de l'accès thérapeutique de cette maladie non reconnue auparavant.

Un « pseudo-imbécile » est un individu qui est virtuellement un faible d'esprit. L'usage du terme « pseudo » ne se rapporte pas à un masque conscient de stupidité, mais au fait qu'il n'y a aucune raison organique à l'apparence d'imbécillité et à la curabilité de la maladie lorsqu'elle est traitée psychanalytiquement. Le pseudo-imbécile, non traité, est tout au plus capable d'un travail mécanique et primitif qu'il exécute à la manière d'un robot. Il ne peut jamais subvenir à ses besoins ou devenir indépendant de quelque manière que ce soit. En outre, il est souvent sujet à des crises d'agressivité. Il est alors réellement dangereux.

Le jeune homme de vingt-trois ans qui m'a fourni mon premier « insight » dans cette maladie de la pseudo-imbécillité, vint me trouver à Vienne en 1930 (*). Je n'étais pas son premier analyste. Il avait été plusieurs mois en traitement avec un confrère féminin. Il avait demandé à être traité pour une raison particulière : il voulait que des prostituées urinent sur lui, mais il n'avait pas le courage de faire connaître son désir. Il pensait que la psychanalyse pourrait lui donner ce courage. Le premier analyste consulté ne fit aucune tentative pour traiter ce problème et l'adressa rapidement à un confrère. Le second analyste le traita comme un cas œdipien typique. Lorsqu'elle dut interrompre le traitement pour quelques

(*) Décrit dans « The Problem of Pseudo-Mental Deficiency », *Internationale Zeitschrift für Psychoanalyse*, 18, 528-538. 1932.

semaines (elle était à la fin d'une grossesse), le patient devint rapidement ingouvernable. La jalousie apparut ; le patient appelait l'enfant de l'analyste « M. Bébé » et devint indécent, familier dans son attitude à l'égard de l'analyste. Fait plus important, sa mère rapporte qu'à la maison il était devenu « un maniaque délirant ». C'est alors que je fus appelé à prendre la situation en main.

Au cours de notre premier entretien, le patient parut d'abord tout à fait raisonnable. Il admit facilement que son transfert sur l'analyste femme était devenu de trop pour lui. Après ce début prometteur il se mit à trembler, à transpirer et à crier : « Je ne comprends pas ! Je ne comprend pas ! » Il n'y avait rien à comprendre puisque je n'avais même pas ouvert la bouche. Cette situation continua pendant les trois séances suivantes.

A ce stade malencontreux, j'eus une idée « intuitive » dont je ne pouvais expliquer le sens. J'avais le sentiment que la chose à faire était de ne pas tenir compte des cris du patient : « Je ne comprends pas ! » et de lui parler — des semaines durant si c'était nécessaire. Ce fut le programme que je suivis. Je fournis des centaines d'exemples simplifiés de la peur de l'analyse chez d'autres patients. L'homme écoutait tranquillement, mais si je m'arrêtais un instant, il remplissait le silence de son cri familier : « Je ne comprends pas ! »

Je me servis un jour de l'exemple de l'analyse dans laquelle un patient avait mal compris le mot « résistance ». Ce patient se trouvait être un individu dont le Q.I. était bas. Lorsque je lui avais dit : « Vous êtes sous l'influence de votre résistance », il avait répondu : « Vous avez raison, on doit avoir une bonne résistance. » Il ne connaissait de résistance que celle qui luttait contre l'infection.

Cette histoire rompit la glace. Au lieu de son cri de bataille habituel, le patient dit : « Quel idiot ! Il aurait dû savoir ce que signifie la résistance en analyse ! »

Cela marqua la fin de la période du « Je ne comprends pas ! » Ce qui s'était inconsciemment passé, c'est que mon généreux « don » de mots lui avait rendu impossible de maintenir son identification de l'analyste avec la « méchante mère » qui refuse. Cette identification, avec ses harmonies supérieures masochiques, appelait une représentation d'agressivité qui justifierait son prétendu désir d'obtenir et non d'être refusé. Mon attitude gratifiante lui permit de substituer une nouvelle défense : « Voilà ce que je veux — bonté et générosité. » Cette nouvelle défense rendit l'analyse possible.

Le patient avait profondément déçu ses parents ; il ne savait pas consciemment qu'il avait provoqué le rejet. Sa mère agressive avait rêvé pour lui d'une « carrière intellectuelle », mais elle savait alors qu'il était encore très jeune que son ambition était vaine. Au premier degré, il fut renvoyé de l'école pour s'être masturbé en classe. On le mit alors dans un petit pensionnat où il resta jusqu'à l'âge de onze ans. Il y continua le schéma de provocation et de stupidité qui était apparu pendant sa première année d'école. Il ne pouvait rien comprendre de nouveau ou se souvenir de quelque chose. Il se sentait «rejeté» par ses parents et par le milieu environnant.

Toute sa vie paraissait centrée sur un « obtenir » défensif — et cela sur le plan infantile. C'était un mangeur, un buveur et un fumeur vorace. Il suçait toujours quelque chose. Sa devise consciente était : «La chose importante est la sève». Cette devise dominait aussi ses habitudes sexuelles. Le désir qui l'avait amené en analyse — le désir qu'une femme urine sur lui — provenait de la même source.

Sa relation avec sa mère prouvait qu'il ne fallait pas accepter ces désirs pour leur valeur apparente. Il provoquait constamment son refus et exploitait masochiquement son refus. En même temps, il débordait de pseudo-agressivité à son égard. Après la mort de son père il agit comme administrateur de l'affaire familiale, mais la tâche était au-delà de ses possibilités. Il donnait des ordres contraires à une administration raisonnable, perdait de l'argent et diminua ainsi la productivité de l'affaire. Cette défense pseudo-agressive prit des formes curieuses. En préparant une fois la déclaration de revenus de la boulangerie familiale, il augmenta les chiffres de la production pour que sa mère « ait à payer ».

Il y avait un grand nombre de raisons inconscientes entremêlées expliquant cette pseudo-agressivité. Mais la cause décisive était liée à son identification : ration alimentaire = ration de connaissances. Lorsqu'il refusait d'absorber des connaissances, il dramatisait de manière pseudo-agressive l'un de ses refus du masochisme : « Je ne veux pas être refusé ; je refuse. » C'était une façon de réaliser le plaisir masochique tout en refusant le désir ; il n'était pas précisément agréable d'être connu comme étant faible d'esprit. Sa stupidité avait encore un autre but. Elle prouvait prétendument que sa mère l'avait « affamé ». Cet alibi avait pénétré sa conscience sous forme de peur : il soupçonnait sa mère de vouloir l'évincer de l'affaire familiale, de le jeter aux chiens et de le laisser mourir de faim !

Il fut surprenant de voir changer le patient au cours de l'analyse. « L'idiot » devint directeur d'une boulangerie étrangère, après avoir été appelé comme spécialiste dans les friandises recommandées par l'affaire familiale.

Dans une série de cas semblables, j'ai trouvé que la base de la maladie était l'attachement masochique à l'image de la mère de la première enfance. La maladie est guérissable.

Des inhibitions de l'intellect moins radicales ont été généralement expliquées en termes d'un thème unique : l'effet pour l'enfant de perdre l'amour des parents ou d'être incapable de gagner leur amour. Cela signifie que l'enfant reste sans avoir quelqu'un « pour qui » il veuille devenir un bon élève ou acquérir des connaissances.

Le raisonnement tout entier me semble faux.

Tout d'abord, la réaction des parents naît généralement des provocations masochiques arrangées par l'enfant. Lorsque les parents espèrent un avenir brillant pour leur enfant, un avenir qui compensera leurs propres insuffisances, ils ne peuvent s'empêcher d'être profondément déçus lorsque l'enfant sacrifie ses possibilités intellectuelles aux exigences d'un conflit infantile non résolu. Les parents sont ses prétendus ennemis dans son rejet des aptitudes intellectuelles ; derrière cette représentation de pseudo-agressivité, on trouve l'éternel but du préjudice de soi.

Deuxièmement, la question importante est celle-ci : pourquoi en chemin l'enfant adoptera-t-il une situation défavorable et la surmontera-t-il, alors qu'un autre enfant ne le fera pas ? On peut prendre comme exemple le cas assez fréquent du parent névrosé qui ne peut jamais être satisfait, parce qu'il se sert inconsciemment de son enfant pour répéter son propre conflit infantile et pour agir en direction des ambitions qu'il n'a pas réalisées. Ici encore, il faut se rappeler que la névrose n'utilise jamais une photocopie de l'environnement ; les élaborations intérieures que l'enfant fait à partir des circonstances extérieures sont décisives.

Troisièmement, c'est un fait cliniquement observable que les enfants réagissent souvent à une crise ou à un drame tel que la perte d'un parent, un foyer brisé par le divorce, la naissance d'un frère ou d'une sœur préférés, en se réfugiant dans la lecture. La déception peut stimuler l'acquisition de nouvelles connaissances, tout comme elle peut l'empêcher. Tout dépend de ce que l'enfant choisit comme défense contre son emploi inconscient de la crise pour un plaisir masochique. Une des défenses standards nie le désir de refus et de rejet en prouvant que le désir réel est d'« obtenir ». Dans le langage de l'inconscient, « l'absorption » de connaissances est égale à l'absorption de lait et au fait de recevoir amour et soins. L'enfant peut ainsi prouver qu'il « veut obtenir » en absorbant avidement des connaissances par la lecture. Les connaissances spécialisées d'un grand nombre de savants reposent précisément sur cette base.

Ma quatrième raison est tirée d'une autre observation clinique. Un enfant «oublie» et oblitère souvent des secteurs entiers de connaissances utilisables, parce qu'il croit que ses parents ne souhaitent pas qu'il connaisse ces faits. C'est un événement fréquent dans des foyers *heureux*. J'ai analysé une série de personnes appartenant à des professions libérales ayant des antécédents semblables (classe moyenne). Ces familles étaient déterminées à sauver les apparences malgré des revenus modestes et le climat de ces foyers discréditait « la sordide avarice » de concurrents. L'enfant acceptait littéralement cette attitude superficielle et l'incluait dans son échelle des valeurs, négligeant naturellement l'élément d'envie caché derrière les affirmations parentales. Ultérieurement, il pouvait être considéré comme financièrement « stupide ».

Cinquièmement, si l'influence des facteurs externes sur l'activation d'un conflit intérieur ne peut être niée, cela jette effectivement un doute sur la théorie d'un lien direct entre la situation familiale et le rejet inconscient des buts intellectuels chez l'enfant. Lorsque le masochisme constitue une grande partie du problème de l'enfant, l'effet des facteurs externes est particulièrement marqué.

Un homme d'affaires d'une trentaine d'années, qui avait bien réussi, me dit fièrement en cours d'analyse : « Personne ne peut *me* qualifier d'intellectuel. » Cet homme ne lisait jamais de livres, ne voyait aucune pièce de théâtre. Il lisait chaque jour un «raccourci», c'est-à-dire qu'il lisait les bandes dessinées, la page des sports et les gros titres. « Est-ce là l'ordre exact ? », lui demandai-je. Sa réponse fut une grimace.

Dans les trois premières classes de l'école primaire il avait été le premier et « le chouchou du maître ». Les autres enfants le taquinaient à ce sujet et il décida de mettre fin à son importance. Il cessa d'apprendre, répondit délibérément à côté des questions et organisa une représentation convaincante d'ignorance générale. Plus tard, il trouva impossible de rester éveillé à l'école et dormit pendant presque toutes les leçons.

Il avait clairement sacrifié le savoir dans l'intérêt d'un double conflit intérieur. La position théoriquement enviable de chouchou du maître mettait en péril le fantasme masochique intérieur que « tout le monde était mesquin à son égard » ; pour sauver ce fantasme, il devait être rejeté par le maître et par conséquent le provoquer délibérément jusqu'à ce qu'il le rejette. Ayant résolu cette partie de son conflit, il devait établir une défense. La défense consistait en un déploiement d'agressivité ; il refusa d'apprendre, refusa d'admettre qu'il savait ses leçons.

Toute la technique était évidemment préjudiciable ; on pouvait dire que son intellectualité mourut de privations. Mais c'était purement accidentel ; l'intellectualité était le spectateur innocent tué dans une lutte entre deux géants intérieurs. A côté de son vide mental, l'homme donnait l'impression d'être vif, rusé et sournois. Son succès évident en affaires confirmait cette impression.

2. DÉLINQUANCE JUVÉNILE

Délinquance juvénile est une expresion « fourre-tout » appliquée à tout acte en conflit avec la légalité lorsque le délinquant a moins d'un certain âge.

Dans *Our Troubled Youth*, Frédérik Mayer (*) donne la liste suivante des caractéristiques du délinquant :

(1) Il admire la force physique.

(2) Il soupire après les satisfactions matérielles.

(3) Il déteste être seul.

(4) Il méprise le dénonciateur.

(5) Il aime la liberté et pourtant la fuit.

(6) Il méprise l'autorité.

(7) Il considère la sexualité en terme de sensualité.

(8) Il considère le travail comme une activité adaptée aux squares.

(9) La plupart du temps il rêve éveillé à des combinaisons impossibles.

(10) Il a tout le temps besoin de nouvelles émotions et aventures.

(11) Il a le sentiment que le monde conspire contre lui ; « personne ne le comprend ».

(12) Il est heureux d'ennuyer les adultes.

(13) Il considère la vie comme une jungle.

(14) Il est gouverné par ses pulsions.

Ce livre est caractéristique des études courantes sur ce sujet ; dans toutes, le rôle décisif est attribué au culte de l'agressivité et à la recherche de buts agressifs. Rien n'est plus loin de la vérité intérieure. Ces adolescents malades sont des masochistes psychiques surdimensionnels qui utilisent la pseudo-agressivité comme défense-type. (Malgré la violence qui accompagne souvent leurs actes, l'emploi du préfixe « pseudo » est justifié : ces actes doivent

(*) *Public Affairs Press*, Washington, D.C., 1959.

toujours être préjudiciables parce que le préjudice de soi est leur but intérieur.)

C'est une ironie qu'à l'âge de la sophistication psychologique personne n'ait traduit la dramatique confession du délinquant juvénile : « *J'ai* tué le gars », dans le langage de l'inconscient qui explique le but de son acte. Dans la réalité intérieure, sa confession signifie : « J'ai simplement marchandé pour la chaise électrique ou la prison à vie. »

Des autorités en matière de délinquance juvénile signalent souvent que tous les crimes et délits commis par les adolescents ont une caractéristique commune — « la haine sadique de l'autorité », une haine qui, vraisemblablement, les unit en gangs. Mais elles ne vont pas jusqu'au cœur du sujet qui est la question : Cette « haine » est-elle vraie ou recouvre-t-elle une émotion plus profondément refoulée ?

Le phénomène du gang est un élément de preuve qui montre la nature défensive des actes du délinquant. En se soumettant au chef dictatorial du gang, le délinquant se montre passif et non agressif. Puisque c'est le cas, nous ne pouvons prendre ses rationalisations pour leur valeur apparente. Les « défenseurs du gang » ne sont que des défenseurs de leurs propres défenses intérieures.

En analysant les délinquants, on voit que ces garçons et ces filles sont en fait pleins d'un sentiment d'indignation sauvage. Ils sont convaincus que la vie les a volés. La vie est injuste — certains ont tout, d'autres rien. Certains ont le plaisir ; d'autres seulement le malheur. Ces garçons et ces filles veulent que l'injustice soit corrigée et ils pensent le faire par leurs activités de gang.

Lorsqu'ils se plaignent de l'injustice de la vie, ils veulent parler naturellement de l'injustice infligée par leurs parents. Les griefs traitent des formes extérieures, mais en fait se ramènent à la routine de la collecte d'injustices, avec les figures parentales suprêmes situées à l'arrière-plan. Leur soumission masochique inconsciente à la première de toutes les autorités est ce qu'ils tentent d'écarter par chaque acte de violence — en d'autres termes, par chaque déploiement de pseudo-agressivité. Sous la surface provocatrice des délinquants juvéniles, se cache le plaignant masochique, la « victime » de la « cruauté » de quelqu'un.

Ce n'est pas par hasard que la délinquance juvénile devient un problème grave à la puberté. Il y a à cela deux raisons : l'une d'elles a pour origine les glandes endocrines fraîchement activées. Chez les garçons, cela aboutit à une poussée d'activité, à la fois sexuelle et asexuée. Chez les filles, la puberté produit normalement l'effet contraire. C'est l'époque où « le garçon manqué » devient généralement l'ex-garçon manqué sous l'influence féminisante de la poussée physiologique « passive et réceptive ».

Ma seconde raison n'est pas biologique. C'est à la puberté que la solution spécifique du conflit infantile de l'individu est finalement mise à l'épreuve. Lorsque le registre psychique révèle une surabondance de masochisme psychique, la « poussée » physiologiquement induite de la puberté est comprimée et sert de défense contre le masochisme. Chez le garçon, l'activité devient très agressive. Il attaque « les valeurs adultes » à la fois à l'intérieur et à l'extérieur des limites de la tolérance parentale et légale. Le processus est quelque peu différent chez la fille masochique. La passivité normale de la puberté est confondue avec la passivité masochique et l'habituelle défense pseudo-agressive est édifiée pour s'y opposer. Violence et « révolte » sont aussi la réaction de la fille délinquante.

Des découvertes strictement descriptives en matière de délinquance juvénile tendent à éviter les facteurs psychologiques et inconscients, sauf à admettre de façon purement conventionnelle l'importance d'une vie familiale stable offrant à l'enfant amour et sécurité. L'accent est mis principalement sur trois points, en dehors de l'influence des parents : les abords des taudis, l'insécurité générale des conditions mondiales conduisant à l'effondrement de la moralité, et finalement le phénomène du « gang ».

Le fait est que le renvoi du blâme doit toujours être impliqué lorsqu'on choisit un facteur individuel. En même temps, on ne peut nier que d'une façon ou d'une autre, chacune de ces trois conditions a une influence sur la délinquance juvénile. Ici, l'élément manquant est spécifiquement le point de vue psychologique.

En ce qui concerne les taudis, il n'y pas de doute que des conditions sordides peuvent contribuer au sentiment de l'enfant qu'il a été négligé. Objectivement, l'enfant qui vit dans les bas quartiers n'y a pas été placé délibérément par des parents méchants. Ici aussi, le penchant masochique à abuser de la réalité est décisif. Certains enfants blâment inconsciemment leurs parents ; des conditions identiques poussent d'autres enfants à être ambitieux et à travailler d'arrache-pied pour un avenir meilleur.

Le fait que les taudis seuls ne créent pas la délinquance juvénile a été définitivement établi par les découvertes du Sous-Comité Sénatorial sur la délinquance juvénile. Ce rapport établit clairement que la délinquance n'est pas seulement une condition propre à l'économiquement faible ; une description détaillée de la délinquance très répandue parmi les adolescents de la ville d'Oklahoma, par exemple, traite presque exclusivement d'enfants appartenant à des familles prospères et dominantes.

Quant à l'effondrement général de la moralité pour expliquer la délinquance juvénile, cela paraît être l'ultime forme de raisonnement mise en avant, uniquement lorsque d'autres causes particulières ne peuvent être facilement trouvées.

Le système du gang peut être responsable d'un grand nombre d'actes de délinquance ; mais ici aussi, le résultat final est étudié presque à l'exclusion de l'impulsion primitive. Certains spécialistes disent que dans le gang criminel, l'adolescent rebelle qui se moque de toutes les lois trouve un code auquel s'identifier et auquel il adhère avec enthousiasme. Ce raisonnement n'explique pas pourquoi ces jeunes se moquent des lois établies.

La vérité est que tous ces adolescents ont un but masochique à poursuivre. Leurs actes sont destinés à nier la passivité masochique et à dramatiser leur défense artificielle d'agressivité. Sachant (inconsciemment) que leurs activités criminelles seront découvertes et punies, ils ne sont que trop disposés à se soumettre au strict code du gang. Ce phénomène de soumission volontaire a son équivalent dans les gangs à l'idéologie criminelle qui naissent dans les partis politiques extrémistes. Dans ces gangs d'orientation politique, les individus qui se révoltent pseudo-agressivement contre l'ordre gouvernemental existant, se soumettent passivement et masochiquement à la loi du « chef de parti » révolutionnaire.

Cela nous laisse encore une fois avec un prétendu coupable : le parent. Il serait absurde de minimiser le rôle du parent en élevant et influençant soit un délinquant juvénile, soit un enfant normalement prometteur, bien adapté. Si le parent est la clé, cela ne veut pas dire qu'il peut ouvrir toutes les portes. Une grande partie de l'erreur qui consiste à renvoyer sur la tangente les recherches sur les problèmes juvéniles vient de la tendance à juger un groupe en termes de ses ressemblances plutôt que de ses différences, et d'ignorer la possibilité que des similitudes externes puissent provenir d'élaborations inconscientes très différentes. Des recherches psychanalytiques explorant les conflits individuels en termes des détails inconscients spécifiques, ont prouvé qu'en traitant avec l'être humain — aussi intelligemment conçues soient-elles — elles ne peuvent garantir les résultats, ni même les prévoir avec une précision absolue. C'est cet élément d'individualité chez l'enfant qui limite l'efficacité des parents et qui, par conséquent, doit limiter aussi leur culpabilité.

3. L'HOMOSEXUALITÉ

Ce sujet a été abordé au chapitre V où une brève esquisse des raisons inconscientes expliquant l'homosexualité nous a introduit à plusieurs histoires de cas.

Et l'adolescent ou le jeune adulte homosexuel ?

Il faut distinguer entre l'homosexualité expérimentale de l'adolescence, avant que les schémas inconscients et les solutions inconscientes se soient fixés, et les fantasmes et activités homosexuels ayant lieu bien après la puberté.

Lorsque le jeune garçon entre dans les premières phases de la puberté, il doit lutter contre le réveil des conflits intérieurs de la première enfance. Ce réveil est marqué par un excès de passivité et de culpabilité. Parce qu'elle est active, la pulsion sexuelle éveillée sert de défense contre ces sentiments de culpabilité. Il faut en même temps considérer les tabous sexuels. A ce stade particulier, le plus puissant de ces tabous interdit les contacts avec les filles. Curieusement, toucher un autre garçon est le tabou le plus faible et il est moins chargé de culpabilité que la masturbation. Chez un garçon aux conflits intérieurs prononcés, qui a besoin de sa pulsion biologique comme défense contre la passivité intérieure et le masochisme, le résultat sera l'expérience « homosexuelle ». Le code sexuel inconscient change plus tard, avec la maturité relative. Le tabou le plus rigoureux devient alors la proscription des contacts avec d'autres garçons, le tabou le moins rigoureux, la proscription des contacts avec les filles. Les contacts avec d'autres garçons ne peuvent être classés comme des actes vraiment homosexuels à moins qu'ils se placent après la révision de la liste inconsciente des tabous sexuels du garçon.

Les interprétations populaires — et non pas les interprétations scientifiques — sont également partagées entre la théorie suivant laquelle l'homosexualité naît d'une propension innée (l'idée du « troisième sexe ») et l'hypothèse suivant laquelle elle résulte d'une enfance privée d'une forte image paternelle à laquelle s'identifier. Ces théories survivent en dépit des études scientifiques qui les ont sans cesse réfutées.

Si l'homosexualité était d'origine biologique, elle ne pourrait être guérie par le traitement psychanalytique. Le pourcentage élevé de guérisons dans mes analyses d'homosexuels et les cas rapportés par des confrères, prouve sans aucun doute possible que l'homosexualité est une maladie névrotique et qu'elle est, comme telle, accessible à l'action psychiatrique.

Quant à l'autre notion très répandue qui renvoie toute la responsabilité sur les parents, les faits réels montrent que le rôle des parents ne peut être décisif dans l'homosexualité, pas plus qu'il ne peut l'être pour d'autres maladies enracinées dans des attitudes inconscientes.

Récapitulons : l'homosexuel est un masochiste psychique — plus : c'est l'individu qui a trouvé une solution névrotique — le schéma du plaisir-dans-le-déplaisir — aux conflits intérieurs spécifiques qui assaillent chaque enfant et qui a ajouté une élaboration spécifique — l'homosexualité — à ce schéma névrotique.

Les problèmes essentiels de l'homosexuel en puissance ne diffèrent pas de ceux de tout autre enfant, mais deux exagérations des fauteurs de troubles sont caractéristiques. Les peurs intérieures de l'homosexuel (les sept peurs du bébé dans lesquelles la mère est l'ennemi redouté) sont plus accablantes que celles d'autres névrosés et son élaboration masochique de ces peurs est plus poussée.

Généralement le garçon neutralise sa dépendance passive vis-à-vis de sa mère en découvrant qu'il possède lui aussi un appareil magique et puissant qui, comme le sein de sa mère, « produit » un liquide. Identifiant sein et pénis, il se voit indépendant de sa mère. Mais chez l'homosexuel, peur et passivité sont trop grandes pour que l'identification serve à autre chose qu'à une réassurance partielle. Ce dont il a besoin, c'est un renforcement de sa défense et il le cherche dans le pénis de son partenaire homosexuel. C'est la base inconsciente de la poursuite d'autres hommes.

L'homosexuel est un homme *inconsciemment* avide de mauvais traitements subis des mains d'une femme, mais consciemment ignorant de ce désir profondément enfoui. Toujours inconsciemment, il craint ce désir mais s'y accroche et, au lieu de l'abandonner, renonce à son objet : la femme. Sa défense extérieure contre ce désir consiste dans l'affirmation qu'il s'est tourné vers les hommes au lieu des femmes pour trouver la paix, la tranquillité, l'amour, la compréhension et la sécurité. La défense extérieure ne modifie pas le besoin intérieur contraignant d'être maltraité. Dans ses rapports avec les hommes, il découvrira donc inévitablement qu'il est maltraité, mal compris, injustement et cruellement traité et rejeté. Il jouira masochiquement de ces torts — mais inconsciemment. Et comme ses glandes sexuelles sont restées indemnes durant tout le trouble émotionnel, il élève son antidote contre le sexe redouté au rang d'attraction sexuelle. Les hommes deviendront ses objets sexuels et ses fournisseurs de satisfaction masochique.

Au lieu de se blâmer pour ne pas avoir « corrigé » ou influencé des attitudes qui sont trop profondément enfouies pour subir l'influence ou la correction, les parents du jeune homosexuel devraient comprendre qu'il peuvent faire pour lui quelque chose de constructif. Plus il est jeune, plus il est accessible à la psychiatrie. Quelle que soit sa forme, la névrose augmente avec l'âge et devient plus redoutable. L'aide de la psychiatrie doit être recherchée pour le jeune homosexuel à condition qu'il désire *intérieurement* changer.

4. LES IMPOSTEURS

C'est un terme peu utilisé dans le langage courant, mais les traits qu'il comporte ne sont pas rares. L'imposteur est un individu qui prétend à un standing social ou professionnel supérieur au sien et qui se sert de sa prétendue identité pour se pourvoir de profits illégaux, ou au mieux irréguliers. Ses armes sont en général le charme, un don d'humour ironique et un superbe talent d'acteur. Il joue le rôle qu'il a choisi avec un grand art et un grand charme.

L'imposteur éprouve aussi un mépris ironique pour ceux qui croient qu'il ment. En même temps, il ne jouit pas intérieurement de sa supercherie réussie. Son optimisme apparent cache une dépression dominante et il a tendance à se sortir d'une situation couronnée de succès, alors qu'il est encore au faîte. Il semble que l'ennui le gagne de vitesse. Il conclut son succès en disparaissant de la scène, soi-disant pour éviter d'être dénoncé. « Et alors ? » est son substitut pour les remords. Il ne croit pas au travail, sauf pour organiser la scène nécessaire à l'impression qu'il veut créer. Il se sent supérieur à ceux qui travaillent pour vivre. Son étalon est l'instant présent ; il a si peu le sens du temps qu'il continue à jouer son rôle souvent après avoir été dénoncé et qu'il n'a rien à gagner à continuer de simuler. C'est un transgresseur chronique des lois, mais ses crimes sont invariablement mineurs ; il ne vole pas, ne viole pas, ne vole pas de secrets d'État, ne commet pas de détournements importants et sur une grande échelle.

Finalement, l'imposteur est incorrigible. Dénoncé, puni et finalement libéré dans un milieu nouveau, il se lance dans la même campagne de supercherie qui lui a déjà servi.

Une partie de l'explication de ce schéma de comportement doit être trouvée dans le mécanisme de la « criminose » qui explique l'arrière-plan de tous les criminels chroniques, quelle que soit leur spécialité. (La criminalité sera discutée plus longuement dans la partie suivante de ce chapitre.) L'imposteur ajoute à ce mécanisme les traits spécifiques de son propre groupe.

Un de ces traits concerne le narcissisme inné et exagéré de ces individus. Jeunes enfants, ils croyaient fermement à leur don de toute-puissance magique au point que les déceptions inévitables de l'enfant laissaient des blessures irréparables. Adultes, ils répondent à la nécessité inconsciente de prouver leur « supériorité » ; ils le font en briguant et en réalisant l'amour et l'admiration.

Mais le masochisme psychique entre presque tout de suite dans le tableau, neutralisant le mécanisme pour sauver la face qui les a conduits à rechercher l'approbation. En conséquence, l'imposteur provoque le rejet de ceux mêmes qui l'admirent.

Ces admirateurs sont inconsciemment identifiés à l'ennemi primitif, la mère de la période la plus précoce de l'enfance. Les provocations de l'imposteur sont une forme de vengeance pseudo-agressive. Il dit en fait : « Je voulais prouver que je pourrais obtenir ton amour si je le voulais — mais je ne le veux pas. »

Pendant tout ce drame inconscient, un élément de culpabilité circule, discernable dans la dépression toujours dissimulée sous la façade aisée et optimiste de l'imposteur. Cette culpabilité appartient au besoin masochique de réduire le substitut maternel à l'absurde en tant que personne gratifiante et de se réjouir inconsciemment de son refus.

L'imposteur se défend contre son masochisme psychique en assumant une variété de poses téméraires : il attaque cyniquement les règles de son environnement et semble imperméable aux reproches de son milieu comme à ceux de sa conscience. Ce sont des défenses vaines ; l'amour-propre blessé qu'il tente de nier par ses remarques comiquement cyniques se révèle dans sa dépression, et le but masochique qu'il tente de nier en assumant ses autres poses vient en avant chaque fois qu'il invite l'environnement à dénoncer le vide et la fausseté de ses prétentions.

Pourquoi l'imposteur choisit-il d'escroquer de l'argent au lieu d'user de son talent équivoque pour obtenir le pouvoir, l'influence, ou d'autres avantages ? La raison est due en partie à son usage continuel de la vieille ironie enfantine comme d'un reproche inconscient adressé à sa mère : « Tu ne m'aimes pas ; tu n'aimes que l'argent. » En représailles pour le prétendu rejet, il prend l'argent « aimé » au substitut maternel.

En outre, l'imposteur a choisi l'argent comme moyen parce que de cette façon, il peut être certain que ses offenses ne seront ni pardonnées ni négligées. De toutes les offenses exercées sur ce plan, celles qui impliquent l'argent font naître la plus grande réprobation et la plus grande irritation. Escroquer financièrement un individu est le plus sûr moyen d'en faire son ennemi irréconciliable. Dans de tels cas, même le masochique psychique porté à l'humiliation et à la défaite, fait preuve de vertueuse indignation et de légitime agressivité. Il réclame le chef de la police à grands cris avant de rentrer chez lui soigner ses blessures avec une secrète satisfaction intérieure. L'imposteur se garantit à lui-même à la fois la réprobation morale et le châtiment réaliste lorsqu'il choisit l'argent comme but avoué de sa fourberie.

Il n'est pas facile d'obtenir une guérison psychiatrique de ces psychopathes. Il ne viennent jamais en analyse de leur plein gré. S'ils consultent un psychanalyste, c'est sous l'influence de familles désespérées. Souvent, les parents paient pour garder l'imposteur « en dehors d'ennuis réels », ils paient les chèques qu'il a falsifiés et remboursent l'argent qu'il a réussi à extorquer par d'autres moyens illicites.

Théoriquement, il est possible de mobiliser les sentiments de culpabilité inconsciente de l'imposteur et de les utiliser dans des buts thérapeutiques. Mais en pratique, les chances ne sont pas bonnes. L'imposteur a tendance à s'opposer à la thérapie par une solide barrière de stoïcisme ou d'hypocrisie. Mais s'il est venu en analyse pour un autre symptôme névrotique, il offre un point d'attaque et ses tendances à l'imposture réagissent à l'analyse de la personnalité tout entière. Bien entendu, le patient fait de son mieux pour garder son imposture en dehors du tableau, protestant contre le fait « de discuter un sujet qui n'intéresse que moi ».

Presque invariablement, l'imposteur combine cette tendance psychopathe à d'autres traits névrotiques tels que le jeu, l'alcoolisme, la kleptomanie, la toxicomanie, l'homosexualité. Comme tous les psychopathes, il est généralement instable. D'où le fait qu'il a tendance à considérer l'analyse comme une plaisanterie et à fuir dès qu'il entrevoit la gravité de la situation. Un patient kleptomane m'a dit : « J'ai compris hier pour la première fois ce que vous recherchiez réellement. Vous voulez faire de moi un bon citoyen. Il n'y a aucun plaisir à cela. Au revoir ! »

Après avoir fait de multiples expériences avec les imposteurs, je commence maintenant leur traitement en décrivant les diverses étapes inconscientes de leur schéma, qui prouvent qu'ils ne sont parvenus à l'amour que pour réfuter leur masochisme psychique. Puis je leur montre l'absurdité qu'il y a à se servir de ce moyen pour rétablir l'amour-propre. Cette technique permet de garder le patient en analyse, du moins pour un certain temps. Des objections violentes et ironiques apparaissent naturellement, mais le procédé atteint le patient en son seul point vulnérable : la peur de paraître ridicule. L'autoportrait idéalisé de l'imposteur ne lui permet pas de paraître un clown. Dans une série de cas où je me suis servi de cette approche, les patients ont été aidés, quelques-uns même à un point qui justifierait l'emploi du mot « guérison ».

L'imposteur est un exemple de ce qu'un patient appelait ironiquement et de façon réconfortante : « le névrosé pré-déterminé ». Son problème commence avec son capital biologique de mégalomanie, l'illusion de toute-puissance qui est sa seule réalité dans sa toute première enfance. Celle-ci est tellement exagérée qu'il ne peut surmonter les déceptions naturelles et nécessaires qui accompagnent le processus de maturation, si insatiable qu'aucune quantité d'amour et d'approbation ne peut être considérée comme « suffisante ».

L'imposteur se rencontre dans des familles aimantes et dans des familles négligentes, dans des milieux « privilégiés » et dans des milieux « défavorisés ».

5. LA CRIMINALITÉ

De tous les délinquants juvéniles, l'adolescent en conflit avec la loi est le plus incompris, comme il est logiquement le plus connu du public. Qui est à blâmer ? Comment punir le criminel ? Comment abaisser le taux de la criminalité. Questions vivement débattues et trop souvent résolues de façon contradictoire.

Une grande partie du débat concerne le sujet du châtiment comme mesure préventive. Sujet qui s'applique tout aussi bien aux criminels adultes, mais qui est plus souvent abordé dans la discussion concernant le problème du jeune criminel. Comme un grand nombre de psychiatres sont convaincus que le châtiment n'est pas une prévention heureuse, on suppose souvent que cela signifie que la psychiatrie nie le droit de la société à se protéger et à protéger ceux de ses citoyens qui sont soumis aux lois contre ceux qui refusent d'accepter ses lois. Nul ne propose que le criminel soit livré à ses propres expédients ou que ses infractions soient pardonnées. Mais un grand nombre de psychiatres ne voient aucune nécessité de s'accrocher à des formules vaines sous le prétexte qu'elles sont séculaires. Les progrès de la science peuvent aussi apporter leurs contributions dans ce domaine.

Le châtiment a toujours été une solution peu satisfaisante au problème du criminel, car inconsciemment le criminel *veut* être puni : la perspective d'être arrêté et châtié constitue un facteur d'attrait plutôt que de modération. Il faut ajouter que cela n'est vrai que dans la réalité intérieure ; consciemment, le criminel veut échapper aux conséquences légales de son acte.

Aux facteurs inconscients responsables de la criminalité, il faut naturellement ajouter les facteurs sociologiques : ceux-ci ne peuvent être écartés. Mais la question importante est la suivante : quels facteurs ont la priorité ? Certains criminels transforment le facteur social en couverture commode et s'en servent, sans le savoir, pour déguiser des motifs inconscients cachés ou pour fournir des occasions de répéter des injustices non digérées, réelles ou fantasmées, datant de l'enfance. Pour garder ces injustices vivantes après l'enfance, les névrosés les déplacent sur la société ou sur l'ordre social en général. Inconsciemment, le fantasme des parents en tant que coupables demeure inchangé. Ce type de rationalisation est très fructueux. Il se peut que sa banalité même le rende convaincant. Mais cela ne peut être la raison inconsciente réelle de l'attitude du criminel ; si c'était le cas, il ne pourrait en avoir conscience. Seules les défenses contre les désirs sincèrement inconscients peuvent émerger à la surface psychique.

La science de la criminologie a traversé un grand nombre de phases. Des explications sociales, économiques, biologiques ont été proposées comme solutions à l'énigme des tendances au crime, mais ce n'est qu'avec la naissance de la psychologie moderne fondée sur la découverte par Freud de la dynamique de l'inconscient, qu'une explication a pu fournir une solution pratique. Puisque l'inconscient est finalement accessible, il est devenu possible d'étudier les origines profondément cachées et les caractéristiques réelles de la criminalité.

A mon avis, nous pouvons accepter l'hypothèse que la clé du criminel doit être trouvée dans son échec à surmonter la première déception, et la plus importante de sa vie : la découverte que sa foi en sa toute-puissance n'est qu'une illusion et qu'il est en réalité un être dépendant et faible. Il est hanté toute sa vie par l'amère conviction qu'il est trop faible pour dominer le « maître » de la nursery. Comme tout enfant au cours de la période œdipienne, il tente de surmonter la passivité masochique édifiée pendant le stade pré-œdipien, en empruntant de la force à son père et en attribuant à sa mère son propre rôle passif. Mais la tentative ne réussit pas et dans la réalité intérieure il reste toute sa vie un bébé passif. Dans son inconsciente échelle des valeurs, rien de ce qu'il peut faire (et cela englobe les actes de vengeance les plus violents) n'impressionne la redoutable « mère cruelle ». Lorsqu'il se livre à ses actes criminels, il tente de la forcer à admettre qu'il détient lui aussi le pouvoir. Comme un nain qui tenterait d'impressionner un géant, il compense sa prétendue incapacité en tant qu'individu en recourant aux armes les plus puissantes. Il raisonne ainsi : nain + dynamite forment une combinaison que même le géant ne peut ignorer.

La mesure désespérée est naturellement préjudiciable. Pour abandonner la comparaison, disons que la «charge de dynamite» du criminel est constituée par son crime et la pénalité légale peut être extrême. Cela n'a pour lui que peu d'importance *inconsciente*. Ce qui est important, c'est le besoin de forcer la reconnaissance de sa colère et de son pouvoir et le besoin plus profondément enfoui de satisfaire son appétit masochique qui fait partie de son schéma de dépendance et de passivité inconscientes.

Le criminel doit toujours équilibrer la violence externe par rapport à sa faiblesse masochique cachée. Sa mère est le but réel de cette violence compensatoire. La société qui est sa victime n'est que son substitut.

C'est ici le noyau du conflit inconscient du criminel, mais il n'explique que le facteur constant dans l'acte criminel, « l'acte moteur ». En plus du facteur constant, qui rend compte de l'attitude criminelle dans son ensemble, il existe un facteur variable recouvrant les contenus inconscients de l'acte criminel spécifique.

Les motifs qui poussent le criminel à son crime particulier sont aussi divers que toutes les autres motivations inconscientes. Comme tout autre aspect du comportement, ils peuvent être partiellement expliqués en recherchant les désirs inconscients, les mécanismes de défense, les projections, les identifications, les tentatives pour racheter les sentiments inconscients de culpabilité qui colorent toutes les visées humaines. Ce que ces mécanismes ne peuvent expliquer, c'est la déformation qui s'y ajoute et qui permet à l'individu d'aller au-delà du motif et d'entreprendre l'acte criminel. Qu'y a-t-il dans l'inconscient pour rendre l'acte moteur possible ?

La réponse est la pseudo-agressivité, l'élaboration défensive de la plus primitive de toutes les tendances humaines. Mais la pseudo-agressivité du criminel, qui diffère tout à fait de l'agressivité normale, n'est pas la copie conforme du déploiement de violence du névrosé typique. Elle a le même but secret, le préjudice masochique de soi ; elle y parvient avec succès puisque tous les actes illégaux sont des actes punissables. La gravité du plus grand préjudice qui est la conséquence du crime favorise une différence de degré comme de qualité. Il y a un gouffre entre le malheur personnel, consciemment expérimenté, qui suit les provocations névrotiques, et la condamnation à la prison ou à l'exécution pour laquelle le criminel « marchande » inconsciemment. D'ailleurs, l'agressivité criminelle comporte un ostracisme social à l'encontre de l'agressivité névrotique.

L'exhibitionnisme est un autre élément qui apparaît dans l'agressivité criminelle et qui est absent du comportement névrotique. La plupart des criminels coopèrent avec la police en laissant derrière eux la trace d'une preuve « involontaire » qui finalement les fera arrêter. Voici un cas où le truisme familier — « Il n'y a pas de crime parfait » — rend un son psychologique. Sans le savoir, le criminel se trahit délibérément en commettant « une petite erreur ». Il le fait, en partie du fait de sa culpabilité intérieure, mais aussi parce qu'il se sert de son crime pour prouver à sa mère (et à son substitut, la société) qu'il est assez fort pour se venger des torts qui lui ont été faits. Son crime doit être connu de la société.

L'agressivité criminelle montre des traces persistantes de l'illusion infantile de toute-puissance ; cela justifie la conviction du criminel qu'il « réussira » son larcin, ses faux, son incendie volontaire, ses agissements frauduleux ou même son crime. Sa foi en son pouvoir magique se combine à son désir inconscient de châtiment, pour l'empêcher de parfaire son plan de fuite ou de dissimulation. C'est pourquoi, en organisant son camouflage, il laisse une indication qui fournira la solution nécessaire aux autorités.

Intérieurement, le criminel accepte le fait qu'il devra immanquablement payer pour son crime. Cette acceptation intérieure explique son manque apparent de sentiments de remords ou de culpabilité. Il n'est pas dépourvu de remords ni de culpabilité ; son tyran intérieur lui reproche impitoyablement chaque infraction. Mais dans ce cas, comme chez tous les névrosés, le tyran intérieur est corrompu et accepte les pots-de-vin. Le pot-de-vin du criminel est le châtiment qui lui est mesuré pour son crime.

Que peut-on faire dans l'enfance pour empêcher la formation de ce schéma inconscient du criminel ?

Beaucoup de personnes pensent que les criminels sont ainsi parce qu'ils ont été exposés dans l'enfance à de « mauvaises influences ». Elles raisonnent de la manière suivante : les résultats auraient été différents si de bons conseils avaient remplacé les mauvais exemples. Cette théorie souligne consciemment l'imitation accomplie.

Malheureusement, les résultats ne peuvent être garantis, même lorsque les parents procurent à l'enfant un ensemble de règles exemplaires et l'entourent d'excellents exemples. Certains enfants acceptent l'invitation que cela comporte et s'identifient à leur environnement. D'autres non. Certains enfants exposés aux « mauvaises influences » n'en sortent ni impressionnés ni influencés ; d'autres y succombent.

Il faut se demander pourquoi les « mauvais exemples » ont de tels effets dévastateurs dans un cas et pas dans l'autre ; pourquoi certains individus acceptent les bons conseils et en profitent, et pourquoi d'autres y demeurent imperméables ; pourquoi certains individus, sans le bénéfice d'un enseignement moral, semblent faire « d'instinct » la chose juste. Toutes ces contradictions démontrent, une fois de plus, qu'une formule pratique n'est pas l'essentiel. La façon dont l'enfant réagit à l'influence extérieure dépend de ses problèmes intérieurs particuliers.

L'observation clinique montre que l'exemple, en lui-même, n'a pas la plus petite influence sur l'appareil psychique. Mais si la situation inconsciente de l'enfant appelle une identification inconsciente, le milieu est scruté pour un point de fixation et c'est le bon exemple (ou le mauvais) qui est « suivi ». L'exemple n'a d'effet que dans ces conditions. Les gens qui n'ont pas eu de formation psychologique considèrent cette identification inconsciente comme une « imitation ». Ce n'est pas une description précise.

Lorsqu'une identification inconsciente se produit, celui qui s'identifie prend à son compte les opinions de quelqu'un d'autre ou répète ses actes sans réaliser consciemment qu'il le fait. L'élève qui copie les gestes de son maître, prend ses intonations de voix ou répète ses opinions comme un perroquet, acquiert ces traits par une identification inconsciente. Si l'on attire son attention sur ce qu'il fait, il niera avec indignation qu'il y ait une ressemblance quelconque entre les manières de son maître et les siennes. Cette négation sera sincère ; consciemment il n'a pas imité. Cette identification s'est faite dans les profondeurs de son esprit inconscient.

Une personne instituant un bon ou mauvais exemple s'offre sans le savoir comme un modèle d'identification. Voici un exemple qui clarifiera le processus :

Un patient avait été orphelin à l'âge de deux ans. Ses parents le laissaient sans ressources et il fut élevé par un oncle et une tante riches qui avaient un fils du même âge. Les deux enfants aimaient beaucoup la tante du patient, mais ils avaient peur de l'oncle, un individu sévère et froid, prêcheur. Le patient avait cinq ans lorsqu'il subit l'influence néfaste (ainsi l'estimait sa famille) d'un domestique, imitant les larcins et les escroqueries de l'homme en question. Il y avait nettement une forte identification de l'enfant avec cet homme.

Les étapes qui avaient conduit à cette identification furent élucidées en analyse. Le jeune garçon avait été très attaché à sa tante. Il avait été effrayé par cet attachement œdipien, de la façon habituelle, par la menace potentielle de l'oncle qu'il craignait tellement. Tout en détestant cet oncle et tout en lui en voulant en tant que rival, il s'était inconsciemment identifié à sa tante (une personne bonne et résignée) dans l'espoir que l'oncle l'aimerait comme sa tante était aimée (œdipe négatif). A l'âge adulte, il se rappelait comme on le taquinait à cette époque pour sa timidité et ses manières de fille.

Quelques mois plus tard, son comportement changea encore une fois. Il se mit à provoquer son oncle et sa tante, brisa les règles du foyer et devint un petit délinquant. La famille expliqua ce changement en l'attribuant à l'influence du domestique ; on tenta d'y reremédier en renvoyant le domestique. Mais le jeune garçon continua longtemps à tromper et à voler.

Dans ce cas, le patient était exposé à la fois au bon exemple (l'oncle très moral) et au mauvais exemple (le domestique voleur). Pourquoi avait-il choisi de s'identifier au mauvais exemple ? Théoriquement, deux possibilités d'identification étaient présentes en même temps. Le choix de l'enfant ne peut être expliqué qu'en termes de ses besoins intérieurs. S'il avait choisi la voie vers la normalité, il aurait renoncé à sa vaine campagne pour déloger son oncle et il se serait identifié à lui, acceptant ainsi l'interdit opposé à ses désirs incestueux. Mais le jeune garçon s'identifia à sa tante, ce qui signifia menace de châtiment (castration), tout en renonçant au désir qui avait motivé la menace. Un très fort sentiment intérieur de culpabilité neutralisait cependant cette identification. Il devait trouver un moyen de nier la passivité acceptée pendant cette période (une continuation de la passivité masochique apparue au stade préœdipien) ; il trouva un nouvel objet d'identification : le domestique pseudo-agressif. Mais il parvint à faire passer subrepticement sa passivité dans sa défense contre elle, parce que ses vols et ses escroqueries l'impliquaient dans des conflits plus graves.

L'un des facteurs de tentation impliqués dans les « mauvais conseils » et les « mauvais exemples » consiste dans l'utilisation que ces autorités peuvent avoir dans le combat intérieur avec la conscience. Si le tyran intérieur peut être confronté avec la preuve que les « autorités » ne sont pas plus innocentes que l'individu attaqué, un point décisif est acquis. Le tyran intérieur est lié par les préceptes des éducateurs, que ces préceptes soient bons ou mauvais. Si un « mauvais exemple » est commodément à portée pendant la situation de conflit intérieur, l'identification intérieure peut s'opérer comme une partie du processus d'édification d'un alibi défensif.

La seule présence d'exemples bons ou mauvais n'incitera donc pas au comportement bon ou mauvais. Les exemples sont bien ou mal utilisés suivant les besoins inconscients particuliers de l'individu à un moment particulier.

Le rôle des bons conseils n'est pas très différent. Personne n'est sincèrement reconnaissant pour de bons conseils ; le névrosé s'en méfie plus que l'individu normal. Cette méfiance remonte à la nursery. Le névrosé n'a jamais surmonté sa conviction que ses parents sont des hypocrites et qu'ils croient à un double standard de moralité. Ils interdisent la sexualité à leurs enfants, mais ils se la permettent. L'éternelle rivalité entre les générations édifie ici une autre barrière. Par la force de la logique et de la tradition, les solides donneurs de bons conseils sont issus des générations plus âgées et fondent leurs conseils sur leurs expériences personnelles. D'autre part, ceux qui recherchent les avis sont généralement des jeunes, et en règle générale ils se méfient automatiquement des conclusions de leurs aînés et rabaissent la valeur de leurs expériences.

Dans cette attitude face aux avis, le jeune adulte se conduit dans une large mesure comme l'enfant qui refuse de croire que le poêle est chaud jusqu'à ce qu'il l'ait touché pour s'en assurer. L'expérience d'un autre tend à rester irréelle ; elle doit devenir personnelle pour être enregistrée. En outre, les gens n'apprennent rien de leurs expériences, malgré le proverbe latin qui affirme qu'ils le font. C'est pourquoi chaque génération refait les mêmes erreurs et que tous les individus refont année après année les mêmes erreurs.

Ces erreurs habituelles ne sont pas des échecs de la logique. Ce sont les conséquences directes d'un schéma inconscient. Le besoin de moissonner des regains masochiques, profondément enfoui dans la névrose ou les traits névrotiques de l'individu, les rend inévitables.

Un de mes patients prêtait constamment de l'argent à des amis non solvables. Ces prêts s'avéraient toujours être des dons involontaires. Il répétait une situation infantile et se servait de ce moyen pour prouver qu'il était toujours injustement traité. « A quelle cadence devrai-je subir cette routine absurde ? », me demanda-t-il au désespoir. « Aussi longtemps que vous vous accrocherez à votre névrose », fut ma réponse.

A tout prendre, le bon conseil manque d'efficacité parce qu'il entre en conflit avec la foi infantile et persistante du demandeur dans sa propre omniscience. Il est surprenant de découvrir combien de gens se croient des « exceptions » à qui les règles générales ne peuvent s'appliquer et ne s'appliquent pas. Pour ces individus, « l'expérience » se résout dans une tentative pour réconcilier l'irréconciliable — adapter la réalité à la fantaisie.

Le conseil, bon ou mauvais, ne prend racine que s'il s'adapte aux besoins de la personnalité inconsciente. Le criminel ne peut accepter le bon conseil ou absorber le bon exemple parce que les tactiques défensives qui ont cours dans son inconscient sont totalement étrangères à ces influences. Le sermon ne peut le contraindre à la normalité, pas plus que le châtiment — qu'il recherche inconsciemment.

Le problème tout entier de la criminalité est compliqué par le manque d'expériences analytiques cliniques véritables avec les criminels emprisonnés. Quelques tentatives seulement ont été faites pour réaliser une psychanalyse authentique en prison. C'est un terrain encore largement inexploré. C'est une situation curieuse, étant donné qu'il n'y a pas pénurie de prisonniers ni manque de psychiatres psychanalytiquement expérimentés et qui seraient intéressés à conduire de telles analyses exploratoires. Ce qui paraît manquer, c'est le moyen de donner suite à un tel projet : argent et organisation.

Nous n'avons pas de connaissances suffisantes concernant les possibilités futures de la thérapie des criminels, de criminels trop jeunes pour être marqués du qualificatif « endurcis ». En cela, comme dans un grand nombre d'autres problèmes concernant les névrosés et les psychopathes, la pierre d'achoppement peut s'avérer être la grande quantité de masochisme psychique déposée dans l'inconscient du criminel.

CHAPITRE VIII

LES PARENTS RETIRÉS DU PILORI

C'est un fait assez curieux que ce *siècle de l'enfant*, qui a attribué tous les avantages à la génération la plus récente, en poussant à bout l'endurance et la capacité de sacrifice des parents, n'a pas fait confiance à l'enfant pour son choix inconscient de certains détails dans la masse de matériel brut qui lui est présenté. Au nom de l'inconscient (concept généralement atténué et mal compris), les attitudes des parents ont été fondamentalement reconstruites, toujours suivant la naïve hypothèse selon laquelle changer le climat éducatif changera automatiquement l'inconscient de l'enfant.

Un changement a été réalisé sur le plan extérieur. Dans le passé, les enfants avaient peur de leurs parents ; aujourd'hui, les parents ont peur de leurs enfants. Ce déplacement n'a pas réussi à améliorer la santé affective des enfants. Son résultat le plus clair a été de donner à certains parents un nouveau point de fixation pour leur masochisme psychique.

Il est temps de retirer les parents du pilori. Tout d'abord, leur place n'y est pas. Il n'y a pas de justification non plus pour les soumettre à des tortures moyenâgeuses tout en « libérant » les enfants.

Il faut souligner ceci : les parents ne peuvent être responsables des névroses de leurs enfants, simplement parce qu'ils n'ont pas le pouvoir de créer une maladie de l'inconscient. Ceux qui proclament le contraire se font des idées naïves à propos de la genèse de la névrose.

Une névrose repose sur des élaborations inconscientes imparfaites de conflits liés à la longue période de maturation de l'être humain. Pendant la période de croissance, l'enfant qui est né avec des pulsions qu'il est incapable de manier, doit encore s'en accommoder et vivre avec elles. Des impulsions qui devraient s'extérioriser et qui sont inhibées du fait de la faiblesse de l'appareil musculaire de l'enfant, sont par conséquent tournées vers l'intérieur, contre l'enfant lui-même. L'enfant devient la victime de son agressivité innée, de sa propre frustration et de sa foi inadmissible dans sa toute-puissance magique.

Ce choc en retour, en particulier à l'égard de la pulsion d'agression, conduit à l'établissement d'une « machine à malheur » intérieure qui fabrique l'auto-châtiment à la chaîne. Pour neutraliser ce phénomène, le chasseur d'ennuis intérieur de l'enfant (son moi inconscient) crée la défense du masochisme psychique, ce fléau qui infeste toute l'humanité.

Bref, il semble y avoir un défaut inhérent au système psychique et qui est apparemment centré sur l'illusion infantile de toute-puissance. La réalité empiéte avec persistance sur cette illusion ; l'enfant résiste obstinément et quelquefois adroitement. Dans la solution du masochisme psychique, des vestiges de l'illusion sont préservés et intronisés. La faille, comme les crevasses dangereuses rencontrées dans les formations glaciaires de l'Arctique, peut être assez étroite pour permettre une traversée sans trop de difficultés. Les enfants capables d'adaptation la traversent et se développent en êtres humains peu névrosés. Mais l'enfant peu enclin à s'adapter, pour garder la comparaison du milieu arctique, affronte une large crevasse. Il doit faire un long voyage pour trouver un endroit assez étroit pour passer de l'autre côté. (Quelquefois il ne peut pas traverser.) Ce voyage supplémentaire représente l'étendue de sa névrose subséquente.

Cinq réalités inconscientes et immuables m'ont convaincu que les parents ne peuvent être responsables des névroses de leurs enfants.

1. L'enfant naît avec un certain capital biologique de mégalomanie ; la quantité semble constituer ultérieurement un fauteur de troubles.

2. L'agressivité innée frappe inévitablement l'enfant comme un boomerang et cela conduit directement à l'établissement du bourreau intérieur.

3. La « solution masochique » est la neutralisation *toujours* instaurée par le chasseur de troubles inconscient (le moi inconscient) pour lutter contre le bourreau intérieur.

4. La pseudo-agressivité *doit* être exprimée par l'enfant. La solution masochique, invariablement atteinte, est interdite et par conséquent elle ouvre la voie à un constant barrage de reproches de la part du tyran intérieur. La pseudo-agressivité est la défense standard et nécessaire contre les accusations inconscientes du masochisme psychique. Son essence apparaît dans ce « tableau clinique » des actes du masochiste psychique :

Étape I. — Par son comportement ou l'abus d'une solution extérieure, le névrosé provoque inconsciemment la déception, le refus ou l'humiliation de son environnement. L'ennemi ainsi constitué est inconsciemment identifié à la mère de la toute première enfance, le premier prétendu « refuseur » du névrosé.

Étape II. — Le névrosé ne réalise pas consciemment qu'il a lui-même provoqué sa défaite. Il se dit qu'il a été attaqué et qu'il répond avec pseudo-agressivité, plein de vertueuse indignation et paraissant agir en état de légitime défense.

Étape III.— Il est vaincu et humilié par son « ennemi » qui est son but inconscient réel. Maintenant, il déplore son destin, se plaignant que « ces choses n'arrivent qu'à mon pauvre moi ». Il expérimente inconsciemment un plaisir masochique.

La pseudo-agressivité (voir tableau, chapitre IV) est inextricablement liée au masochisme psychique et, par conséquent, son apparition n'est pas plus accessible à l'influence parentale que ne l'est son partenaire inconscient. Mais le parent influe sur le moyen dont l'enfant exprime sa défense pseudo-agressive. Tous les enfants capitalisent adroitement certains interdits parentaux. Ces préceptes leur fournissent le matériel brut de leurs provocations. Mais les préceptes parentaux suivent des besoins culturels, de sorte que les occasions de choisir offertes aux parents sont décidément limitées et même mineures à l'intérieur de ces limites.

5. La défense exhibitionniste de l'enfant est condamnée à un âge précoce. (Voir Chapitre II.)

Le manque de conformité entre les sentences morales établies dans le processus éducatif et les inhibitions morales que l'enfant construit à partir de ces préceptes est particulièrement visible dans les cas où l'enfant devient, comme le disait un patient, « plus royaliste que le roi ». J'ai souvent observé des patients ayant eu une enfance tolérante, des enfants négligés (cas où apparaissait l'application de restrictions concernant la « décence corporelle »), qui étaient gravement inhibés en ce domaine. Des théories courantes suggèrent que ces patients, ayant vu leurs parents à divers stades du déshabillage, auraient dû développer une attitude indulgente à l'égard du voyeurisme. Si l'affirmation des théoriciens était exacte et si l'exemple conduisait invariablement à l'acceptation, ces occasions approuvées de regarder auraient abouti à un relâchement et à une tolérance de la part de ces enfants dans le domaine visuel. Mais c'est précisément le contraire que l'on observe fréquemment.

Voici deux exemples :

Dans l'analyse d'un écrivain souffrant de blocage et âgé de quarante-huit ans, un souvenir datant de ses sept ans apparut. Sa mère l'appelait dans sa chambre à coucher. Il la trouva debout devant son miroir en train de s'habiller. Ses seins étaient nus. Le jeune garçon répondit immédiatement : « Mais tu n'es pas habillée » et quitta la chambre. Sa mère l'appela impatiemment : « Entre, j'ai à te parler. »

Un autre écrivain, en analyse pour homosexualité, se souvenait en particulier qu' « aucune importance particulière n'était accordée au fait d'être entièrement habillé à la maison ». Mais il lui était difficile de parler de voyeurisme pendant son analyse. Il ne touchait ni n'ouvrait les livres sur les étagères de ma salle d'attente, tout en étant tenté de le faire. Autrement, il disait fièrement n'avoir « aucune inhibition sexuelle ».

Deux raisons rendent compte de la sévérité illustrée par ces patients. D'abord, lorsque la fiction de parents « mesquins » doit être maintenue, l'enfant grossit les préceptes éducatifs les plus ordinaires. Dans cette situation, les parents sont également dénaturés en « empêcheurs de voir ». Ensuite, *la lutte pour l'intimité* entre dans le tableau. *L'enfant est sous le contrôle constant des parents, mais les parents s'arrogent le droit à l'intimité quand ils se retirent dans leur chambre à coucher. Sous une forme exagérée et dans une certaine forme de réciprocité inversée, l'enfant montre à ses parents comment il aurait aimé être traité : avec le respect de son intimité.* (C'est une forme de « geste magique ».)

La culture impose ses lois aux parents ; ils doivent à leur tour transmettre les préceptes moraux à leurs enfants. Mais l'immaturité de l'enfant impose certains amendements à tous ces préceptes. Un enfant de trois ans, par exemple, peut-il exiger son droit à « l'intimité » comme justification de son désir d'être laissé tranquille quand il tente de mette le feu à la maison avec des allumettes qu'il vient de trouver ? La situation unilatérale naît sans cesse. Les enfants ne doivent pas être blâmés, mais l'enfant les en blâme.

Ces cinq points du conflit infantile qui naissent tous indépendamment du pouvoir des parents à intervenir m'ont convaincu qu'il est tout à fait insensé d'accuser les parents de créer la névrose chez leurs enfants. L'apparition d'une culpabilité parentale, même lorsqu'elle paraît très plausible, ne peut résister devant l'examen minutieux des problèmes individuels de l'enfant.

J'ai déjà cité à la fin de ma préface la constatation de Freud qu'aucun lien direct n'existe entre la rigueur de l'éducation et la rigueur du surmoi. Freud fit suivre cette affirmation d'une réserve qui était un compromis entre ses premières idées et ses vues ultérieures :

> Il serait néanmoins erroné d'exagérer cette indépendance ; il n'est pas difficile de se convaincre que la sévérité de l'éducation influe fortement sur le développement du surmoi infantile. Cela aboutit à ce que les facteurs constitutionnels héréditaires et les influences du milieu réel coopèrent pour réaliser le surmoi et le développement de la conscience. Cela n'a rien de surprenant, mais c'est la condition étiologique générale de tous ces phénomènes.

L'accent que Freud met sur le X inconnu des « facteurs constitutionnels héréditaires » me semble perdre une grande partie de son caractère mystique si nous considérons les facteurs quantitatifs de la « mégalomanie infantile » héréditaire. Nous avons déjà dit que certains enfants ne « peuvent accepter » les frustrations infantiles *inévitables* qui contredisent leur grandiose illusion de pouvoir absolu. Leurs exigences sont insatiables ; pour les satisfaire, les parents devraient être des individus désintéressés, sans vie propre et avec une teinte de cette même puissance magique légendaire.

La mégalomanie infantile est le principal fauteur de troubles car elle est l'élément principal de la solution masochique. Lorsque l'enfant, et ultérieurement l'adulte, se trouve au sein d'une de ses « humiliations », le spectateur innocent ne voit que la « victime » maltraitée. Mais l'image inconsciente dans l'esprit du soi-disant opprimé est très différente. La légende de l'image est la suivante : « Cet idiot croit qu'il m'humilie et me punit. C'est ce qu'*il* pense. *Moi*, par ma provocation initiale, je l'ai *fait* me punir ! » Une fois encore la mégalomanie est triomphante.

L'idée que la névrose est une chose *artificiellement créée* chez l'enfant par des parents sévères, indifférents ou égoïstes, est fausse. C'est une approche qui ne tient aucun compte du *gain de plaisir* enfoui dans la névrose. Les névrosés ne sont pas que des victimes. Ils poursuivent inconsciemment un plaisir particulier — et l'obtiennent.

Il a été reconnu en analyse que les névrosés jouissent de « gratifications » substitutives dans leurs symptômes et les déformations de la personnalité. En insistant sur le gain de plaisir masochique (et en réduisant les plaisirs libidinaux antérieurement surestimés dans les névroses comme des postes de secours secondaires), comme je l'ai suggéré, on atteint toujours un substratum identique : le gain de plaisir. La « balance commerciale » peut paraître défavorable au non-initié : *chaque mesure de plaisir inconscient doit être payée par des tonnes de malheur conscient.* On ne peut s'empêcher de conclure de cette évidence qu'une « mesure de plaisir inconscient » doit valoir la dépense de souffrance consciente.

Puisque la solution masochique des conflits infantiles est universelle et puisqu'il existe des êtres qui ne sont pas des névrosés complets, il doit y avoir, présente chez certains individus, une affinité particulière pour le masochisme psychique, le poison le plus agréable et le plus dangereux de tous les poisons mentaux. On est tenté d'établir une comparaison entre le névrosé et un certain type de toxicomane. Nous entendons constamment des rapports dramatiques concernant des individus devenus toxicomanes après avoir reçu des doses de morphine destinées à soulager la douleur. Et que dire d'autres patients qui ont reçu des doses répétées du même médicament sans devenir pour autant des toxicomanes ? Il est possible que l'affinité pour le narcotique soit organiquement conditionnée. Il est possible que l'affinité pour le masochisme psychique comporte un capital biologique exagéré de mégalomanie infantile.

Il est naïf de supposer que l'influence parentale joue un rôle dans le combat prodigieux qui se joue dans l'inconscient pendant la première enfance. Elle n'a aucun rôle décisif simplement parce qu'une série de conflits intérieurs s'élève indépendamment de l'influence parentale.

Dans mon livre, *Principles of Self-Damage*, la tragédie humaine était résumée dans le passage suivant :

Un philosophe mégalomane du siècle dernier (qui, pour neutraliser ses propres dépôts surdimensionnels passifs-masochiques intérieurs, créa le concept de « surhomme », exploité par la suite à des fins politiques) comptait parmi ses efforts défensifs mineurs l'affirmation que la souffrance de l'homme est tellement atroce qu'il fut poussé à inventer le rire.

La souffrance à laquelle Nietzsche se réfère appartient à la brièveté de la vie, la maladie, le malheur, les injustices, les déceptions ; mais son observation — et de façon décisive — appartient aussi au malheur mental incalculable, inconscient et volontaire. Il est terrifiant de penser que chacun de nous, dans la toute première enfance, installe dans son surmoi une « machine à malheur » et doit, par la suite — comme auto-défense — apprendre à jouir de la souffrance, une fois de plus sans le savoir et sans le vouloir. D'autre part, il est possible que la vie soit intolérable sans une certaine quantité de masochisme, quoiqu'il faille distinguer entre des dépôts productifs et improductifs.

Le but de la science n'est pas de déplorer mais de chercher. Et en étudiant les phénomènes psychiques on découvre que la responsabilité réelle de la misère humaine doit être attribuée à ce facteur impersonnel, la biologie. La biologie décrète à la foi la longue période de maturation de l'enfant humain et le fait que le nouveau-né humain soit doté de pulsions potentiellement aussi puissantes que celles dont il disposera à l'âge adulte. Les trois pulsions innées se révoltent faiblement dès le premier instant de la vie : la mégalomanie est froissée, l'agressivité rebondit contre le moi et la libido répand sa grâce salvatrice sur la solution malheureuse appelée masochisme psychique. Dans le masochisme psychique, l'auto-agressivité est libidinisée et la mégalomanie est artificiellement satisfaite en provoquant le châtiment et en le décrétant soi-disant.

La majorité des analystes évitent comme désagréable le fait que le masochisme psychique soit universel ; ils font preuve d'un dégoût encore plus grand pour le fait qui gît derrière cela — la cruauté incessante du surmoi. Mais la science ne peut être transformée en un programme de dénouements heureux, auxquels adhèrent habilement les périodiques. Même les faits désagréables doivent être absorbés lorsque leur exactitude a été démontrée.

Des dépôts défavorables, biologiquement conditionnés, d'agressivité rebondissant dans la toute première enfance, aboutissent à l'instauration du surmoi. Toujours dans la toute première enfance, la mégalomanie couplée à la méthode empirique de la libido, le principe de plaisir qui tente de s'accommoder d'une situation impossible, aboutit à l'instauration de la seule défense possible contre la torture constante émanant du surmoi — le masochisme psychique.

A l'encontre de la politique contemporaine où la difficulté principale réside dans le « trop peu et trop tard », la biologie humaine offre le problème du « trop et trop tôt ».

« Toute l'humanité est pathétique », disait en résumé Mark Twain et ce n'est pas l'aspect le moins pathétique de l'humanité qui traite du cas que les êtres forgent leur bonheur inconscient par un malheur conscient et sont seulement conscients de leur malheur.

Nous avons affirmé ici que les parents devraient être retirés du pilori. Mais le veulent-ils toujours ?

On pourrait supposer que c'est là une question absurde et inutile. Quel est l'être innocent qui veut souffrir ? Pas l'innocent qui est en même temps relativement sain. Le parent peu névrosé veut être « décroché » du pilori. Un parent névrotique préfère souffrir.

Il ne faut pas négliger ce fait : le masochisme est un trait humain universel. Les parents ne peuvent l'éviter.

En général, les parents des patients en analyse sont des personnages hors de la scène ; ils ne sont représentés dans l'analyse que par le jugement de leurs enfants (souvent en fantasmes). Mais lorsque de jeunes homosexuels sont analysés, le préambule à l'analyse est fréquemment un entretien avec les parents. C'est là un domaine où les parents commencent invariablement par reconnaître leur propre culpabilité et leur propre échec. Comment réagissent-ils à l'information qui devrait les débarrasser de ce fardeau ?

Un industriel de la Nouvelle-Angleterre et sa femme m'ont consulté au sujet de leur fils de vingt-trois ans. Sa mère avait été amenée à le soupçonner d'homosexualité en raison des heures très tardives auxquelles il rentrait. Elle avait trouvé son journal et l'avait lu ; il contenait des descriptions détaillées d'expériences homosexuelles. Elle fut au bord d'une « dépression nerveuse » et le père aborda son fils à propos de cette question. Il n'était pas heureux que ses parents soient au courant de son homosexualité, mais il maintenait fermement « qu'il n'y avait rien de mal à cela ».

A la suite de cette découverte, l'industriel fut obligé de régler deux problèmes : un fils homosexuel et une femme hystérique. Pour protéger sa femme et lui-même du scandale, il envisageait de demander à son fils de quitter le foyer et de changer de nom. Sa femme s'éleva violemment contre cette idée et fit des crises d'hystérie. A ce stade ils envisagèrent avec confiance de persuader leur fils de se faire analyser.

J'eus un entretien avec le fils ; il n'était pas coopérant. Je lui signalai les dangers de l'homosexualité sur le plan judiciaire. Avec une certitude naïve, il me répondit : « Je suis trop adroit pour eux. » Sa perspective de la vie était cynique ; il était convaincu que son père ne le laisserait pas tomber parce que sa mère « ne pouvait vivre sans lui ». Je découvris les dangers intérieurs préjudiciables.

Il haussa les épaules et m'informa fièrement que ces dangers ne le toucheraient pas.

Je lui demandai : « Etes-vous tellement sûr que vous êtes invulnérable à l'auto-préjudice ? Et l'infection que vous avez décrite dans votre journal ? »

« Des accidents arrivent. »

« Je ne suis pas sûr que cela ait été un simple accident. Votre promiscuité est-elle aussi un accident ? »

« Non. C'est mon jeu. »

« Vous êtes un garçon immature, destiné à avoir des ennuis. Je n'accorderais pas trop de confiance à l'attachement que votre mère vous porte ; votre père la convaincra que la défense personnelle vient au premier plan. »

« Je ne le crois pas. »

« Nous verrons. Si vous niez avoir des tendances à l'auto-préjudice, comment justifiez-vous le fait que vous ayez indirectement informé vos parents de votre homosexualité ? Pourquoi avez-vous laissé votre journal à un endroit où l'on pouvait le trouver ? »

« J'ai considéré comme acquis qu'ils n'oseraient pas toucher ce qui m'appartient personnellement ! »

« C'est précisément cette pseudo-ingénuité qui vous attirera toujours des ennuis. »

La mère considérait l'homosexualité de son fils comme un drame majeur. Après en avoir fait la découverte, elle passa virtuellement tout son temps à faire une analyse angoissée du passé : quelle « faute » avait-elle commise pour provoquer le « déshonneur » de son fils ? Toute tentative d'explication échouait.

Une veuve de Baltimore me consulta au sujet de son fils âgé de vingt-cinq ans. Le « garçon » avait toujours été raisonnable et agréable jusqu'à son entrée dans l'armée. Là il sembla devenir homosexuel. « Lorsqu'il revint à la maison, j'ai tout découvert », dit-elle. « Il recevait des coups de téléphone suspects. J'ai lu certaines de ses lettres. »

« Avez-vous discuté de ce problème avec lui ? »

« Oui. Il m'a dit que je vivais encore au siècle dernier et que je ne savais rien de ce qui se passait. J'insistai pour qu'il voie un prêtre ou un psychiatre. Il s'indigna et me posa un ultimatum : si je ne le laissais pas en paix il quitterait la maison. »

« Il n'est manifestement pas prêt pour un changement. Mais je crois qu'il devrait connaître le préjudice toujours présent dans l'homosexualité. Vous pourriez lui dire que vous m'avez consulté au sujet de votre état nerveux et que j'ai demandé qu'il me donne des renseignements à votre sujet. C'est peut-être là une manière de le convaincre d'écouter des renseignements concernant l'auto-préjudice. »

« J'essaierai. Je vous en prie, dites-moi : suis-je responsable ? »

« L'homosexualité est une maladie et vous n'en êtes pas responsable. »

Elle ne parut ni soulagée ni convaincue. Les questions qu'elle me posa ensuite montrèrent que son masochisme aurait bien accueilli une autre réponse. Je ne la revis jamais. Ni d'ailleurs son fils.

Un industriel et sa femme firent le voyage du Middle West pour me parler du problème de leur fils de vingt-trois ans. Le père acceptait la situation avec une certaine résignation, mais pas sa femme Elle était d'humeur combative, mais teintée de remords.

« J'ai d'abord entendu des " on-dit " », me dit-elle. « Puis j'ai entendu des conversations téléphoniques et j'ai surpris un regard particulier que mon fils lançait à un autre garçon. C'était répugnant et navrant — le genre de regard qu'un garçon lance à une jolie fille. Cela m'a bouleversée et ça m'a brisé le cœur. Que faire pour lui ? »

« Rien, sans sa coopération intérieure. Quels sont ses sentiments à cet égard ? »

« Il est cent pour cent pour cette sale affaire. Je n'ai qu'une explication à ce gâchis. J'avais quarante et un ans à sa naissance et j'étais atteinte de toxémie. Dieu me punit-il ? »

« Ni la toxémie ni l'âge de la mère ne justifient l'homosexualité. Vous vous torturez pour rien. »

« Si seulement je pouvais le croire ! »

Je leur proposai, comme je l'avais fait pour le patient de Baltimore ayant connu le même problème, de dire au fils que la mère m'avait consulté pour son état personnel et que je demandais à lui parler à ce sujet.

Le père fit pression sur son fils qui finalement vint me voir. Il se moqua de mon accusation d'auto-préjudice ; son attitude était un mélange de colère et d'ironie.

Quelques semaines plus tard, j'appris par sa mère que l'ami de son fils (et compagnon de chambre à l'université) avait été arrêté. Quoique l'année universitaire ait pris fin, son fils était resté en ville. Ses parents voulaient le forcer à partir, mais le jeune homme insistait pour demeurer en ville, malgré les risques, pour pouvoir aider son ami.

Au désespoir, la mère me demanda au téléphone : « Maintenant qu'il a affaire à un danger réel, sera-t-il assez terrifié pour se faire traiter ? »

« Je crois qu'il a besoin de quelques chocs supplémentaires. »

Jusqu'à présent je n'ai pas entendu parler de ce jeune homme qui m'avait dit avec beaucoup d'assurance « ne pas croire qu'il y ait danger ».

L'approche moderne de l'éducation pose un problème insoluble, un problème qui, jusqu'à présent, n'est apparu clairement ni aux parents ni aux éducateurs. Ce problème pose un besoin qui a été oublié dans la liste des droits inaliénables de l'enfant : le besoin d'un point de fixation pour le masochisme psychique qu'il possède, comme tout être humain, à un certain degré.

L'approche punitive, maintenant démodée, qui était celle de l'éducation, encourageait le masochisme psychique, et ce n'était certainement pas une condition idéale. La technique tolérante actuelle laisse les tendances masochiques sans abri et sans qu'elles soient absorbées — ce qui n'est pas non plus une solution idéale. Les provocations de l'enfant (sa « méchanceté ») tendent à augmenter jusqu'à un maximum périodique, exaspérant finalement les parents les plus indulgents. Ayant atteint la limite de l'endurance, ils reviennent temporairement à l'ancienne technique et de tolérants deviennent punitifs. Un des résultats de cette action rigoureuse est un sentiment persistant de culpabilité. La philosophie de la tolérance a un autre défaut. La « philosophie » inconsciente de tout masochiste psychique (et c'est une théorie construite par le très jeune enfant) interprète la bonté et la cruauté d'une façon très primitive : la bonté représente la faiblesse, la cruauté signifie la force. Le masochiste prend un avantage impitoyable sur l'être « faible », cède avec une humilité effroyable à l'être « fort ». Cette tendance est très évidente chez les enfants. Observez le traitement presque sauvage qu'ils infligent aux « poules mouillées » et aux « inadaptés » de leur milieu.

Les avocats de l'éducation tolérante moderne doivent affronter le fait que les résultats extrêmes de leurs méthodes ont été aussi peu satisfaisants que ceux des avocats du châtiment. La névrose n'a certainement pas diminué.

En plus de trente ans de pratique psychiatrique sur deux continents, j'ai eu l'occasion d'observer les résultats des deux techniques, la punitive et la tolérante. Si l'on se fonde sur le seul standard qui ait une valeur dans cette discussion — le degré de santé émotionnelle produit par le système — aucune méthode ne peut être approuvée. Les névroses fleurissent dans les deux régimes.

L'ennemi réel de toute satisfaction humaine est la machine à torture intérieure de l'individu et la défense inconsciente universelle contre l'ennemi, le masochisme psychique. Ces deux ennemis du bonheur conscient ne sont même pas effleurés par les procédés éducatifs modernes.

Les forces qui façonnent les conflits intérieurs de l'enfant sont plus grandes et plus puissantes que les influences parentales. Tenter de les combattre peut être comparé à une lutte décrite par ce redoutable esprit du XIXe siècle, le Révérend Sidney Smith, dans un discours prononcé à Taunton en octobre 1831 :

> [Cela] me rappelle avec force un grand orage à Sidmouth et la conduite de l'excellente Mme Partington à cette occasion. Au cours de l'hiver de 1824 il y eut une grande marée sur la ville. L'eau s'éleva à une hauteur incroyable : les vagues envahissaient les maisons et tout était menacé de destruction. Au milieu de cet orage sublime et terrible, on vit Dame Partington, qui vivait au bord de la plage, sur le pas de sa porte avec un balai à franges et des soques, pousser son balai, en extraire l'eau de mer et repousser vigoureusement l'océan Atlantique. L'Atlantique était réveillé, l'esprit de Mme Partington était plein de fougue ; mais je n'ai pas besoin de vous dire que le combat était inégal. L'océan Atlantique vainquit Mme Partington. Elle excellait avec la boue ou avec une mare, mais elle n'aurait jamais dû se mêler d'une tempête.

Du point de vue du psychiatre, il y a trois étapes possibles dans le progrès éducatif :

1. Les parents et les éducateurs devraient être informés de l'existence des deux dangers intérieurs que tout enfant doit affronter (le tyran intérieur et la solution psycho-masochique) et devraient savoir que ces deux ennemis inconscients sont inaccessibles aux mesures éducatives.

2. Les éducateurs et autres spécialistes apparentés devraient cesser d'établir des règles extérieures naïves pour gouverner la nursery. Ces règles ne réalisent qu'un seul but : charger les parents d'une culpabilité illégitime, puisque le code naïf ne peut jamais être observé fidèlement et totalement. Le principe aussi inefficace qu'impossible du pardon pour le pardon n'aboutit qu'à des répressions insupportables pour les parents.

3. Cette vérité psychologique fondamentale devrait être éclaircie : la névrose est le résultat du choc des forces intérieures, au-dessus et au-delà du processus éducatif. Et ce n'est pas une création des parents.

Un observateur pénétrant peut discerner des vérités importantes concernant le comportement humain, même s'il vit dans une région qui n'a pas bénéficié de découvertes scientifiques. Pour citer encore une fois Sidney Smith, mais cette fois dans une lettre adressée à Francis Jeffrey en 1803 : « Les enfants sont terriblement dangereux ; la vie des parents est celle d'un joueur ».

Le reste de la lettre éclaire son sens. Tel qu'il le voyait, le résultat du processus éducatif était aussi incertain que le sort final de la boule de la roulette. Tenant compte de l'exagération inhérente au trait d'esprit, cette remarque représente toujours un point de vue qui pourrait être inclus dans la philosophie des parents.

Même s'il ne peut y avoir de garanties, il doit toujours y avoir des modèles standards de réalisation parentale optimum. Exprimés très simplement, ceux-ci demandent une bonté essentielle et généreuse, plus une discipline ferme et une insistance inébranlable pour obtenir l'obéissance de l'enfant aux préceptes culturels.

Cette liste modeste *est* l'optimum ; elle définit le champ restreint sur lequel les parents peuvent espérer gouverner. Toute autre région reste au-delà de leur pouvoir.

C'est un programme simple. Ce qui le rend complexe, c'est que les parents ne le comprennent pas — pas encore.

PETITE BIBLIOTHÈQUE PAYOT

5. — HATZFELD : **Histoire de la Grèce ancienne.**
6. — FREUD : **Introduction à la psychanalyse.**
11. — ALEXANDER : **La médecine psychosomatique.**
15. — ADLER : **L'enfant difficile.**
23. — LE FLOC'HMOAN : **La genèse des sports.**
24. — CHILDE : **L'Europe préhistorique.**
26. — ROMER : **La découverte de l'atome.**
27. — NETTL : **Mozart.**
28. — FERENCZI : **Thalassa. Psychanalyse des origines de la vie sexuelle.**
36. — LAWRENCE : **Les sept piliers de la sagesse (Tome I).**
37. — LAWRENCE : **(Tome II).**
42. — WIORA : **Les quatre âges de la musique.**
44. — FREUD : **Essais de psychanalyse.**
45. — STANISLAVSKI : **La formation de l'acteur.**
47. — EINSTEIN et INFELD : **L'évolution des idées en physique.**
48. — BLOCH et NIEDERHOFFER : **Les bandes d'adolescents.**
51. — WELTER : **Histoire de Russie.**
53. — JUNG : **L'homme à la découverte de son âme.**
54. — FINK et LUTTYENS : **La physique de la télévision.**
55. — SCHUMPETER : **Capitalisme, socialisme et démocratie.**
58. — MARTHE ROBERT : **La révolution psychanalytique (Tome I).**
59. — MARTHE ROBERT : **(Tome II).**
61. — BOUTHOUL : **La surpopulation.**
62. — EINSTEIN : **La relativité.**
66. — LEMAIRE : **La relaxation.**
69. — VOYENNE : **Histoire de l'idée européenne.**
71. — NACHT : **Le masochisme.**
72. — P.-H. SIMON : **L'homme en procès.**
73. — PAGE : **Le radar.**
74. — LE ROY : **Initiation à l'archéologie romaine.**
75. — ATKINSON : **Histoire d'Espagne et du Portugal.**
76. — CHERTOK : **L'hypnose.**
77. — FREUD : **Totem et tabou.**
79. — RUSSELL : **Problèmes de philosophie.**
82. — HADFIELD : **L'enfance et l'adolescence.**
84. — FREUD : **Cinq leçons sur la psychanalyse.**
86. — BALINT : **Le médecin, son malade et la maladie.**
87. — DIEL : **Le symbolisme dans la mythologie grecque.**
89. — SOMBART : **Le bourgeois.**
90. — ADLER : **Connaissance de l'homme.**
92. — FOIX : **La graphologie.**
93. — JASPERS : **Initiation à la méthode philosophique.**
94. — FARRINGTON : **La science dans l'antiquité.**
95. — MALINOWSKI : **La sexualité et sa répression dans les sociétés primitives.**
97. — FREUD : **Psychopathologie de la vie quotidienne.**
98. — PARAF : **Le racisme dans le monde.**
99. — OSBORN : **Marxisme et psychanalyse.**
101. — SEBAG : **Marxisme et structuralisme.**
105. — MARTHE ROBERT : **L'ancien et le nouveau (de Don Quichotte à Kafka).**

107. — MANN : **Goethe et Tolstoï.**
109. — MALINOWSKI : **Trois essais sur la vie sociale des primitifs.**
110. — HELD : **Psychothérapie et psychanalyse.**
112. — KLEIN/RIVIERE : **L'amour et la haine.**
114. — VALABRÈGUE : **La condition masculine.**
116. — DIEL : **La peur et l'angoisse.**
117. — BOUTHOUL : **Variations et mutations sociales.**
119. — BERGE : **Les défauts de l'enfant.**
121. — RANK : **Le traumatisme de la naissance.**
122. — MAGNY : **Essai sur les limites de la littérature.**
124. — JUNG et KERÉNYI : **Introduction à l'essence de la mythologie.**
126. — RONDIÈRE : **Rendez-vous 1980 (la science et la technique au secours du tiers monde).**
127. — ADLER : **Le sens de la vie.**
129. — DOURLEN-ROLLIER : **Le planning familial dans le monde.**
130. — LAFORGUE : **Psychopathologie de l'échec.**
131. — BULTMANN : **Le christianisme primitif.**
132. — EVANS-PRITCHARD : **Anthropologie sociale.**
133. — CROISET : **La civilisation de la Grèce antique.**
135. — KÖNIG : **Sociologie de la mode.**
136. — CLARK : **Ghetto noir.**
137. — LOWIE : **Traité de sociologie primitive.**
139. — KEYNES : **Théorie générale de l'emploi, de l'intérêt et de la monnaie.**
140. — MOULOUD : **Langage et structures.**
141. — STENDHAL : **Vie de Napoléon.**
142. — FRAZER : **Mythes sur l'origine du feu.**
143. — RUEFF : **Des sciences physiques aux sciences morales.**
144. — P.-H. SIMON : **L'esprit et l'histoire.**
146. — WATTS : **Le bouddhisme zen.**
147. — CHASSEGUET-SMIRGEL : **La sexualité féminine.**
148. — CHOMSKY : **Le langage et la pensée.**
149. — VALABRÈGUE : **La condition étudiante.**
151. — ADLER : **Le tempérament nerveux.**
152. — JASPERS : **Essais philosophiques.**
153. — DEUTSCH : **Problèmes de l'adolescence.**
155. — EVANS : **Entretiens avec C. G. Jung.**
157. — GRENIER : **Les Gaulois.**
158. — CORNEVIN : **Histoire de l'Afrique, des origines à la 2e guerre mondiale.**
159. — MUELLER : **L'irrationalisme contemporain.**
160. — LEFRANC : **Essais sur les problèmes socialistes et syndicaux.**
162. — BALINT : **Techniques psychothérapeutiques en médecine.**
163. — CHOMBART DE LAUWE : **Images de la culture.**
164. — LEWIN : **Phantastica (drogues psychédéliques, stupéfiants, hallucinogènes).**
165. — DIEL : **Psychologie de la motivation.**
166. — RUBEL : **Pages de Karl Marx 1 : Sociologie critique.**
167. — RUBEL : **Pages de Karl Marx 2 : Révolution et socialisme.**
168. — GALBRAITH : **La crise économique de 1929.**
169. — NEILL : **La liberté — pas l'anarchie.**
170. — BRAUNSCHWEIG-FAIN : **Éros et Antéros.**
171. — RUSSELL : **La méthode scientifique en philosophie.**
172. — MARKALE : **L'épopée celtique d'Irlande.**
173. — SCHELER : **Nature et formes de la sympathie.**

174. — MARKALE : **L'épopée celtique en Bretagne.**
175. — DAVID : **L'état amoureux.**
176. — LEISEGANG : **La gnose.**
177. — PIROUÉ : **Comment lire Proust ?**
178. — TAJAN et VOLARD : **Pourquoi des dyslexiques ?**
179. — LOWIE : **Histoire de l'ethnologie classique.**
180. — MENDEL : **La crise de générations.**
181. — PICHON : **Histoire des mythes.**
182. — WINNICOTT : **L'enfant et sa famille.**
183. — BASTIDE : **Anthropologie appliquée.**
184. — DIEL : **La divinité.**
185. — ANDRIEU : **Notes pour servir à l'histoire de la Commune de Paris en 1871.**
186. — EVANS-PRITCHARD : **La religion des primitifs.**
190. — DESANTI : **Les socialistes de l'utopie.**
191. — SAUVY : **Mythologie de notre temps.**
194. — Collectif : **Pour ou contre Summerhill.**
195. — PANOFF : **B. Malinowski.**
196. — DADOUN : **Géza Roheim.**
197. — MENDEL : **La révolte contre le père.**
198. — BURCKHARDT : **Considérations sur l'histoire universelle.**
199. — GIRARD : **Ernest Jones.**
201. — SAADA : **S. Nacht.**
202. — LAING-COOPER : **Raison et violence.**
204. — BARANDE : **S. Ferenczi.**
205. — WINNICOTT : **L'enfant et le monde extérieur.**
206. — ELIADE : **Religions australiennes.**
207. — MEMMI : **La libération du Juif.**
208. — MENDEL : **Anthropologie différentielle.**
209. — BOSSARD : **Psychologie du rêve.**
211. — RANK : **Don Juan et le double.**
212. — MEMMI : **Portrait du colonisé.**
213. — TAJAN et VOLARD : **Le troisième père.**
214. — BOYERS : **Ronald Laing et l'antipsychiatrie.**
215. — PARAF : **Les grandes contestations de l'histoire.**
217. — ROBINSON : **Liberté et nécessité.**
218. — HELD : **L'œil du psychanalyste.**
219. — LOBROT : **Priorité à l'éducation.**
220. — HOCART : **Le mythe sorcier.**
221. — MASNATA : **Autopsie d'une Amérique.**
222. — Collectif : **Sociopsychanalyse 3 (psychanalyse et sociopsychanalyse).**
223. — MEMMI : **L'homme dominé.**
224. — PANOFF et PERRIN : **Dictionnaire de l'ethnologie.**
225. — CALVET : **Roland Barthes, un regard politique sur le signe.**
226. — MENDEL et VOGT : **Le manifeste éducatif.**
227. — BASTIDE : **Les Amériques noires.**
228. — PRÉVOST : **Janet, Freud et la psychologie clinique.**
229. — ROWBOTHAM : **Féminisme et révolution.**
230. — REICH : **Écoute, petit homme !**
231. — Collectif : **Sociopsychanalyse 4 (sociopsychanalyse dans une institution psychanalytique).**
232. — BELMONT : **Arnold van Gennep.**
233. — LORENZ : **Évolution et modification du comportement.**
234. — Collectif : **Formation 1 (quelle formation ?).**

284. — MULLER : **Histoire de la mystique juive.**
285. — HOLT : **S'évader de l'enfance.**
286. — VICTOR : **L'écriture, projection de la personnalité.**
287. — PANETH : **La symbolique des nombres dans l'inconscient.**
288. — HARDING : **Les mystères de la femme (préface de C. G. Jung).**
289. — REICH : **L'analyse caractérielle.**
290. — AGEL : **Métaphysique du cinéma.**
291. — BLEANDONU : **Dictionnaire de psychiatrie sociale.**
292. — OXENSTIERNA : **Les Vikings. Histoire et civilisation.**
293. — SZASZ : **Le péché second.**
294. — CATHELAT : **Publicité et société.**
295. — LANGLOIS : **Défense et actualité de Proudhon.**
296. — LEPSCHY : **La linguistique structurale.**
297. — RUFFAT : **La superstition à travers les âges.**
298. — DUVAL : **Les dieux de la Gaule.**
299. — WEIGALL : **Alexandre le Grand.**
300. — LE PORRIER : **Le médecin aujourd'hui.**
301. — DADOUN/METTRA : **Au-delà des portes du rêve.**
302. — PANOFF : **Ethnologie : le deuxième souffle.**
303. — ABRAHAM : **Rêve et mythe (Œuvres complètes, Tome 1).**
304. — PALOU : **La franc-maçonnerie.**
305. — GUSDORF : **Pourquoi des professeurs ?**
306. — FREINET : **L'itinéraire de Célestin Freinet (la libre expression dans la pédagogie Freinet).**
307. — LEFRANC : **Le mouvement socialiste sous la IIIe République (Tome I).**
308. — LEFRANC : **(Tome II).**
309. — CHASSEGUET-SMIRGEL : **Pour une psychanalyse de l'art et de la créativité.**
310. — ADLER : **L'éducation des enfants.**
311. — LUKACS : **Le roman historique.**
312. — ELIADE : **Traité d'histoire des religions.**
313. — ABRAHAM : **Développement de la libido (Œuvres complètts, Tome 2).**
314. — HASSOUN : **Entre la mort et la famille : la crèche.**
315. — Collectif : **Libre 1** (revue animée par M. Abensour, C. Castoriadis, P. Clastres, M. Gauchet, C. Lefort, M. Luciani).
316. — SCHULTZ-HENCKE : **Analyse des rêves.**
317. — FROMM : **La conception de l'homme chez Marx.**
318. — BERGE : **Comprendre et éduquer un enfant difficile.**
319. — BAKAN : **Freud et la tradition mystique juive.**
320. — CARLONI et NOBILI : **La mauvaise mère** (phénoménologie et anthropologie de l'infanticide).
321. — SCHOELL : **Histoire des États-Unis.**
322. — SAMI-ALI : **De la projection** (une étude psychanalytique).
323. — BOULANGER/CHAIX : **Travail, famille, psychiatrie.**
324. — DADOUN : **Cent fleurs pour Wilhelm Reich.**
325. — ELIADE : **Le yoga.**
326. — Collectif : **Libre 2** (revue animée par M. Abensour, C. Castoriadis, P. Clastres, M. Gauchet, C. Lefort, M. Luciani).
327. — MAHLER : **Psychose infantile.**
328. — MENDEL : **La chasse structurale (une interprétation du devenir humain).**
329. — CORNEVIN : **Histoire de l'Afrique contemporaine** (de la deuxième guerre à nos jours).

330. — BERNE : **Analyse transactionnelle et psychothérapie.**
331. — HÉLIAS/MARKALE : **La sagesse de la terre (petite anthologie des croyances populaires).**
332. — HORNEY : **La psychologie de la femme.**
333. — ASSOUN/RAULET : **Marxisme et théorie critique.**
334. — Collectif : **La misère politique actuelle (Sociopsychanalyse 7).**
335. — Mc KELLAR : **Le viol.**
336. — LEMAIRE : **Les thérapies du couple.**
337. — BERGLER : **Les parents ne sont pas responsables des névroses de leurs enfants.**

Si vous appréciez les volumes de cette collection et si vous désirez être tenu au courant des publications des Éditions PAYOT, PARIS, découpez ce bulletin et adressez-le à :

ÉDITIONS PAYOT, PARIS
106, Bd Saint-Germain
75006 Paris

NOM ....

PRÉNOM ....

PROFESSION ....

ADRESSE ....

....

Je m'intéresse aux disciplines suivantes :

ACTUALITÉ, MONDE MODERNE ☐
ARTS ET LITTÉRATURE ☐
ETHNOGRAPHIE, CIVILISATIONS ☐
HISTOIRE ET GÉOGRAPHIE ☐
PHILOSOPHIE, RELIGION ☐
PSYCHOLOGIE, PSYCHANALYSE ☐
SCIENCES (Naturelles, Physiques) ☐
SOCIOLOGIE, DROIT, ÉCONOMIE ☐

(*Marquer d'une croix les carrés correspondant aux matières qui vous intéressent.*)

Suggestions :

....

....

....

A découper ici

337

Imprimerie BUSSIÈRE à Saint-Amand (Cher), France. — 2-3-1978
Dépôt légal : 1er trim. 1978. N° d'imp. : 353

IMPRIMÉ EN FRANCE